重塑活力　设计未来

设计企业转型
探索实践

祝波善　编著

中国建筑工业出版社

图书在版编目（CIP）数据

重塑活力　设计未来：设计企业转型探索实践／祝
波善编著．--北京：中国建筑工业出版社，2024.8
ISBN 978-7-112-30072-3

Ⅰ．F426.9

中国国家版本馆CIP数据核字第2024N8P370号

责任编辑：刘　丹
书籍设计：锋尚设计
责任校对：赵　力

重塑活力　设计未来
设计企业转型探索实践
祝波善　编著

*
中国建筑工业出版社出版、发行（北京海淀三里河路9号）
各地新华书店、建筑书店经销
北京锋尚制版有限公司制版
北京中科印刷有限公司印刷
*
开本：787毫米×1092毫米　1/16　印张：15¼　字数：272千字
2024年8月第一版　　2024年8月第一次印刷
定价：**68.00**元
ISBN 978-7-112-30072-3
（43141）

本书编委会

主　任

祝波善

参编人员

赵月松　李　涛　陈淑英　张　静

前言

我们正处在一个跨周期的过程里，如同英国数学家、哲学家阿弗烈·诺夫·怀特海描绘的那样，"在每个明显过渡的年代，人们都在无声而被动实践着一套正在过时的习惯和感情模式。与此同时，一整套新的习惯正在形成。在这个漫长的时期，夹杂着衰亡者的悲惨和新生命的朝气。"

过去二十多年间，工程勘察设计行业伴随着我国城镇化进程、产业发展、基础设施建设实现了快速发展，但在大变局之下，行业发展面临新的发展环境、新的竞争格局、新的价值规律——处于寻求高质量发展的瓶颈期、对设计价值本源的探索期、寻求管理突破的混沌期以及拥抱资本的阵痛期。

在此背景下，设计企业发展呈现K形发展态势。有的设计企业会进入下行通道，甚至淘汰出局；有的企业会在竞争中步入上升通道。保持向上发展增长态势的企业大致具有以下特征：标准化、精专化、集成化；采取成本战略、差异化战略；推动技术引领、资本引领。而要具备这样的特征，离不开企业持续的转型探索，重塑新活力，设计新未来。

回首过往，转型一直都在

转型，对于设计行业而言，是一个持久的话题。回首过往，即使是在行业的高增长时期，转型也一直存在。当然不同阶段，大家关于转型，讨论的重点问题不一样，转型的出发点也各不相同。概括起来主要包括以下五个方面。

第一，经济高速增长背景下的企业转型。国家固定资产投资快速增长，企业在外部资源的变化、推动下，谋求与市场环境相适应的创新转型。例如，1998年，国家住房制度改革催生房地产行业的发展，带来一批建筑设计企业，尤其是民营建筑设计企业依靠房地产发展获得了快速发展的机遇。2007年，金融危机带来国内经济投资变化，给部分业内单位带来了很大压力，一些企业在外部环境的波动中开始思考转型。2014年，行业结束普遍式增长，进入分化期，有优势的企业转变运营模式，实现新增长；生存困难的企业努力寻求自身的转变与调整。

第二，行业监管政策引领下的企业转型。多年来，工程勘察设计行业的监管政策一直在发生变化，尤其是设计收费、资质管理、建立统一市场、工程建设模式改革、"四库一平台"等一系列监管政策的推出，为行业的市场化、规范化、国际化发展奠定基础。政策在推进过程中，在一定程度、一定时期内给行业内的部分企业带来了客观上的震荡和影响。设计企业在新型的行业管理体制、机制中努力调整、适应。

第三，投资体系变化下的企业转型。国家在固定资产投资方面的政策带来行业内企业的转型。2014年，以政府与社会资本合作为代表的PPP模式"号角"逐渐吹响，短短几年内迅速升温。近年来，"投建营"一体化项目在新能源、生态环境等领域占据了较高比例，一些设计企业以投资者的角色参与市场竞争。在工程建设投融资体制改革的进程中，设计企业快速适应市场变化，探索建立新的项目资本运作模式，有些取得了良好的发展成效，有些也带来了后续的问题。

第四，打破"条块分割"体系下的企业转型。"条块分割"是工程勘察设计行业的基本特点，在《关于工程勘察设计单位体制改革的若干意见》（国办发〔1999〕101号）和《关于促进建筑业持续健康发展的意见》（国办发〔2017〕19号）的政策引领和促进下，业内企业一直在努力打破区域、行业分割的格局，立足于工程建设环节进行前后端延伸，包括以原有业务为核心的、涉及前端的投融资及后端的运营领域，以及以原有业务为龙头的全过程业务；立足于业务领域扩大的横向延伸，包括多领域勘察设计能力的培育，以及在工程建设领域的环节延伸基础上进行产品化、产业化等方面的探索；立足于服务领域的延伸，向全国化、国际化发展。

第五，新技术应用带来的企业转型。云计算、大数据、物联网、移动互联网、人工智能等伴随信息化、智能化、数字化浪潮的发展，业内企业从最初的甩掉画图板，到探索建筑工业化，再到今天实践数字化应用、AI（人工智能）应用等，依托对新技术的应用不断提升工作效率，创新服务产品，探索新技术应用的转型升级。

回顾行业企业的转型历程，在不同的转型时期诞生了很多"弄潮儿"，比如20多年前，以成达公司为代表的部分设计企业开启国际工程公司转型，创造了众多令人瞩目的成绩；20多年前，以上海现代建筑设计集团（现华建集团）为代表的企业开启"两全战略"（全国化、全过程化），扩展了企业发展的战略半径；10多年前，以悉地国际（CCDI）为代表的部分设计企业在管理体系、运作逻辑上大胆创新，在品牌建设、信息化管理、知识管理、事业部制探索、项目经理制探索等方面积极转型；同期，以苏交科为代表的一批设计企业积极拥抱资本市场，通过嫁接资本的力量促进设计企业发展，为行业发展注入了新的活力；近年来，以华东勘测院为代表的数字化转型为企业带来了巨大转变和成绩，引起广泛关注。很多富有创新能力的企业在发展之路上的一系列转型探索堪称行业发展的一杆旗帜、一面镜子，为业内企业的转型之路亮起了一束束光芒。

梳理过往企业的转型内在逻辑，主要有以下四个方面：第一，推进体制改革，建立现代企业制度，构建科学合理的公司法人治理体系；第二，转变内部运行机制，优化内部资源整合体系；第三，跨行业、跨地域、跨领域，扩大业务服务范围，延伸业务服务深度；第四，与资本结合，通过上市、重组、并购等增强企业的发展动力；第五，适应市场需要、社会需要，积极推进服务内容、业务模式创新，比如数字化转型和绿色低碳业务布局。

成功的企业，有自身的努力，也有时代的机遇。在时代洪流中，如何不断锻造、升级自身的能力，积极抓住机遇，是放在每个企业面前的课题。

审视当下，转型意义深远

诸多信息表明，2023年基本上是设计行业发展的一个转折点，这种转折不仅仅是大部分企业项目承接越来越难、现金流压力越来越大、业务储备越来越少，还有行业的发展前景迷茫、行业的社会地位不高、从业者的焦虑情绪弥漫等。2024年，设计企业依然面临"震荡前行，蜕变进行时"的变局与挑战。进一步展开，这样的挑战包括五个方面。

第一，部分设计企业在生存、发展方面的矛盾将加剧，也就是行业洗牌进一步加剧，这对于我们相当一部分单位是不得不面对的现实。面对生存的压力，沿着旧地图找不到新大陆。

第二，转型广度、深度进一步加剧，这么多年我们一直在讲转型，但是有很多时候的转型确实是没有落到实处，现在就倒逼我们必须真正地把转型的深度和广度进一步思考、实践。

第三，设计企业各种各样的创新将快速涌现，以价值增长为纽带，通过管理创新、组织创新、业务创新和技术创新来体现。

第四，AI将主导部分业务的场景；AI对我们很多业务的作用会逐步加大，并且在部分领域发挥主导作用。

第五，应对非线性，生态型增长模式将逐渐占据重要地位。

由此，当下的设计企业转型有三个特征：推进转型的深度、转型的持续性以及转型的系统性。有别于过去转型的"锦上添花"——转型是为了更好的发展，不转也能活得不错，当下的转型是"背水一战"——很多企业面临生存之忧，在原有的发展逻辑下，行业、企业、从业人员都面临重新洗牌的新格局。

推进转型是困难的，是有风险的，企业面临的问题，并不是简单的乐观与悲观的问题，而是在转型已成为某种程度的共识前提下，向哪儿转型以及如何转型的问题。这也是我们这本书想要探讨的命题。

设计未来，企业转型的方向

应对现实的挑战，设计企业需要愿景重塑、逻辑重构、能力重置。

其一，愿景重塑。设计企业需要在新的格局背景下，对企业的愿景进行重新审视，修正企业发展定位。上半场，立足于做大、做强的规模化发展已经成为业内企业的内在基因、内在逻辑，然"已往之不谏"，下半场中只有重新定义自己，才可能"来者可追"。

其二，逻辑重构。设计企业需要在发展逻辑上进行重新构造，包括业务的逻辑、运作的逻辑和管理的逻辑。很多时候，一些企业出问题，与其说是思维方式的问题，不如说是相关逻辑上的问题，因为原来的思路推演不出新的答案。

其三，能力重置。无论是转型为工程公司还是深化服务场景，或者是科技化转型，都需要在市场演进中锻造新的能力。

设计未来的锚点，从重新定义设计开始。设计的终点将不再是工程项目，设计作为专业服务的重要组成部分，未来不仅仅是解决工程问题，其内核是通过设计营造新的场景解决社会问题、生产问题、生活问题。

顺应时代的设计业务、设计企业到底有什么共同的内核？对于这个问题，可以从以下三方面考虑。第一，打开边界。设计企业不再固守自己的"一亩三分地"，而是跨界发展，当然，跨的"界"可以小，也可以大。因为决定我们是谁的，不是边界，而是价值。第二，业务融合。在新的行业生态中，设计企业要在业务上进一步融合，和产业融合，和各种各样的发展要素融合，避免从单个问题出发，而是基于客户需求提供伙伴服务。第三，融入生态。面对不确定性日益增强的外部环境，设计企业需要全面强化生态型增长模式的探索，深度联动各方的资源与能力优势，开放建立赋能共生的生态化发展网络。

如果说过去很多企业的转型，是基于设计构建"设计+"，那么未来的方向要以设计为核心进行相应的延伸，从"设计+"到"以设计为核心"。相应地，设计企业的管理要以"创造市场"为方向。设计企业的管理已经经历了"顺应市场"的第一阶段，以构建机制为主，包括企业化改革、组织体系构建、内部激励考核等；也经历了"影响市场"的第二阶段，比如企业打造一体化的能力、培养资本带动的能力等，不仅是顺应市场发展，而是要影响市场，增加市场的主导性；未来的管理方向是"创造市场"，向着策划经营模式，向着数字化、城市更新、绿色低碳等业务方向升级自己的管理体系。

此外，设计企业还要打造策划的能力、数字化的能力、内部协同的能力，并且关注产业策划、立体化经营、组织效能提升等，以持续创变、重塑进化。这是当前企业转型的关注重点。

转型布局，框架设计要点

谋划转型、推进转型，需要有清晰的顶层设计，由此引领转型工作在正确的轨道上。布局转型要满足战略引领性、业务价值性、组织适应性、资源匹配性、创新顺应性这五个方面的要求。

第一，战略的引领性。首先，战略要有前瞻性。前段时间在与业内企业的交流中，有企业负责人说我的一些思考"很有前瞻性"，我半开玩笑地说，"那是因为企业活得不好，只能往远里看"。事实上，现在企业面临的环境非常复杂，这更促使企业的主要负责人要从长远考虑。因为只有从长远考虑，才能把企业的很多资源投入、方法策略等连贯起来。其次，战略要有长期性。战略一定是中长期的，其制定牵扯到企业内部资源的布局以及相应的行动落实，并且战略本身是有取舍的，"既要、又要、还要"是不存在的。再次，战略要有应变性。一些企业认为把战略规划制定出来了就好了，其实这是不对的。优秀的企业更注重战略管理、战略落地以及战略在环境变化中的动态适应性。而且，越是巨变的环境，越会凸显战略管理工作的重要性。最后，良好的、有效的战略可以凝聚人心。在组织里，不同人员的视角是不一样的，战略能够把个人努力和企业价值诉求结合起来，让大家觉得自己的工作是有意义的，组织的生命力就在于此。

第二，业务的价值性。这个命题为什么重要，是因为设计企业过去是工程建设中间的一个环节，其价值或者准确说是财务价值很大程度是通过收费来体现的。随着市场竞争以及供需关系的变化，设计的价值衡量与体现出现了问题，尤其是当下，关于设计价值的矛盾已经变得十分突出。关于服务价值，供方和需方认知偏差很大，设计企业认为我们的服务是有价值的，但是在市场上这样的价值很难体现，并且价值不好衡量。这也是行业规模不断增长而设计地位持续下降的核心原因之一。因此，设计企业作为专业服务机构，要回归到业务价值，或者说所有的专业服务机构都应该回归到业务价值，这包括设计服务是否有价值，价值能不能衡量，怎么实现价值。

怎么让甲方认可价值？作为其中一个环节的服务，价值本身很难衡量，这时候就要延长服务链条。例如，总承包是对整个项目承担责任，其有价值且可衡量。再如，相对于同质化价值，企业的集成化能力、精专化能力就是一种价值区隔，价值的最终成效能够被衡量。怎么实现价值？有些价值要在运维中来实现，有些要通过产品化来实现。经济是复杂的，拨开迷雾看本质：有价值、可衡量、可实现，一定程度上也是创新的指向或者动力。

第三，组织的适应性。组织的本质是解决企业内部的资源安排，这体现在组织架构、组织流程、内部管控规则等方面。设计企业是以人为本的组织机构，核心资源是人，其发展始终存在分工与协作、专业与效率之间的平衡。具体而言，存在着不同专业、不同业务、不同地域、不同工作类型之间的平衡。这也给企业组织带来独有的特性和难题，源自于西方的管理方法并不完全适用于设计企业，每种组织模式都会伴随相应的问题。

因此，对于设计企业而言，没有一个绝对的组织公式可以拿来套用，这不是一个简单的高级或者落后的问题，而是在各方限制条件下达到平衡，让组织适应环境，适应战略，适应业务，适应企业的资源条件。

第四，资源的匹配性。首先，转型的过程，一定是资源重新配置的过程。对设计企业很重要的资源是人力资源。一方面，在任务型、项目型导向下成长起来的人员结构要在新的任务导向下进行调整；另一方面，转型过程中，也需要新的资源，包括人员及一些合作关系、生态伙伴等。其次，任何一个企业，资源永远是短缺的，但不要等一切准备好了才愿意转型。企业需要在各种各样的资源约束条件下寻求最优解，对待资源的态度和方式也要作出调整，比如有些资源要占有，有些资源要合作共享。再次，资源是有形和无形的结合，对资源的视角要多样。比如有些地方院在大院的市场下沉策略下很郁闷，但可以借助自身的主场优势，打"持久战"；创业企业的资源很少，但是对比发展到一定程度的企业，创业企业更具有"敢干"的勇气。企业运用资源的过程，也是一个"借力打力"的过程，要于"横看成岭侧成峰"的多样视角中，找到自身的比较优势并发挥出来。最后，要考虑资源的匹配性。木桶理论告诉我们，一个木桶能装多少水，取决于最短的一块板，做企业要不断弥补短板，且发展优势也很重要。我见过很多企业在引进高端人才时，也面临着"太高端了，消化不了"的困境。

第五，创新的顺应性。此处谈的创新是聚焦技术创新。作为知识分子密集的行业，设计企业对创新往往有很正面的认识，但实际上创新也有一些困境，比如技术创新瞄准什么方向，技术创新和业务之间是怎样的关系，研发人员和生产人员怎么协作等。

乐观来看，先进技术和工程领域的结合方面存在不少问题，设计企业掌握应用场景，在两者结合中拥有很大的创新空间，尤其是数字化转型方面。但"逞一时之勇"会让企业在烟花消逝时陷入更多的黯淡里，设计企业的创新要顺应行业技术应用的内在特点，顺应自身的生态位，做好创新过程中的平衡。

向新而生，推进转型实践

转型既有内在的规律，也受很多因素影响。企业的转型要以业务转型为核心，在战略转型的引领下，在组织转型、人力资源转型、发展模式转型的支撑下，成长为全新的"自我"（图1）。

业务转型是企业转型的内核。新的市场空间呈现出一体化、集成化、绿色化等共性需求，业内企业的业务创新方向多点开花，既有以服务方式、业务模式升级优化为主导的探索创新，也有针对专项服务领域的垂直化整合、一体化解决方案，还有面向新赛道成长性探索，但努力向高附加值环节延伸的困境却始终没有得到解决。本书业务转型章节聚焦关注热点，从工程总承包业务、全过程工程咨询业务、基于碳中和产业链、城市更新服务业务等视角，结合企业的探索实践提出对业务发展的思考。

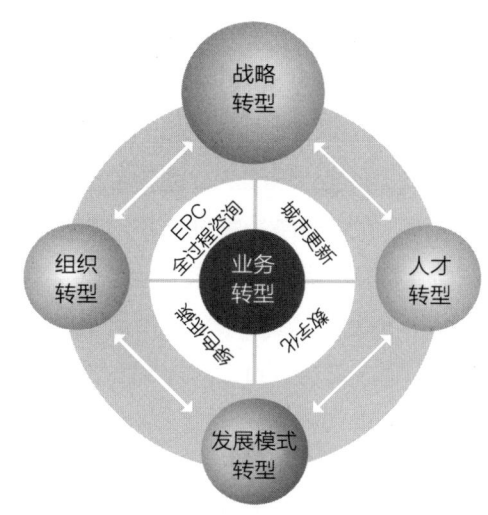

图1 设计企业转型模型

战略转型是对企业适应新环境的系统性、引领性思考，是企业转型的纲领。回归市场主体属性、聚焦价值创造追求，以"赢在未来"的思维革新战略理念，建构可持续生长的战略引领力；关注战略对生长环境的动态适应性，以系统化的战略管理体系与一整套工作逻辑保障战略"落地"；发挥战略变革与品牌焕新的协同作用，让商业生态相关利益方了解、洞察企业的进化，让变革成效成为拓展新增长、链接新资源、螺旋推进持续转型的助推器。本书战略转型章节介绍了新的发展要求下，企业的战略重构逻辑、战略柔性适应力、战略全生命周期管理以及战略创变的协同因素等。

组织转型为业务转型提供资源保障，也是企业转型的重要内容之一。如何让组织这辆"车"在转型的风暴中"跑"得更快、更稳，核心是以价值为纽带，以客户为导向，以精益为基础，以效能为驱动，提升组织的效能。设计咨询企业高效能的组织特征可以总结为"四高"：高敏捷性，组织适度放权，快速响应市场；高赋能性，总部价值赋能，中台能力复用；高协同性，内部协同共享，外部链接共生；高适应性，组织动态调整，能力持续迭代。本书组织转型章节提出了从规模驱动到效能驱动的组织新逻辑，重点思考从组织模式创新体系、市场营销体系、项目管理体系、科研创新体系等方面推进组织效能升级。

人力资源转型是企业转型的基础与根本。面对市场竞争新常态、业务发展新要求、人才市场新趋势，设计企业迫切需要加快人力资源的全面转型，以人才结构与能力转型为主线，以人才思维理念转型为前提，以人力资源管理模式转型为抓手，以人力资源部门角色转型和人力资源管理数字化转型为基础。本书人力资源转型章节提出了树立人效理念、推进员工能力转型以及以价值贡献为依据的、强调"奋斗者为本"的薪酬体系激励人才，助力设计企业从人力资源优势转型为人力资源管理优势。

发展模式转型是企业链接新资源、实现可持续发展的重要动力。随着行业市场化进程纵深发展，行业企业发展模式不断升级创新，上市发展、并购重组、联合合作等模式成为新发展驱动，行业发展生态正在迎来越来越多元的市场主体，这将深刻影响产业发展格局。本书发展转型章节探讨了生态型发展、战略型并购重组、集团化发展、资本化发展四个方向，试图为设计企业在突破自身资源能力边界、主动连接业务伙伴、产业伙伴等方面提供参考。

此外，数字化是业务创新探索，也是企业转型的助推器，在当前设计企业转型中处于非常重要与特殊的位置。数字化转型并非易事，产业数字化的"碎片化"与"系统性"矛盾突出，业内企业痛点和堵点普遍存在于：数字化转型目标不清晰，价值效益不易显现；技术导向型的数字化模式难以适应发展要求；数据要素的驱动作用尚未充分发挥；数字化组织能力存在明显差距；数字化设计软件的集成与应用能效低。做好规划引领，坚持"一把手"工程，树立典型项目示范，打造数据治理体系，坚持"小步快跑"、持续迭代，注重数字人才培养与组织保障，这是数字化转型章节提出的转型重点策略。

目录

重 塑 活 力 设 计 未 来

1　战略转型

16

2　业务转型

46

3　组织转型

94

4　人力资源转型

142

5 数字化转型

174

6 发展模式转型

206

1 →

战略转型

过去十余年间，工程勘察设计行业伴随着我国经济社会发展实现了快速发展，而当前，我国经济社会、城市发展以及工程勘察设计行业都处在新旧动能转换、发展转型的关键期和攻坚期，传统驱动效应衰减。商业环境正在加速刷新，增量与存量并举的新型城镇化市场、"双碳"目标驱动的产业转型要求、数据要素驱动的数字化浪潮……所有这些演变正在改写市场供需关系；城市、产业与工程勘察设计企业都需要加快重构发展逻辑，丰富发展要素，推动发展轨迹的跃升。

当下，我们已经进入一个需要适应新规则的新时代；设计企业在过去十几年中形成的直觉与成功经验将不再有用，支撑过去发展的规律规则也已经改变，机遇和风险的形态也将完全不同，可持续发展的挑战进一步凸显。行业已经从全面增长时代迈向裂变分化的发展阶段，不同行业、性质以及规模的设计企业需要结合自身的资源禀赋以及能力条件，在全新商业环境下寻找自有的发展路径。

从VUCA时代（Volatility易变性、Uncertainty不确定性、Complexity复杂性、Ambiguity模糊性）步入BANI时代（Brittleness 脆弱性、Anxiety焦虑感、Non-Linear非线性、Incomprehensibility不可理解），时代的波动性和不可预测性特征更加凸显。在过去这些年，上海天强投资管理有限公司（简称天强）与众多设计企业进行交流对话的过程中，我们发现能够穿越周期、实现可持续发展的企业无不经历过生死蝶变、无不在深刻变革的历程中发展出"韧性生长"的能力。面对这个多变时代，是否我们的战略在失效呢？毫无疑问，答案是否定的。只是我们不能在原有的普遍式增长逻辑下延续传统的计划方式去制定战略。面对新的时空背景，设计企业需要结合自身的发展基础，创造性地建构预测力和适应力，实现可持续增长。

从战略发展逻辑层面，设计企业需要回归市场主体属性、聚焦价值创造追求，以"赢在未来"的思维革新战略理念，从"规模导向的增长思维"转向"可持续导向的生长思维"，建构可持续生长的战略引领力。

从业务创新逻辑层面，设计企业需要打破边界意识，跳出技术视角，用"生态"重新定义主战场，重新定义设计，用"场景"重新建构产品和服务，用"数字化"跨越周期、触达价值需求，实现可持续增长。

从生长发展逻辑层面，面向未来的卓越企业必然更需要关注战略对生长环境的动态适应性，并需要统筹一切力量让确定的战略在更短时间、以更高完成度"照进现实"，这需要系统化的战略管理体系与一整套工作逻辑保障战略落地。

作为处在深刻变革转型进程中的设计企业，除了需要驱动战略创变取得转型成效，也需要发挥战略变革与品牌焕新的协同作用，让商业生态相关利益方了解、洞察企业的进化，让变革成效成为拓展新增长、链接新资源、螺旋推进持续转型的助推器。

作为智力密集型的设计企业，战略转型离不开人的驱动，需要将企业发展的使命愿景与价值观转化为广大员工追求共同发展的心理契约，使之成为引领团队建立全局认知、系统思考、长期奋斗的行动纲领，唤起组织"敢打仗、打胜仗"的激情。

未来发展更需要依靠理念创新、技术创新、模式创新与制度创新，创新发展新格局需要新模式、新业态、新技术、新力量的不断推动。迈向高质量发展的征途上，需要我们以长期主义、价值逻辑、生态视野让供需融合成为一种创变的力量，在创变中发现并创造韧性发展的确定性，在融合发展中新生。

1.1

重构生长型战略逻辑

进入"十四五"时期以来，伴随宏观形势的急剧变化，工程勘察设计行业呈现出震荡调整的态势。我国经济进入增速换挡的新常态时期，"稳增长—调结构—促改革"的思路贯穿近年来的发展；而设计企业不断推进以"延伸""扩张"为主要特征的增长型战略应对变化，在实现了营收规模跃升、综合实力升级等实质性成绩的同时，也面临着持续升级的发展挑战。

战略规划的研究编制是企业发展中必然面对的一项规定动作，但面对超级复杂的BANI时代特征，"规定动作"也必须有新思考、新玩法。

1.1.1 新的时空背景

迈入"十四五"时期，工程勘察设计行业的战略发展环境在急速转变，"百年未有之变局"的全新时空背景正使得行业所面对的机遇与挑战都发生着深刻的内涵变化。

"后城市化时代"——在经历了最大规模、最快速度的城镇化进程之后，我国城市发展进入新的发展时期，发展速度换挡，发展重点从协调发展转向城市群都市圈，发展模式从"大拆大建"的造城转向规划建设管理统筹发展，市场热点从增量市场转向增量、存量并举，并关注精细化管理与现代化治理，人口老龄化对适老型基础设施建设要求提高，环境保护与生态建设要求日益提高……过去依赖外部投资拉动的模式难以维系，工程勘察设计行业需要立足"后城市化时代"特征探索新发展。

"后工业化时代"与数字化时代——国家经济结构调整，新旧动能转化加速驱

18

动服务经济发展。2015年，我国提出"互联网+"；2019年，我国将数据作为新的生产要素；2020年，《中共中央关于制定国民经济和社会发展第十四个五年规划和二〇三五年远景目标的建议》提出建设数字中国；2022年，《中共中央、国务院关于构建数据基础制度更好发挥数据要素作用的意见》发布。当前"云大物移智"等新一代科技技术创新发展及其加速商业化应用正在深入赋能相关产业，新一轮的融合发展将对产业链、价值链、商业生态等产生革命性影响。工程勘察设计行业需要主动链接新技术、融入新型商业生态、赋能产业场景。

"后全球化时代"——全球治理体系大变革对参与世界市场竞争带来了新的挑战，我们需要重新考虑参与全球市场的切入方式、竞争要素构建。新的全球格局必将要求我国对外进一步开放、国内市场深度一体化，2020年5月14日，中央首次提出"构建国内国际双循环相互促进的新发展格局"，构建基于"双循环"的新发展格局是在国内外环境发生显著变化大背景下，推动我国开放型经济向更高层次发展的重大战略部署，这必将驱动资本、技术、人力资源等要素进一步市场化，竞争格局将被进一步重塑，一定会给原有发展模式带来全新的挑战与机遇。

1.1.2　新的发展要求

近年来，工程勘察设计行业的竞争格局呈现加速演进趋势。第一，地方政府财政压力不断加大，投融资体制深化改革，投资带动模式成为重要的竞争手段，一定程度上改写了面向市场的接口关系；第二，细分行业市场发展不均衡，跨领域、跨区域发展成为常态，行业边界不断被打破；第三，国家不断推进工程建设组织创新，相关企业着力新模式探索，也加速拉开了竞争层次；第四，不断涌现的上市企业以及综合型国有企业不断升级其发展模式，并购重组成为重要的增长手段。行业竞争格局正从以规模划分的金字塔式结构向两极化方向深化转型，或向"专精特新"化方向转型，或向以集成化服务为核心的综合型咨询设计集团、高端创意类咨询设计机构转型。

同时，因资源能力集聚程度不同、对细分市场的洞察切入点不同以及发展诉求不同等因素，企业发展定位加速呈现差异化趋势，定位视角正在从"行业、地区"二元象限转向"细分客户、服务模式、资源要素"的三维空间，行业多样性生态特征正在加速呈现。

在以互联技术为支撑、集成价值为导向的新型商业环境中，商业模式与管理模式被加速重构，从"线性、确定"走向"网络、柔性"的进程中，企业组织间创新协同关系、建构新的竞争合作关系成为立足新型商业生态的一项基本技能。BANI时代正日益显现出从复杂向超级复杂的演进，马太效应的趋势日渐凸显，长板理论成为应对超级不确定性的重要思路，因此，所有的生态化链接必须以不可取代的差异化优势与能力建设为基础。

可以预见，"十四五"时期将是工程勘察设计企业面向多样性生态布局卡位的决胜时期，唯有聚焦并持续放大差异化，才能更好地参与产业协同，才能不断迭代可持续竞争优势。

1.1.3　新的战略思考

越是身处复杂环境，越需要回归本源思考复杂问题。2022年5月，国务院国有资产监督管理委员会（简称国务院国资委）发布了《提高央企控股上市公司质量工作方案》，提出了央企建立健全ESG（环境、社会、治理）体系的要求，并设定到2023年全覆盖的目标，这将进一步引导企业加强社会责任，履行加速绿色转型，提升可持续发展水平。而战略是从全局考虑谋划实现全局目标的规划。"争一时之长短"，用战术可达；如果是"争一世之雌雄"，就需要从全局出发去筹谋！

产业环境生态化进程中，交织、融合的趋势超越以往任何时代，任何一家企业的发展都需基于"维系于商业生态并维护生态健康进化"的背景来考虑。在生物领域，生命体在内因与外因的交互作用下实现生长与进化，从单个的全能细胞分裂、生长、发育成为多细胞群的生命有机整体，这其中绝不仅是细胞数量的变化，而是全新的质变过程。作为企业，做强做大固然重要，但更要对处于变化的"强与大"形成更为系统、长远和动态的认知。

当环境变得更加模糊、不确定，则企业更加需要以"赢在未来"的思维革新战略理念，从"规模导向的增长思维"转向"可持续导向的生长思维"，建构生长型战略。犹如生命体的生长进化，企业生长型战略的本质在于持续运动，具备三个关键特征：开放性、自适应性与自衍生性。

开放性：企业更加外向，以洞察、预测、定义全新市场机遇为核心能力，更加关注可持续生态价值，通过与商业生态中利益相关方的双向赋能，实现共存、共生、共荣。

自适应性：面对外部环境的变化，企业更加聚焦灵活性，以外部视角认知自我，以自我调节实现自我的适应进化，关键着力于卓越产品与服务的持续迭代，与客户共生。在频繁更新迭代的进程中，战略与执行同步进行。

自衍生性：企业更加聚焦于以"人人互联"架构价值驱动的自组织，并依托组织能力实现成功的持续复制，实现全局系统的有机生长。

设计企业建构生长型战略的核心着力点在于打造三大动力系统：价值创造力、敏捷适应力与持续创新力。

价值创造力。能够跨越既有服务逻辑与服务视角，洞察、挖掘客户及用户需求，特别是隐性需求；通过持续创新模式，驱动价值转化，与客户/用户共同推动价值创造，并共享价值成果。

敏捷适应力。随着变革窗口期收窄，速度制胜将是抢占新机遇的关键抓手；而这有赖于企业组织能力的持续进化迭代，也需要与新型商业生态中利益相关者真正协同共生，提升企业组织的灵活适应性，驾驭复杂不确定。

持续创新力。"沿着旧地图，一定找不到新大陆。"面对不确定的未来，必须打破路径依赖，加速自我革新，企业的全方位转型升级永远在路上，没有完成时，唯有不断迭代创新才能持续强化不对性优势。

党的二十大报告中明确指出，要加快构建新发展格局，着力推动高质量发展，强调高质量发展是全面建设社会主义现代化国家的首要任务，要坚持以推动高质量发展为主题。"高质量发展"已经成为经济社会和企业发展的首要战略命题。聚焦到企业视角来看，可持续成长性、经受市场检验的竞争力、与环境发展匹配的动态适应性都是"高质量发展"的重要特征，立足当前数字化时代特征，这与企业的战略管理、公司治理、业务创新、集团化管控与运营、企业文化与领导力、国际化、人才管理、创新管理、品牌管理、资源整合与数字化等方面均有紧密联系，这也是一个系统工程。

对于企业而言，高质量发展的本质是可持续生长，核心是发展理念的转变，重心是业务模式与商业模式的突围，动力是增长模式的转变，基础是资源配置方式的转变。

1.1.4　新的布局筹划

基于对业内优秀实践的研究和咨询工作，天强认为生长型战略的构建需要从以下几个方面布局筹划。

（1）持续迭代卓越服务

伴随投融资体制改革、"后城市化时代"的需求复杂化，个性化、隐性化需求激增，边界条件清晰的显性需求市场必将成为红海，聚焦价值创造的定制服务时代到来。工程勘察设计企业如何才能在定制服务时代大有作为？

首先，以市场需求为是，以自我认知为非。在定制服务时代，隐性价值需求的高转化率将成为下一步塑造不对称优势的突破口，关键是不类于过去的成功经验，不局限于原有市场，重新界定客户的范畴、重新理解价值需求，以价值场景破解、架构、转化客户的隐性需求，从开拓市场转向创造市场。

其次，重构服务产品。在过去，业内企业不断拓展服务环节，延伸服务链条，但总体来看多为线性串联，并非客户视角的一站式服务；面向未来，企业需要以客户的结果满足感和过程体验感为根本导向，协同多专业环节、链接多类型资源，以数字化手段优化交互与体验，真正打造客户视角的集成服务，赋能价值需求场景。

最后，与客户共创。面对隐性需求开发，企业要从关注交易价值转向使用价值，客户的深度参与将是创新探索的巨大空间，需要与客户共同工作，由单边服务转向共创、共享。

（2）持续建设生态组织

在"数字化、平台化、生态化"的商业逻辑演进过程中，行业内企业组织创新的频度加快，客户导向型、学习型、自驱动型需求日益凸显。从系统视角来看，设计企业的组织建设问题焦点不在于组织架构，而在于组织运作逻辑的革新与升级，以此为切入点持续提升组织能力，支撑企业的自衍生性，这将是打造可叠加竞争优势的关键抓手。

建设灵活前端。过去两级经营开发模式支撑了规模化市场开拓，而定制服务时代更关注需求场景的挖掘与转化，需要更加敏捷灵活地协同需求洞察、解决方案策划、实施统筹等多功能团队的参与，提升价值创造的效率与效果。

打造专业中台。建设强有力的中台，沉淀、迭代和组件化输出服务于不同场景的通用能力，是深化赋能管理、推动去中心化、打造自驱动组织的重要基础。数字化时代，企业中台建设需要兼顾业务能力与数据资源，需要关注专业化、与前端的充分协同、横向接口标准的统一等方面的要求。

拓展丰富生态。"物联网之父"凯文·阿什顿认为："创造力并不罕见，它分布在所有人身上。"生态合作伙伴将是企业服务范围和能力拓展的重要支撑。新型商业生态中，业内企业需要打破组织边界，与新型商业生态中的利益相关者结成命运共同体，开放合作、双向赋能。但也需要关注到，差异化优势能力越突出，生态链接能力才越强，协同共赢效应也就越强。

（3）数字化赋能

新一轮科技革命和产业变革正在加速重构产业竞争版图与结构。适应数字时代的挑战，数字化转型将成为所有企业未来十年要面对的核心战略问题，用数字化能力创造并定义未来。

从产品向服务转型是当今企业创新商业模式和颠覆已有市场的重要进化策略，作为专业服务机构的工程勘察设计企业仍有很大的升级空间，专业工程技术与新一代科技的融合不仅是业务的增值能力，更需要演变成为卓越服务的重要组成部分。要实现新业务运转效率的提升，同时需要按照数字化企业的思维对企业组织的各个部分重新设计运营，优化业务运管流程，提升资源使用效率。

（4）持续建构创新协同文化

面对巨大的不确定性，创新型企业往往具有更大的成长空间与竞争力，驱动从未知向确定的探索过程中持续提升创新力是重要的努力方向之一。而企业创新绝非资金、设备、人才的堆积，需要有利于创新的文化氛围。要让创新发生，必须鼓励打破现状，在不断打破和重构的过程中提升敏捷适应性；必须建立容错机制，容忍合理的创新失败；也需要树立创新的价值导向，创新成功与否取决于它能否赢得市场。

过去我们通过专业化机构设置来激发活力、提高效率，当前需求转变对组织的集成性要求更高，工作和管理的本质变为"协同"，需要我们打破部门墙，建立共生关系。提升协同效果，不仅需要树立全局意识，也需要关键资源与信息共享的支撑、需要协同工作技能，还需要建立市场化的协同利益分享机制。变化多端的商业环境，决定着企业需要与时俱进的战略。适应变化者生存，变革创新者长青，持续进化者长盛。在时间、空间中，以战略谋划、协同执行，保持企业整体活力，向光生长、有机进化，努力做时代的企业。

案　例

中冶南方以战略引领系统性变革

中冶南方工程技术有限公司前身为武汉钢铁设计研究总院，2004年3月12日，按照"主辅分离、精干主体"的原则进行了分立改制，组建了中冶南方工程技术有限公司（简称中冶南方）。从改制开始，天强与中冶南方开展了二十余年的服务合作，全面见证了中冶南方以战略引领发展、推动系统变革的发展蝶变。

"十一五"期间，中冶南方全面完成了由设计院向工程公司的转型，科技实力全面提升，工程总承包成为核心主业，行业影响力显著提升。"十二五"期间，中冶南方提出了"核心主业做精做强、延伸价值创新发展"的战略方针，钢铁、能源环保与基础设施建设领域业务蓬勃发展，多元业务发展体系初步形成。"十三五"期间，为了适应新的挑战与机遇，中冶南方从"一业为主、多元补充"跃升至"钢铁为基、工程为核"，融合发展的业务架构，全面构建起了以钢铁工程为基础，以钢铁、基础设施建设、能源环保为主业，多领域协调发展的"3+N"业务体系；同时通过管理方式的变革，建立集团布局、主体经营、部门赋能的市场体系，让各业务主体自主经营、自负盈亏，推行真正意义上的集团化管控，实现了企业发展动力升级。面对"十四五"时期更趋复杂的发展环境，中冶南方在更广阔的视野中明确了打造"管理卓越、生态发展、世界一流的科技型工程企业集团"的战略定位，全面深化"3+N"业务体系。

在20余年的创新与变革发展中，中冶南方始终坚持战略引领，持续推进商业模式创新，不断增强全产业链、全生命周期的发展能力，发挥技术优势，推动设计向工程总承包业务转型，不断延伸产业链，拓展业务领域，创新业务模式，聚焦价值链的关键环节，培育孵化拳头产品和业务，打造出一些单项冠军——"专精特新"的产业集群；围绕战略转型，深入实施科技与人才的双能驱动。

1.2
塑造战略适应力

进入"十四五"时期，尽管国家规划了全面推进高质量发展的宏伟蓝图，但是受全球政治经济环境不确定、国内相关产业结构调整等方面的影响，行业企业在新一轮发展周期中正在遭遇着巨大的不确定性。

当下所处的低谷期，难免对企业发展带来冲击和影响，但这也给了行业企业理性思考的机会，重新审视"增量时代"的经验、做法能不能延续，重新思考面对新变化需要怎样的新打法……

1.2.1 传统发展模式面临着新挑战

过去行业市场高速增长，行业企业依靠人员扩张，抢占市场、运营项目，而当下行业市场增速放缓、行业对人才的吸引力下降。

过去行业企业依托灵活的机制，拓展区域市场，而当前市场竞争加剧，对属地化服务能力要求升级，传统模式难以支撑区域深耕。

过去行业企业依托业务环节的延伸拓展、业务模式的升级来拓展规模。而现实情况是：工程总承包业务支撑了规模，但利润下行，企业运作风险加大且受到投资建设类的冲击；全过程工程咨询面临市场接受度、企业内部能力建设的双重挑战；相关创新型产品与服务拓展尚未形成支撑作用。

过去行业企业依靠业务领域的延伸，拓展新增量；而当前处处是红海，不过是从自己的红海走到了别人的红海；更有一些企业跨界拓展，依托资本、品牌、模式等降维打击，让核心竞争能力不突出的问题更加凸显。

一定时期内并购重组成为行业企业实现拓展、增长的重要方式；而不少并购重组案例因为协同发展等方面的不到位，发展成效一般。

1.2.2　变化加剧激发柔性战略应对

柔性战略，是指企业在面对不确定、快速变化的商业环境时，采用全过程战略管理方法，以确保企业从战略规划到落地的过程中具备足够强的灵活性与适应性。在变化愈加剧烈的行业环境中，大多数企业意识到企业的战略管理思路必须作出改变：求利润、求规模的"业绩导向"开始转变为求稳定、求生存的"可持续导向"；企业的战略管理关键词已由"提升增长"转变为"韧性成长"。企业不可避免地要考虑以柔性战略的视角去引导整体管理逻辑的转变，以求在波动环境中实现战略逻辑性、适应性、敏捷性的动态构建。

（1）调整航速，以柔性战略应对行业发展节奏的急速变化

随着产业生命周期、全球化逆流等叠加效应，不利因素提前加速释放，工程勘察设计行业"十四五"中后期的发展形势不容乐观，相关细分行业的发展分化正在持续加剧。市政、建筑、勘察、岩土等与城市建设和房地产紧密相关的行业，除个别央企、大型国企外，大多数企业有不同程度的业务萎缩和下滑，总体上处于求生存的状态；水利、交通、能源、通信等基础设施相关行业，近两年国家的基建投资虽然有不少，发展变化也较快，但新的增长点也不多，企业的增长压力越来越大；化工、钢铁、冶金、建材等工业相关行业细分市场分化比较严重，波动也较大。

国内市场进一步向重点区域和重要城市群集中，竞争和分化也进一步加剧。同时，国际市场普遍萎靡不振，亟待重整旗鼓。除了部分头部企业外，设计企业参与国际市场的热度降到冰点，大部分企业国际市场发展目标都处于冻结状态，鲜有新的动作和投入。

（2）调转船头，从"活得好"转变为"活得久"

当前，设计企业的经营发展工作面临空前压力，从房地产相关的建筑设计行业逐步蔓延，降薪裁员此起彼伏，很多企业正在"生死线"上挣扎，基础设施领域相关行业企业"有活干、没钱拿"的情况也有所加重，行业企业遭受的无力感前所未有。

在新的环境下，旧轨道无法带领企业走向远方，所有的发展、价值逻辑都在向着新的方向改变。外部环境变化周期加速，企业在不确定中既要保持战略定力，又要在不断变化的环境中加快评估战略落地的资源和能力，迭代战略和发展策略。同时，企业的管理逻辑也发生了变化，柔性战略企业将成为不确定时代的"弄潮儿"，企业领导者对战略问题的思考从"活得好"转变为"活得久"，战略选择从以前主要考虑"做什么"到现在既考虑"做什么"，更要考虑"不做什么"。

（3）认知升级：以柔性战略理念推动战略动态调整升级

在"战略1.0"阶段，务实派的战略态度认为"好战略要有好结果"。战略规划要以发展结果为导向，脱虚向实、简洁直白、紧接地气。以结果为导向的战略规划，必须聚焦关键战略问题，将规划报告看作关键战略问题解决方案的系统表述，而非目的；以结果为导向的战略规划，必须建立目标、路径、举措之间科学、紧密的逻辑关系，避免各说各话。务实派的战略态度就是不做"夸夸其谈的说道者"，而是努力成为"脚踏实地的创新者"（图1-1）。

进入"战略2.0"阶段，战略管理态度认为"好战略是长出来的"。与不确定性长期共舞，是企业必须面对的时代问题。坚持"生长型战略理念"，企业战略与发展环境是有机统一的整体，成功的企业无法完全复制，是因为其生长的环境和机遇不可再现。基于战略的发展必须立足历史文化积淀，把握外部发展趋势，识别关键战略问题，充分发挥资源禀赋的作用，构建系统解决方案。好的战略成长于企业及相关利益方组成的生态系统中并不断演化。

随着内外部环境的不断演化，进入"战略3.0"阶段后，战略管理态度认为"好战略是管出来的"。战略引领的发展是思考、共识与行动的集合，要避免"规划规划、墙上挂挂"的命运，真正落地见效必须重视动态化的战略过程管理。首先，从前

图1-1　不同阶段的战略态度

瞻性的研究分析开始，就要重视围绕战略议题的宣传和讨论，促进中高层领导进行系统深入的战略思考，夯实战略管理的认识基础；其次，规划编制完成后，通过战略解码、上下衔接、检查审视、评估修编等战略管理过程，打造战略管理的具体框架和内容；最后，企业要建立战略管理的流程和规范，促成战略管理的氛围，将战略过程管理嵌入制度体系。好的战略要能够帮助企业跨越规划到行动之间的"鸿沟"。

1.2.3　适应性战略本质是精细的战略管理

柔性战略是一种能够随着外部环境和企业内部条件的变化而及时调整并变更战略决策的管理方法。设计企业在市场竞争激烈和客户需求多变的前提下，要建立完整的战略管理流程，包括战略规划、战略评估、战略解码、战略修编四个环节和多个相关模块（图1-2）。

第一，设计灵活的战略规划。在制定战略规划时，充分考虑市场和技术的不确定性，设计弹性的长远目标和可调节的短期目标；并设立应对突发事件的应急预案，以便在特殊情况下快速响应和调整策略。面临不确定性时，设计适当的冗余资源（如人力、资金、设备等），确保公司有足够的弹性和柔性来应对变化。

第二，建立有效的战略评估体系。对企业内外部战略环境的变化保持敏感，定期回顾和解析战略目标，确保战略方向与市场趋势相适应；从实施成效、过程成效两个维度进行战略规划实施过程的评估，系统对比各项主要目标实现程度，系统分析重大战略举措的有效性，总结发展经验、发展共识，明确主要的差距。结合战略考核结果，对绩效管理体系进行调整，确保员工的工作目标与战略目标一致。

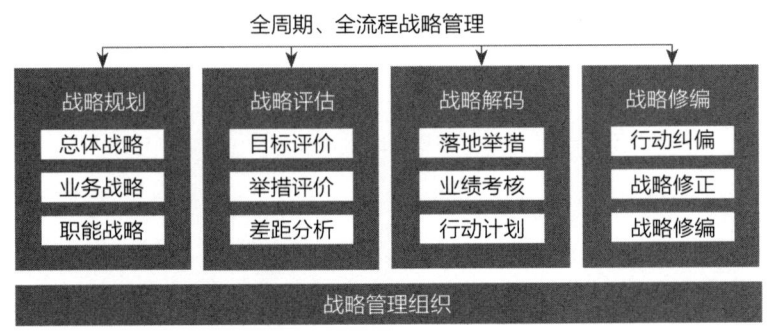

图1-2　全周期、全流程战略管理核心内容

第三，开展持续的战略解码。通过战略地图对战略规划进行拆分解构，识别战略主题，构建关键任务与影响因素的勾连关系。同时也需要厘清规划本身的缺项和问题，为进一步进行准确全面的评估和更有成效的战略修编，并为战略规划与年度经营计划更紧密衔接打好基础。基于平衡记分卡和战略地图，将战略目标和关键举措全面分解，确保战略协同推进；将关键工作转化为各个部门及各个岗位关键考核指标；通过预算管理加强控制，保证利润目标的实现。

第四，接受战略规划需要动态修正的事实，当发现原策略已不适应或存在缺陷时，及时调整或重新规划。战略修编要避免两个误区，一是尽量不要完全推倒重来，做好延续传承，保持一定的战略定力；二是重视完善加强战略规划本身的可实施性、对环境的适应性、对日常工作的指导性同时，建立战略动态管理的基础，不能变成"改报告"，陷于文字或数字游戏。

第五，还要强化组织管理能力，尤其是增强跨部门沟通与协作，确保信息流动顺畅，战略决策可迅速传递至执行层面。培养具备战略思维和灵活应变能力的管理人才，他们将是实施柔性战略的关键。柔性战略不是一个理念或临时对策，而是一种需要在企业文化中深植，通过全面战略管理流程实施和维持的系统性做法。从战略规划的灵活性设计到持续的战略解码，从过程的审视评估到战略的不断修正和修编，每一个步骤都需要企业投入相应的关注与资源。那些能够高效、敏捷地应用柔性战略理念的企业，将更有可能提高对外部环境变化的适应性，增强内部管理的灵活性，实现战略上的柔性和动态平衡，最终在持续的竞争中赢得领先地位。

1.3
全生命期管理让战略"变现"

处于关键转型期的行业企业，正面临着升级传统动能、孵化发展新动能的双重挑战，必须解决业务转型、组织、人才、资源与能力的协同效率。相较于

"十二五""十三五"时期，"十四五"时期的企业发展战略普遍关注系统化战略实施管理体系的建设工作。

1.3.1　企业战略管理工作的挑战

（1）对战略过程管理的重要性与紧迫性关注度不够

毫无疑问，财务目标通常是企业高层最为关注的。但是当期财务目标的实现有企业主观努力、也有外部市场的客观拉动；过于关注财务目标往往会掩盖战略管理的问题，并消解和淡化了企业决策者们对战略活动本身进行过程性监督控制重要性的认知。

（2）规划目标引领性不足，战略行动计划不够明确具体

在企业战略规划研究编制的过程中，目标制定和行动计划的"颗粒度"往往影响战略实施成效。有些企业的规划部分目标过于理想化或难以准确解读，导致实际执行的一线员工没有信心，或者根本没有当回事；也有部分企业为了避免将来上级考核的压力过大，在制定规划目标时偏于保守，规划目标的牵引作用没有发挥到位；还存在部分的企业战略规划只有粗线条的勾勒和描述，尤其是没有完整的战略实施行动计划体系，没有对总体战略作进一步的分解细化，也就不能为具体实施工作的推进和考核指标的提取做有效的铺垫和支撑。

（3）内部战略管理机制缺失，不具备战略实施的软环境

战略管理在内的一切管理活动都应该是一个闭环式的过程。战略管理本质上体现的是"战略控制论"而非"战略形成论"。很多企业由于缺乏必要的过程性控制，导致最初的战略定位和目标实现程度难以被及时、准确反馈。企业的高层苦于战略思想和意图得不到有效的贯彻落实，这固然有战略宣传贯彻和引导方面的问题，但组织内部战略管理机制和能力的缺失，往往是造成这一局面的主因。没有战略管理这根主线牵引的战略制定就成了"无根浮萍"。

（4）目标与行动缺乏严密的内在逻辑性，战略与组织、运营脱节

90%的战略失败在于战略执行的难度和复杂度大大超出预期。推动战略有效执

行，需要跨越充分共识、合理授权、闭环执行三大关口。战略目标举措的制定阶段，要避免"上拍下猜"，做好共识；战略任务部署的时候，按照任务实施的要求做好授权，匹配责任，避免最后反馈一句"领导不重视"搪塞而过的局面；需要多部门配合协同的目标任务，不要寄希望于看一看规划报告就能理解并执行到位，要做好解码和闭环管理。

1.3.2　战略规划与执行的复杂性升级

"十四五"时期是我国全面开启社会主义现代化强国建设新征程的重要机遇期，也将是"百年未有之大变局"的持续深化期；随着宏观环境以及行业市场环境的持续深刻变革，当下工程勘察设计企业正在步入深刻转型、推动创新升级的关键窗口期，清晰把握新变局，是行业企业变中求进和集中力量谋划、推进自身发展的关键一步。处在"十四五"收尾时期、提前谋划"十五五"规划的历史时间点，行业企业谋划面向未来的可持续战略发展，必须清醒认识战略发展环境的复杂性特征。

增量市场与存量市场并存。在接下来的一段时期内，以国内大循环为主的"国内国际双循环"新发展格局将是一场持久战，如何有效把握和抢占国内大循环市场是行业企业首要关注的问题。"两新一重"建设市场仍是重要的增量市场机遇，而城市更新、乡村振兴战略，"双碳"目标等对存量市场的带动作用也是巨大的；未来的增量市场与存量市场越发要求设计企业以更专业、更系统化的能力开展服务。

需求与政策驱动变革演化。市场需求向综合化、集成化方向转型。在《关于促进建筑业持续健康发展的意见》国办发〔2017〕19号之后，行业企业也在加速探索工程总承包、全过程工程咨询等综合服务模式，以更好地应对市场需求，参与市场竞争。价值创造的逻辑也加速从"做完"转向"做成"，是对经济、产业、人文、生态、运营等方面需求与资源的深度融合。

竞争格局分化与马太效应增强。行业企业业务模式与发展模式创新探索，一定程度上加速了行业竞争格局向两极化方向演进的趋势，行业与产业生态的跨界融合在加剧，集中度在逐步提升，竞争要素正向多元化、立体化方向发展。另外，企业发展的马太效应日渐突出，大者恒大、强者恒强将成为当前行业竞争中的重要特征。

自我定位与生态共赢并举。行业企业对生态资源的重视程度持续提升，对生态资源链接的广度与深度不断加强；对于个体企业而言，更加关注商业生态中的独特站位选择，积极打造自身的不可替代性竞争优势，以此为基础通过双向赋能，与生态伙伴建立和深化共生共赢的关系。

在"十四五"规划期间，天强深度参与了120余家设计企业的"十四五"战略咨询工作，企业较"十二五""十三五"期间最大的变化是对战略规划的重视程度显著提升，希望真正发挥战略引领作用，驱动新发展。行业企业关注的战略问题呈现系统化的趋势，包括：差异化的战略定位选择、可持续的业务模式与商业模式打造、区域布局与属地化深耕、活力韧性的组织体系、生态化的发展模式、数字化转型、科研创新与产品化、动态战略管理等方面。

展望"十五五"，设计企业需要清醒地认识到单纯追求规模和效率不能有效解决所有成长的烦恼，需要将"可持续发展"作为首要战略命题，通过韧性能力的打造帮助企业跨越周期与危机，并构建长期竞争优势。韧性能力的打造，首先要锻炼和持续提升对发展环境的前瞻洞察力，其次要构建更敏捷、更灵活的战略适应力，最后要构建更加系统的组织变革力。

战略实施是一项系统性的工程，规划完成之后，真正的考验才刚刚开始，"能以更快的速度、更高的完成度，将想到的变成现实，在重构中实现新生"将成为优秀企业的鲜明表征。

1.3.3　5S全生命周期战略管理

结合咨询实践，天强提出"5S"全生命周期战略管理体系（图1-3），将战略的构建、落实、监控和执行构成一体化管理。

战略规划体系，是企业面向未来发展的总体指导纲领，也是"5S"全生命周期战略管理的起点，确定了整体发展方向、业务布局与相关业务单元的发展方向、中长期战略目标和重大战略举措。

战略行动体系，是基于战略规划对战略举措进行分解，制定行动计划和资源配置预算，落实战略举措，并每年进行战略检讨。这也将成为相关业务单元、部门绩效目标确定的基础。

管理报告体系，不同于企业内部的总结报告，它更加强调对战略执行过程和结

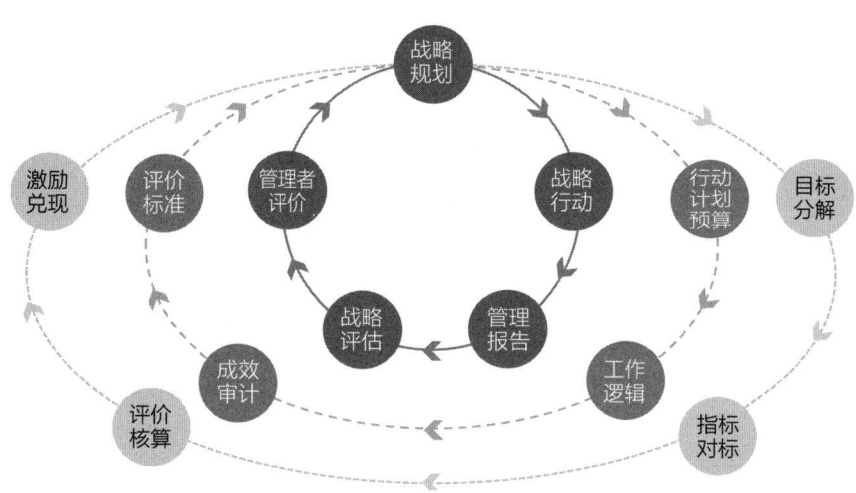

图1-3　天强"5S"全生命周期战略管理体系

果展开多维度分析，是以价值创造为研究核心，以行业分析与对标为基础，对战略行动体系方案实施情况进行跟踪，服务于下一步决策参考的内部报告。同时，也将为绩效目标考核提供参考和依据。

战略评估体系，是对战略执行过程和结果的评价，包括战略执行的方向、行动计划与战略的一致性、战略实施结果等。战略评估结果为公司整体绩效评价、部门与管理者的绩效评价提供依据。

管理者评价体系，是依据战略实施评估结果对管理者进行考核奖惩的体系。管理者评价标准依据战略规划与战略行动的分解而确定，并依据管理报告体系和战略评估体系的评估形成过程适应性评价、业绩价值评价等结果，进而对其激励、后续使用等形成决策依据。

1.3.4　驱动战略创变的突破口

作为参与市场竞争的主体，企业必须在大时间周期中应变创变，否则被时代抛弃时，连一声再见都不会说。企业发展不仅要关注生命的厚度、速度，还要关注生命的广度（图1-4）。

企业生命的厚度是指企业组织跨越不确定长度周期的穿透力，这取决于企业核心竞争力的不断迭代更新、适应市场需求变化的产品力升级、面对变化调整动能的

创新力。在快速演变的商业生态中，企业只
有加快进化速度，布局在变化之前，才能应
变创变。企业生命的速度取决于治理体系、
韧性组织与人才梯队三个要素。其中，治理
体系在现代企业中的重要作用日渐凸显，深
刻影响着企业的可持续发展基础；韧性组
织建设需要解决好业务领域多元化、服务
形态多样性、市场多元化的业务运作要求与
内部资源的动能激发、运营风险防范之间的
有效统一；人才梯队建设充分适应多专业、
多区域、多价值诉求的人才特质，提升吸引

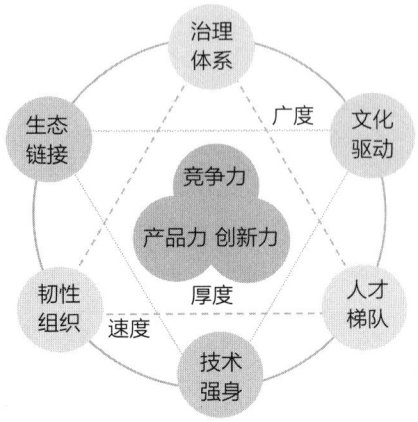

图1-4　企业战略创变的突破口

力、创新培养和使用模式、优化激励约束机制，使人才成为企业创变的最大动能
源泉。

在行业与产业生态融合发展的背景下，固守既有空间不是最优的选择，必须通
过技术强身、文化驱动、生态链接去拓展企业生命的广度，除了要进一步加强技术
创新，增强自身不可取代的核心竞争优势之外，还要将利他共赢的价值理念融入统
一的企业发展理念与发展逻辑中。此外，也要将生态资源的整合纳入经营发展全生
命周期过程中，双向赋能实现融合共生。

（1）以产品力打造驱动战略创变

作为企业，发展的第一性原理还是要紧紧围绕效率和效益，其突破口是推动服
务产品的创新，这不仅是企业可持续增长命题的答案，还是面向未来市场竞争的制
胜抓手，也是上市设计企业优化市值的重要抓手。

在打造产品力的进程中，设计企业核心要解决的是"业务优化"和"业务转
型"。不仅要通过知识管理、标准化建设、技术手段升级等方式提升既有业务运
作效率，更要从服务对象的广度、服务范围的深度等角度探索商业模式和盈利
模式的突破。其中，服务对象要从原来To B（企业客户）、To G（政府客户）
的视角，拓展到用户、利益相关方，寻找价值需求；服务范围既要跳出专业需
求的范畴去应对综合集成需求，又要从单次项目需求转向可持续长期价值需求
（图1-5）。

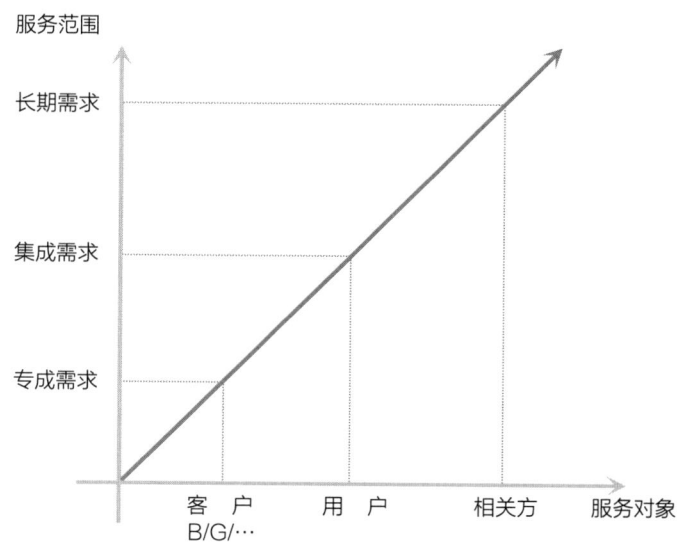

图1-5　产品力打造

图1-6　业务转型思考逻辑

结合行业企业的探索实践，我们针对设计企业的业务转型提出以下思考逻辑，推动场景化服务产品的落地（图1-6）。

P（Planning）：场景化服务产品必须要实现服务与客户需求的共鸣，建立有效链接。行业企业需要关注数据驱动的客户管理，以大数据分析为基础，开展客户需求洞察与预测，寻找客户服务体验的优化空间。当前行业企业普遍关注前端策划咨询的引领作用，以系统策划统筹功能性、经济性、人文性、生态可持续性等复合型价值需求，系统建构全域问题解决方案，抢占一级市场的入口，把握先导经营优势。

A（Alliance）：强调资源先行、生态合作，打造覆盖建设领域、运营发展领域的资源联盟。单一企业很难全面满足城乡发展场景下的融合型、复合型需求所需要的资源能力，需要广泛地链接整合资源，并将资源整合嵌入企业的整体运行过程中。设计企业开展策划咨询的过程中需要同步推进资源整合沟通工作，开展联动经营工作，提升成功率；通过敏捷、及时的供应链管理思维提升资源整合效率。

D/B（Design/Build）：建设阶段是设计企业熟悉的环节，但并不是所有企业都适合或有能力转向全过程服务，要结合自身资源能力和风险管控需要选择最适合、最能打造独特优势的服务方式。在建设期的服务中，行业企业要高度关注新一代信息科技与工程技术的融合，支撑专业服务运作效率提升、客户交互服务体系的持续优化。

O（Operate）：存量市场的运营服务正处于新的增长点，特别是围绕绿色、智慧等方向的需求。运营业务的发展探索不仅可以反哺前端业务，还可以通过与数字化等新技术结合，突破依赖于人的传统盈利模式。重点探索培育不依赖于人力投入的创新产品，也将是上市设计企业升级市值的一个重要突破口。

产品力的创新与突破，关键在于走出第一步。最近几年，行业企业的业务创新有很多的概念和方向，但总体来看，新产品服务的价值贡献还不大。要实现业务/产品的持续迭代优化，我们认为需要关注以下几点：不要太追求高新概念，聚焦细分领域，"打歼灭战"；不要多点开发，统合内外部优势资源，突破价值边界，快速突破打造"爆点"；依托项目探索，系统沉淀模式，对内传播复用能力，对外传播创新品牌，为后续项目工作持续推进敏捷迭代。

（2）夯实持续生长进化的底层变量

未来企业的竞争将是人才的竞争，"以合适的组织模式，整合并激发人才的能动性"是企业持续生长进化的底层逻辑。

在设计企业普遍探索集成化服务、加速布局创新探索的进程中，传统组织模式在资源割裂、协同性差、管理粗放等方面的弊端正在凸显，建设客户导向型、学习型、自驱动型组织的要求日益增强。展望未来，"项目+平台"的组织模式将是行业企业组织模式升级的重要方向。其中，以项目组织为最小组织细胞，快速对接市场需求、推动资源整合与解决方案落地，提升价值创造的效率与效果；建设强有力的中台，沉淀、迭代和组件化输出服务于不同场景的通用能力，深化赋能，支撑自驱动组织发展。

企业推进战略转型的进程中，既要关注内部的广泛战略共识，但也不可能要求全员齐步走，因此要充分重视"关键少数"的战略创变和引领作用，推动试点，打造亮点，促进全局变革热情。在推动创变的工作开展中，对人员的使用与能力发挥是一个重要的命题，企业需要更加关注人才核心技能长板化的趋势，用好优势特长，并用项目制团队组织实现互补；也需要关注激励与赋能，让有意愿、有能力的员工做成事。

当前不稳定性、不确定性因素正在持续加速企业发展生态的系统性变化，企业需要以战略为引领，在重构中实现生长进化，朝着更具韧性和可持续性的未来发展。企业需要：

向上生长，创新场景。聚焦市场为导向的价值需求，创新服务。

内强体魄，精益运营。系统优化管理运营模式，加速数字化转型，全面升级运营效率和效益。

向下扎根，厚植生态。主动拥抱商业生态，双向赋能，深度整合生态资源，共创共赢发展！

案 例

林同棪中国的全生命周期战略管理

林同棪国际（TYLI）是世界著名工程咨询集团，是全球十强国际工程咨询集团——达尔集团（Dar Group）旗下重要成员，在桥梁和交通基础设施领域处于世界领先水平。林同棪国际工程咨询（中国）有限公司（简称林同棪中国）于1994年在重庆成立，是中国政府批准的第一批中外合资甲级设计企业。

自2012年开始，天强深度参与林同棪中国的战略焕新升级，从"3i"战略到"3i+"战略到最新的"iESG"战略，无不贯穿着对行业与市场环境的适应力，充分体现了"内部洞察"与"外部视野"的相互借力、相互赋能。天强与林同棪中国共同确立了一流国际工程咨询公司的愿景共识，将融合韧性发展理念贯穿到业务与产品创新、一体化运作体系升级等方面。

战略规划的研究编制是一项周期性工作，但战略管理却是一项需要持续推动的工作，让战略思考生根发芽，实现企业的螺旋式升级发展。林同棪中国高度重视天强咨询团队的独立第三方视角，让天强深入参与公司季度会、半年度会、年度工作会等不同时间点的运营管理工作中，发挥决策支撑作用。同时，天强策划推动了"年度战略实施评估"的工作形式，以PDCA循环模式为工作逻辑，关注战略发展理念的贯彻，以确保做正确的事；关注重点工作的策划与实施，以确保正确地做事；最后才是关注阶段性数据结果评价，以建立以终为始的结果导向。天强以独立的战略实施评估支撑决策、协同推进战略实施。

经过几个战略周期的循环推进，林同棪中国的发展规划与实施思路已经成为各条线工作创新推进的最重要指引。

1.4

变革致远，品牌赋能

"同样是油爆虾，你为什么要买'光明邨'？"《繁花》电视剧中，爷叔有一句经典的台词，恰好回应了品牌在市场竞争中所能发挥的作用。

当下，工程勘察设计行业处于一个存量竞争的时代，企业战略转型、业务转型已然成为设计企业的工作重点。品牌是企业的核心竞争力，如何发挥好品牌影响力，从而赋能企业的经营长青，已经是每家企业绕不开的命题。

1.4.1　聚焦业务特色，打造差异化品牌形象

设计企业的经营发展中，需求细分、服务产品细分是前提，如此才能做出差异化价值和竞争优势。特别是对于很多中小型设计企业来说，从小众细分市场切入是一条切实可行的路径，因为大品类、大市场往往已经被头部企业大品牌占据，细分才能开创蓝海，才能做出产品创新和服务创新。

综合实力较强的头部企业都在聚焦做"投建营"一体化，做工程总承包；对于体量和规模不占优势的设计企业来说，可以考虑"智能设计数字化+"、城市更新类存量改造、绿色低碳类设计服务延伸……结合未来的战略目标，梳理盘点自身的优势资源，整理企业服务的优秀案例，给企业贴上一个当前具有足够识别度的标签，才能被更多的客户群体所认识、认知甚至到最后认同，持续扩大差异化带来的品牌势能，从而捕捉到更多的市场机会。

1.4.2 重视场景构建，驱动新的增量

区别以往的增量时代，只要把过硬的资质呈现在客户面前，订单自然而然就来了。但这种形式在今天越来越难以奏效，提醒式展示很难唤起新的需求。

要想获得增量，必须创造新的需求。而要想创造需求，只是让客户方看到品牌、记住品牌远远不够，关键是要创造使用产品的机会，让品牌和客户方在场景中遇见。

新文旅的爆火，让我们看到了设计与产业融合下的发展契机；邻里商业与社区互动的交汇，让我们看到了城市微更新的契机；绿色低碳技术的发展在工业产业园区的应用，让我们看到了"双碳"设计领域的潜力；老龄化的加剧也促进了养老产业的发展，进一步对养老空间提出了新的需求……场景对于企业来说，最大的价值就在于它在社会生活中是真实而具体的存在，具象场景比起用户至上、需求洞察等抽象缥缈的理念更容易成为企业在产品开发、品牌运营、营销推广中的抓手，并进而成为增长的驱动力。

1.4.3 用好传播渠道，让流量变成"留量"

毋庸置疑，现在"手机"已经成为人类新增的"器官"。所以在信息的传达上，移动端的信息编辑及推送是传播的焦点所在。

在当下的众多媒介渠道中，To B端企业多数聚焦私域流量及熟人圈规则的微信公众号及视频号，所以打造优质内容成为转发裂变传播的算法逻辑。

讲设计创新，不局限于设计本身；讲经营效益，去关注人本需求；讲产业升级，会关注科技带来的生产生活的迭代等，那些生动的观点、实操过程中的难题解

答，项目落成的实景，公司经营过程中的团队成长等信息在公众号、短视频中一一呈现，将碎片时间存入甲方信任账户，成了更好的"作品集"，这类企业与客户之间的信任前置，缩短了合作前期的来回考量，更好地加码了市场机会的争取。

除了自我渠道的引流外，如何将公共资源"私有化"，也是低成本高曝光的手法。例如，基于国家发展战略，企业参与了其中某项具有代表性意义的工程设计，在官方媒报道中就会呈现出企业社会价值的信息；在一些重要的行业组织交流活动中，企业领导人有意识地露出企业品牌类的信息，也会增加品牌的曝光度；结合社会热点话题，企业主动策划相关的活动（例如：Citywalk等），结合参与过的项目等让活动成为品牌的载体，从而在社会层面上传播并向外充分展示，以持续积累品牌势能。

1.4.4　盘活生态资源，持续扩大影响力

如果说公众号、视频号的传播是"自我叫卖"，那么通过生态圈的发声，将更加"润物细无声"。

包括行业间的共创、产业链中的合作、相关协会活动中的参与等途径，当下的市场主体都在寻求不同维度的合作，从而在立体化的模式下探索1+1＞2的发展机会。

高校设计院群体中，借助"产学研创"的优势，组合成高校类创新联盟，不断扩大组织的影响力；也有在政府牵头、区域产业转型升级的维度中引入设计大院及特色院类的各级资源，彼此赋能；此外，在跨国合作中通过技术交流、项目交流、管理交流等信息互通，形成国内外合作联动的机制，扩大各自领域内的市场机会；还有设计院与数智公司合作，形成"设计数字+"的服务模式，合作推出新的服务场景，扩大服务群体，为企业创造新的增量等。

在行业深度调整的周期中，优秀的品牌建设将成为设计企业适应内外部环境变化的重要抓手。提升产品力、品牌力，坚持以"质"为核心，修炼"内功"、坚持"长期主义"的品牌观，是设计企业未来较长时期内不变的武器。未来，设计企业的品牌价值远不只简单的空间构建、环境营造，而是实现与社会环境、自然环境、文化环境、经济产业环境的匹配与和谐共融，从而进一步驱动区域及城市的产业升级，实现企业、行业、产业与国家战略同步的高质量发展。

1.5

战略共创，文化驱动

回溯商业史，可以发现任何一个成功的企业都有死磕到底、持续迭代的企业文化，每一次成功的战略变革背后都离不开文化力的驱动。

设计企业正面临着跨越周期、创造可持续发展的挑战，需要在新商业生态中更新站位，需要在市场需求与新技术融合场景中再造第二增长曲线，需要在白热化、同质化的竞争中塑造并升级核心竞争优势。新一轮的变革发展不仅需要理性的思考突围、前瞻的方向指引、系统的布局推进，更需要以统一的文化力唤起组织的激情，围绕共同目标驱动创变。

在参与行业企业战略制定、辅导实施的工作过程中，天强发现：企业对战略研究的重视在持续提升、对保障战略的组织与机制创新的关注在升级，但却普遍缺乏对文化引力的关注。

1.5.1 从战略到执行面临的割裂

很多企业在推进战略变革的过程中遇到一系列具体问题时，往往只是针对"现象"解决问题，而这样的操作往往只能起到缓解作用，不能从根本上解决问题。进一步透过表象深究，我们就会发现多数问题的深层次原因都与企业文化有关。

其一，个人追求与企业愿景之间的割裂。员工个人追求与企业愿景的割裂是客观存在的，并且随着员工年龄结构年轻化、成长背景多元化、工作类型差异化，价值诉求个性化、多元化的趋势更加明显。只有把企业想要的与员工个体想要的有效地连接起来，才能真正实现共创，驱动组织的变革进化。

其二，局部与系统的割裂。很多企业内部的目标分解往往变成"吵架会""博弈会"，这与战略目标分解的科学性、战略理解的上下共识程度以及看待问题、解决问题的思考站位等均有关系。此外，集成服务成为广泛认知的当下，企业内部依然面临着本位主义、局部利益对充分协同的冲击。

其三，当下与未来的割裂。很多企业的绩效管理与战略是脱节的，往往只有对当下业绩的考核，而没有形成对未来长期重要工作的考核。面对日趋激烈的市场竞争，企业关注当下的应对是一种本能反应，但如果仅仅关注当下，而不能从精力、资源上对未来进行创新与破局，也终将会丧失未来。

这些层面的割裂在企业内部或多或少地客观存在，使得企业从战略到执行之间缺乏有效衔接，进而对整体业务变革的推进、组织效能的提升、生态协同的达成等方面工作产生大的影响。

1.5.2　再认识文化的价值

很长一段时间里，学习华为成为一种潮流，而《华为基本法》无疑是华为顶层设计、实现持续成长的重要支撑，任正非说《华为基本法》是华为公司在宏观上引导企业中长期发展的纲领性文件，是华为公司全体员工的心理契约。Apple（苹果公司）与Google（谷歌公司）也高度重视文化在发展中的引领作用。企业文化正如一种伟大的创造性力量，推动着企业向前、向上发展；同时，企业文化落地的程度，也决定了这个企业未来的发展。

回归企业文化的本质，又绝不仅仅是使命、愿景、价值观的文字表述，正如乔布斯所说，文化不是纸面上怎么宣传，而是信仰什么，如何思考，如何做事。

聚焦当下，工程勘察设计企业面临新一轮的转型发展，面对激烈的市场竞争，要真正树立客户导向，强化"狼性精神"；面对业务、技术、管理等一系列创新要求，要真正树立拥抱变化的创新导向；面对集成服务能力打造，要真正树立群策群力的团队协作工作导向，强化开放共赢意识。激励约束机制的传导能解决"从无到有"的催化，但"从有到优"需要让价值观走进员工心中，从而激发员工内在动力。

设计企业新一轮的创新发展必须建立超越数字目标的使命愿景与价值观，使之成为引领团队建立全局认知、系统思考、长期奋斗的行动纲领，使之成为追求共同发展的心理契约，唤起组织"敢打仗、打胜仗"的激情。

1.5.3 塑造市场与文化的双轮驱动

德国哲学家康德说，世界上只有两样东西能永远让我们心怀敬畏，一是头顶灿烂的星空，二是内心崇高的道德律。面对当前的大变局，工程勘察设计企业以场景价值为引领，推动业务模式创新与盈利模式创新，努力打造高质量可持续韧性发展，将是我们"头顶灿烂的星空"；而支撑战略升级、塑造进化发展的共同价值观应该成为企业内部的"道德律"以市场牵引和文化驱动的双轮引擎，推动企业突破线性增长，实现指数型增长（图1-7）。

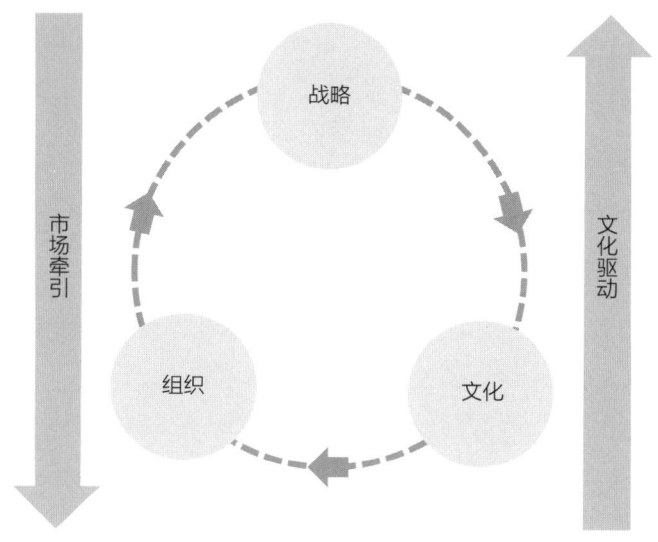

图1-7　塑造市场与文化的双轮驱动

企业文化系统核心由使命（Mission）、愿景（Vision）和文化价值观（Values）三个方面构成。对于企业文化建设这样一项看不见、摸不着、形式上务虚的工作，往往被纳入重要但不紧急的工作事项，其效果的发挥也就可想而知了。

企业文化在一个组织中的形成与迭代，需要时间、精力的投入，也需要建立"虚实结合"的工作方式。

（1）定义与解读

每家企业在发展中都形成了自己的独特基因，但也不可否认，文化价值观的成型，也可能形成惯性，对新文化产生排斥。因此，随着不断发展和面向未来的探索，企业既有价值观也需要进行持续的迭代和发展，我们需要持续追问：企业组织中共同的优秀文化特质是什么？当前，企业的文化特质有哪些不适应发展，还欠缺哪些文化特质？面向未来的新业务场景和发展要求，企业最需要补充的文化特质是什么？

通常情况下，企业文化多以高度概括凝练的词语呈现，如果不能辅以有效的传播，必然不能被广泛理解认同并深入践行。所以，将无形的使命、愿景、价值观翻译成所有人都明白的大白话，才能解决文化落地的认识基础。

2019年阿里巴巴发布"新六脉神剑"价值观体系，以六句阿里土话组成，每一句背后都有一个发展历史上的故事。其中，"此时此刻，非我莫属"就是选自1999年9月14日阿里巴巴在《钱江晚报》上发布的第一条招聘广告的广告语："If not now, when? If not me, who? 此时此刻，非我莫属。"体现了阿里人对使命的信念和舍我其谁的担当。

（2）软硬交互

明确文化的定义与导向后，企业文化的落地还需要与管理制度进行深度融合，否则将造成文化导向与机制导向的脱节，说的与做的不统一，企业文化将形同虚设。对于企业实际操作而言，企业文化管理侧重于宣传，而与日常运营管理各条线工作衔接不够紧密，可以考虑将其导入"文化融合度诊断"工作体系，对现行管理制度的内在逻辑、导向与价值观的融合度进行研判，特别是与相关管理条线相结合的激励约束机制、人员使用管理等制度融合，并适时推进优化调整。

另外，企业文化的落地还需持续推进层层宣导工作，使得企业文化导向成为思考和处理问题的首要标准。针对《华为基本法》的宣导，任正非曾说："不领会基本法的深刻内涵，不会潜移默化地引导自己工作的干部，不允许进入高中层。"

（3）显性塑造

从认知逻辑来说，越是具体的、形象的越容易被记住。这也正是当前企业文化仅以高度概括的文字方式呈现存在的短板。亚里士多德说，人类可以使用理性来解决问题，但在需要说服和影响别人的时候，只有逻辑是不够的，这就需要一种工具、一种桥梁，使得彼此双方能够相通，甚至产生共情。这种工具就是故事。企业可以通过以内部员工的真实事件为依托提炼企业文化故事、树立代表人物，以具体场景化的情节展现与现实连接的可信度，塑造标杆、呈现温度、传递导向。

身处剧变的时代，企业面对着宏观环境的复杂性、新技术迭代与融合应用、人口红利的变化、资源红利的变化等方面挑战，唯有以坚韧向上的文化力，塑造组织变革的灵活力，以全新视角推动可复制的成功。

2 →
业务转型

业务转型并不是一个新话题，早在几年前国家深化供给侧结构性改革，推动产业结构调整的大环境下，已有部分设计企业感知到市场变化并加速推进业务布局，发展至今，业务转型也取得一定成效，但新的问题又不断滋生。

工程总承包、全过程工程咨询、设计一体化等服务模式有助于推动设计与工程建设产业链上下游融合，很多设计企业通过开展工程总承包服务实现规模快速扩张，但"增收不增利"的困境始终没有得到解决；"双碳"目标、城市更新等新赛道发展机会备受设计企业关注，但设计企业更多仍是以设计相关的服务为主，如无法抓住客户核心需求，则很难向高附加值环节延伸，希望借此实现赛道转换只能是空谈。

当前设计企业普遍感到焦虑与迷茫：传统设计业务持续下滑，新业务探索受阻，未来发展的道路在哪里？作为专业技术服务业，工程勘察设计行业在我国构建现代化产业体系中仍将发挥重要支撑作用，虽然像过去那样遍地开花的发展方式已经不复存在，但仍然有新的市场机会不断涌现，绿色低碳经济和数字经济等新技术发展带来的创新经济将是未来行业企业需要重点关注的发展方向。新的市场空间呈现出一体化、集成化、绿色化等共性需求，设计企业需要顺应市场需求变化，打破传统思维惯性，以结果为导向，探索业务增长发展路径。

虽然当下行业发展路径并不清晰，但不乏有企业在业务创新探索方面取得突破。总体来看，业务创新方向呈现"多点开花"，既有以服务方式、业务模式升级优化为主导的探索，也有针对专项服务领域的垂直化整合、一体化解决方案探索，还有面向新赛道成长性探索，互相之间存在交叉融合，很难简单地进行归并。因此，本章聚焦关注热点，从工程总承包业务、全过程咨询业务、基于碳中和产业链、城市更新服务等视角，结合企业的探索实践提出对业务转型的思考。

2.1
工程总承包业务提升管理及盈利能力

2020年3月1日，住房和城乡建设部、发展改革委联合印发的《房屋建筑和市政基础设施项目工程总承包管理办法》（建市规〔2019〕12号）正式施行，明确指出"工程总承包单位应当同时具有与工程规模相适应的工程设计资质和施工资质，或者由具有相应资质的设计单位和施工单位组成联合体"，标志着EPC（工程总承包）项目承揽资格从单一资质向设计施工"双资质"转变。在"双资质"要求下设计企业发展导向逐渐清晰，但实现路径还不太清晰，比如是否需要申请施工资质、如何获得施工资质，进而由此带来的设计企业战略定位的改变。此外，"双资质"要求下设计企业技术优势正在逐渐减弱，同时对于资本运作、项目管理等方面提出了更高要求，设计企业如何才能脱颖而出？

2.1.1 明晰总承包业务战略定位，提升价值服务

自2017年2月《国务院办公厅关于促进建筑业持续健康发展的意见》（国办发〔2017〕19号）中提出"加快推行工程总承包"后，工程总承包业务快速发展已有7年之久。从近年发展来看，工程总承包业务始终保持着在营收结构中的主力地位，2022年营收占比50.6%，但是业务增速已经出现放缓，增速回落至20%以下。2023年，在行业整体发展下行的背景下，天强针对业内700多家设计企业开展的2023年度发展调研结果显示，有38.7%的企业表示2023年工程总承包业务出现了下滑，其中，13.4%的企业下滑幅度在30%以上。

进一步来看，细分领域中工业领域和交通领域企业发展较好，无论是工程总承包的业务规模还是业务增速，均在行业前列，增速更为可观。根据中国勘察设计协

会发布的2022～2023年工程勘察设计企业工程总承包营业额百强名单，市政设计和建筑设计行业的上榜企业数量均不足一成，前十企业主要是工业工程设计和交通工程设计企业，且在2022～2023年连续上榜的建筑企业中，超过七成的企业工程总承包业务收入较2022年下滑。

工程总承包业务发展面临价值突破难题。从工程总承包业务成效来看，设计企业并未完全发挥出设计的引导作用。上市企业中，工程总承包业务模式主要在工业工程设计、交通设计、建筑设计中推行比例较高，但仅工业工程设计毛利率在研发投入牵引下有稳定的提升，交通设计毛利率波动较大且有所下滑，建筑设计的毛利率一直处于较低水平。综合考虑市场需求的日渐提升、费用率的提升、回款对资金占用等综合因素，目前工程总承包所带来的业务营利成效依旧不理想，存在较大的提升空间（图2-1）。

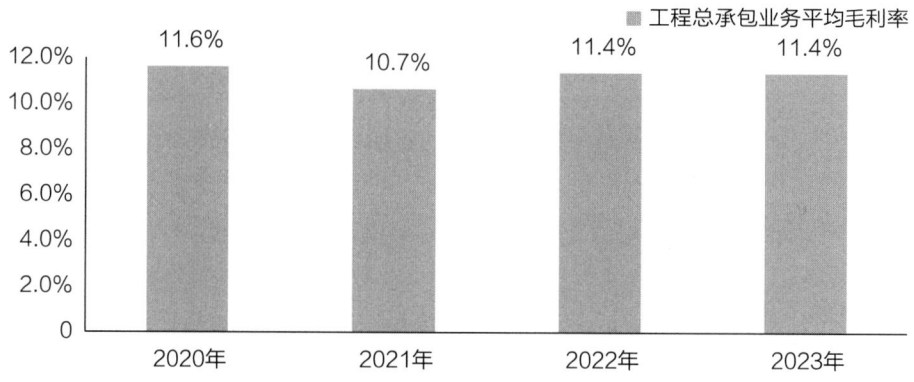

图2-1　2020～2023年上市企业工程总承包业务平均毛利率

从长期来看，市场上对一体化集成化的业务需求仍然广泛存在，特别是2023年2月发布的《质量强国建设纲要》中提及要提升市场的集成化、一体化服务能力，在此推动下，工程总承包业务模式仍是大势所趋，并且更鼓励向产业链的前后端延伸，形成全过程的管理与服务模式。

实际上设计企业开展工程总承包业务，特别是不少市政及民用建筑设计类企业推进总承包业务过程中仍然面临不少挑战，尤其是在地方债务高企的情况下，单纯的设计施工总承包对政府业主缺乏吸引力，政府业主更倾向于总包企业带资建设，偏好BT（建设—转让）、BOT（建设—经营—转让）融资性总包模式，而非单纯的EPC模式，这对设计企业的资金能力提出较高要求，同时，客观上也存在较大的资金风险。工业工程项目因为工艺的连续性，决定了设计环节在工程价值链中有较高的话语权，而市政、民用建筑工程项目中，设计环节很难完全主导进度、成本，故其话语权一般弱于工业类项目，也弱于本项目的施工环节。

设计企业要推进工程总承包业务，首先要回答的问题是发展总承包业务到底为了达到什么样的目的，如何匹配整体战略？设计企业开展总承包业务不应仅局限于从规模效益出发，应当从基于一体化服务能力提升、价值链服务能力提升，着手建立总承包业务发展战略定位；应充分发挥策划价值，发挥技术优势，掌控采购、施工管理等环节，通过数字化赋能不断提高工程总承包业务的盈利能力（图2-2）。

增强前期策划能力 发挥策划价值			发挥技术优势 追求设计咨询的极致					掌握采购、施工管理 数字化赋能工程管理						
工程立项	项目规划	项目可研	项目融资	工程勘察	方案创作	初步设计	施工图设计	采购承包	采购服务	施工承包	施工管理	项目管理	检测	运维/改造

图2-2　总承包业务价值链

设计价值延伸：从工程经济效益和工程进度管理、安全保障等方面做好设计方案专业化、人性化、经济化。

采购服务价值：结合设计方案对采购招标文件技术规格书编制提出专业化意见，确保设备、材料等采购与设计方案要求一致。

项目管理价值：项目管理是工程总承包项目管理效率的灵魂，通过系统的策划—计划（进度、成本、质量）和控制手段使工程总承包项目的工期、成本、质量达到最优，从而实现项目目标，为企业和业主带来价值。

数字化服务：通过BIM数字化的服务能力，在工程总承包项目设计、施工等阶段运用数字化的管理手段，提高工程总承包项目的运作效率和智慧化管理水平。

2.1.2　总承包业务组织体系设计

有效开展工程总承包业务对设计企业的组织提出的三个方面要求：一是集成化，推动需求集成、资源集成、组织集成以及专业集成；二是流程化，基于风险管控的要求强化流程化管理；三是协同化，基于业务的集成性特点在市场经营、项目执行、技术攻关等方面推进跨部门协同。

企业要根据工程总承包业务发展的成熟度，通过集权与分权相结合的方式整合资源，对组织结构进行重构，建立适应工程总承包业务发展的组织结构，从而满足工程总承包业务精细化管理要求。

当前，设计企业开展工程总承包主要采取以下四种组织机构模式（表2-1）。

不同类型工程总承包业务管理模式及特点 表2-1

组织机构模式	优点	缺点	适应业务特点
总承包项目管理部模式	专业化管理，有利于做精做专总承包业务；设计和总承包业务并行，有利于按各自业务特点去管理	需要设计业务很好地支持，以免出现设计和总承包"两张皮"现象	专业化设计院公司集中经营；
总承包管理部模式	管理和实施分离，权责清晰；专业化管理，有利于控制风险	需成立管理部门，初期需一定管理成本投入	公司二级经营；总承包项目数量多，规模小
总承包事业管理部模式	容易积累总承包项目管理经验，有利于指导各业务部门更好地开展总承包业务；管理成本相对较低	既承担项目管理职能，又承担项目实施任务，监管存在一定风险；承担经营任务时可能会有一定内部竞争	公司二级经营；总承包项目数量多，规模差异大
总承包事业部模式	集中资源和力量，有利于提高总承包业务实施效率	各业务部门承揽总承包业务积极性受影响；需设计业务很好支持，以免出现设计总包"两张皮"	公司二级经营；总承包项目数量相对较少

第一，总承包项目管理部模式。院层面成立总承包项目管理部，配置总承包业务开展所需要的各类职能。设计业务和总承包业务并行管理，总承包业务实施由总承包项目管理部牵头负责，总承包项目采取矩阵项目管理模式，设计部门和总承包项目管理部派出人员组成项目组，设计经理纳入总承包项目管理。

第二，总承包管理部模式。总承包管理和实施分离，企业层面成立总承包管理部门或职能，承担总承包商务、采购、项目运营监控职能，实施由二级单位开展，各二级单位作为实施主体参与总承包经营，二级单位可以实施总承包业务。

第三，总承包事业管理部模式。企业层面成立总承包事业管理部，既承担总承包业务管理职能，为二级经营单位开发总承包业务提供支持与服务，又承担大型总承包项目实施任务。总承包事业管理部对于总承包业务抓大放小，总承包大项目由总承包事业管理部负责实施；总承包小项目，二级单位可以自主开发与实施，但须接受总承包事业管理部的监督与管理，总承包事业管理部鼓励并要求各二级单位参与总承包经营。

第四，总承包事业部模式。整合全公司所有相关业务力量成立总承包事业部，将全公司大小总承包业务集中在一起管理与实施。由总承包事业部全面负责总承包业务，统一实施，实施主体只有企业层面成立专门的项目管理部门，负责项目体系建设和管控，鼓励并要求二级单位参与总承包经营，但各二级单位不再负责总承包项目实施。

总承包业务相比传统业务风险高，业务流程复杂，对管理提出更高的要求，一般要考虑三个层级：决策层、管理层、执行层。在层级设计的基础上，根据总承包业务的流程及关键管控要点，确定各层级的功能定位（图2-3）。

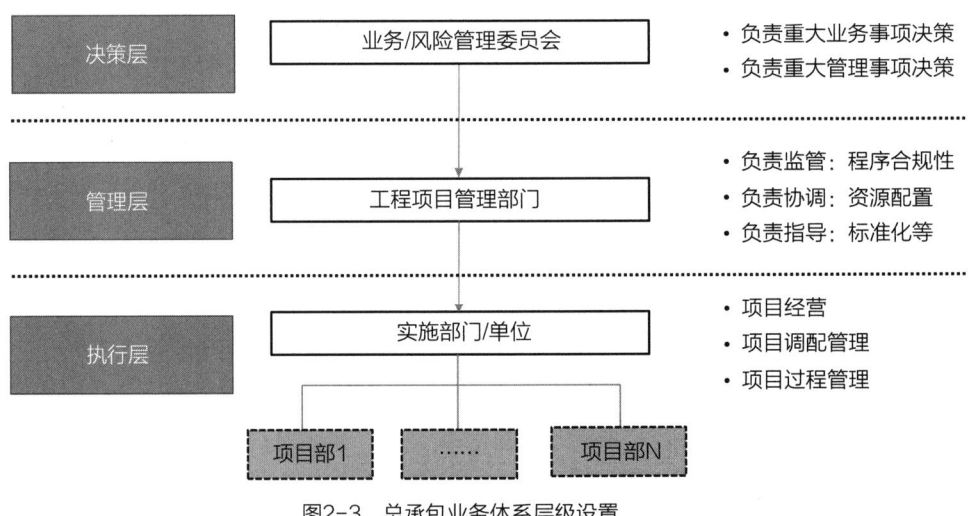

图2-3　总承包业务体系层级设置

在层级设计及管控关系确定的基础上，根据业务流程，划分各个层级的部门组织，并明确各个层级、各个部门的职责定位，最终一体化业务的组织体系将形成各部门、项目部岗位的职责（图2-4）。

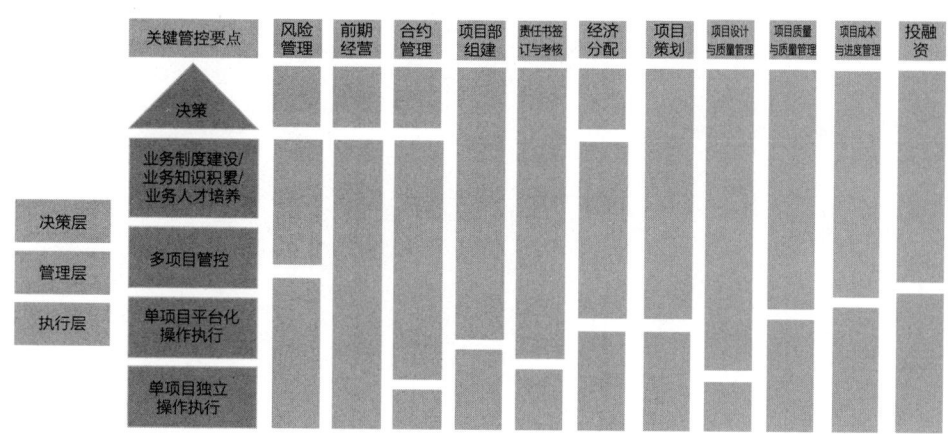

图2-4　总包业务体系各层级功能定位

2.1.3　项目管理体系构建

总承包项目管理制度体系设计考虑总承包项目的业务流程（产品实现过程）、项目管理过程和项目管理要素三个层面。系统规划项目管理体系结构，明确各层级的管理任务和职责，以科学化、标准化、信息化、集成化为指导思想，细分项目管理的各项工作，以设计、采购、施工、调试与试运行等业务板块为基础，与项目五大过程（启动、策划、实施、控制、收尾）进行融合，从范围（变更）、进度、质量、费用、HSE（健康—安全—环境）、资源、合同、接口管理、沟通与信息、风险十大要素着手，以不同维度为视角确立业务流程和管控要点，充分考虑工程的实际和管理的要求，逐步建立 EPC 总承包项目管理标准（图2-5）。

建立规范的工程总承包项目管理体系，制定适应企业特点的项目管理体系文件和工作手册，用以明确架构与权责，规范流程与工作要求，并固化在体系文件和日常使用的表单中。具体步骤如下。

步骤一：对总包项目管理运行情况进行诊断，分析重难点问题，梳理关键环节有关的管理职能是否有效、充分地履行，各个环节是否能够按照工程总承包的工作要求开展工作；相关管控权限设置是否得当，哪些缺少控制，哪些流程过严；现行制度中，是否存在不适应总承包业务高效运行的内容；在组织架构微调的预期下相关环节管理应当如何优化，在组织架构不变的前提下相关环节管理又应当如何优化。

步骤二：基于诊断观点，明确项目管理体系的总体框架和纲要，作为手册建设

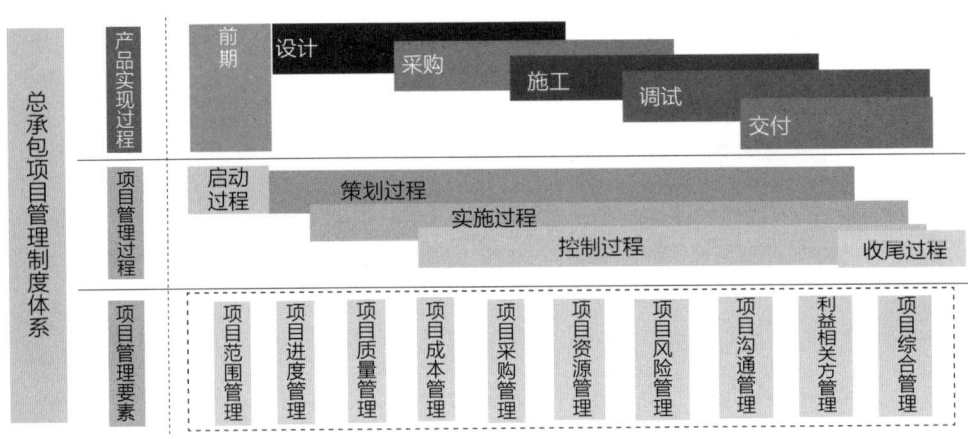

图2-5　总包项目管理制度体系设计框架

的重要指引。《工程总承包项目管理大纲》中重点要梳理明确"公司各职能管理机构、总承包业务部门、总承包项目部"之间项目管理权责体系（表2-2）。

项目管理体系的总体框架和纲要　　　　　　　表2-2

总则	项目管理整体定位、适用范围等
项目管理体系模型及框架	工程总承包项目管理体系框架与核心内容
项目管理运行模式与原则	以项目为中心，以专业部门为基础，实行矩阵式管理，实行项目经理负责制，实行项目成本核算制
项目管理总流程	工程总承包项目管理体系运行的全流程
项目分类分级与群组管理	EPC[1]/PMC[2]、BT[3]/BOT[4]/PPP[5]项目的分类、分级及资源配置，基本管理元素为项目部；
项目管理组织结构与岗位配置	项目部的组织形式、OBS[6]以及项目人员配置，项目分级管理与项目管理序列的岗位对应，进行岗位配置说明
多项目计划统筹与资源优化	项目分级管理下多项目的资源调配与动态管理
与运行环境、其他体系的关系	结合企业特性与企业现有相关制度关系概述说明

注：①EPC（Engineering, Procurement, Construction）：工程采购施工。指承包方受业主委托，按照合同约定对工程建设项目的设计、采购、施工实行全过程或若干阶段的总承包。
②PMC（Project Management Consultant）：工程管理承包。指项目管理承包商代表业主对工程项目进行全过程、全方位的项目管理，包括进行工程的整体规划、项目定义、工程招标、选择EPC承包商，并对设计、采购、施工、试运行进行全面管理。
③BT（Build-Transfer）：建设—转让。项目由投资人（通常是一家企业或企业联合体）负责进行投

融资、设计和施工。工程竣工并验收合格后，投资人将项目移交给业主（通常是政府或政府授权的机构），业主按照合同约定支付工程款项。

④BOT（Build-Operate-Transfer）：建设—经营—转让。以政府和私营部门之间达成协议为前提，私营部门获得许可负责某一基础设施的融资、建设、经营，一段时期后，再将项目所有权移交给政府。经营期间，私营部门可以通过项目运营获得收益。

⑤PPP（Public-Private Partnership）：公私合营。指政府与私营部门为提供公共产品或服务而建立的长期合作关系，涵盖了多种合作模式，包括但不限于BOT、BT等模式。

⑥OBS（Organizational Breakdown Structure）：组织分解机构。指将项目的工作分解机构与组织层级机构相对应，以确保项目任务和责任明确地分配给组织中的各个部门和团队。

步骤三：开展手册建设，从业务过程、项目管理过程和管理要素三方面考虑，将业务过程与项目管理过程融合，形成《工程总承包项目管理业务手册》（表2-3）；针对项目管理要素进行细化，形成《工程总承包项目管理要素手册》。

工程总承包项目管理业务手册　　　　　　表2-3

项目启动	项目立项，组建项目团队，明确项目目标
项目策划	专业技术、项目管理和商务三方面计划
设计管理	突出设计优化的重要性，通过设计优化实现总承包效益最大化。突出总承包设计变更的不同要求和权责。与采购、施工形成良好的接口管理
采购管理	明确采购流程、权责划分、相应的要求。建立长名单、短名单制度，实行分级管理，择优选择分包商。与设计、施工形成良好的接口管理
施工管理	涵盖了施工全过程管理，与设计、采购形成接口管理
调试（试运行）管理	涵盖了调试（试运行）全过程管理，与采购、施工形成接口管理
项目收尾	涉及工程结算、资料整理、完工报告、项目总结及后评价、项目考核等

2.1.4　总承包业务人才激励与考核

当前总承包人员的薪酬激励存在多种模式，需要根据企业的特点进行差异化设计。目前总承包人员薪酬激励模式主要包括：与设计人员挂钩模式，总承包人员按设计人员平均薪酬的一定倍数（行业一般为1.2~1.5倍）确定薪酬水平，按项目考核结果进行分配；项目管理奖金模式，基本薪酬+项目管理奖金，直接确定各类各级项目人员的奖金标准，在项目中按照"日常+节点+项目结束"三个阶段进行奖金分配；以工日为基础的分配模式，设定工日单价，按照项目规模、合同额、难易度等不同要素确定项目额定工日，员工在项目中根据工作内容和绩效贡献计发工日，根据工日结算奖金；项目提奖模式，按项目产值或利润的一定比例直接提奖，作为总承包项目组的奖金总额，总承包项目人员的奖金则根据员工职级和绩效表现，在项目组内部由项目经理进行分配（图2-6）。

总承包项目是总承包实施的执行单元，对项目成败有着举足轻重的作用。因此，需要对项目进行考核。项目考核一般包括项目管理过程考核和项目结果考核，项目管理过程考核主要针对项目管理要素进行；项目结果考核主要内容包括项目经济效益和项目利益相关者（主要是业主）满意程度，其中经济效益包括项目的回款和项目利润。项目考核结果影响项目的评优、项目的总奖金包等。总承包人员考核一般在项目中考核，并参与公司的年度考核，项目考核主要考核人员在项目中目标达成情况，年度考核主要考核人员年度目标达成情况。人员的考核结果影响年度评优、职级调整、（项目）奖金情况（图2-7）。

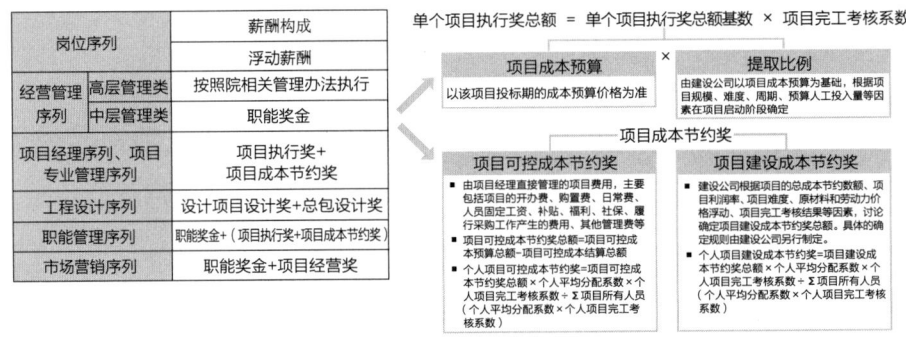

图2-6 某大型建筑设计院总承包人员的薪酬激励政策

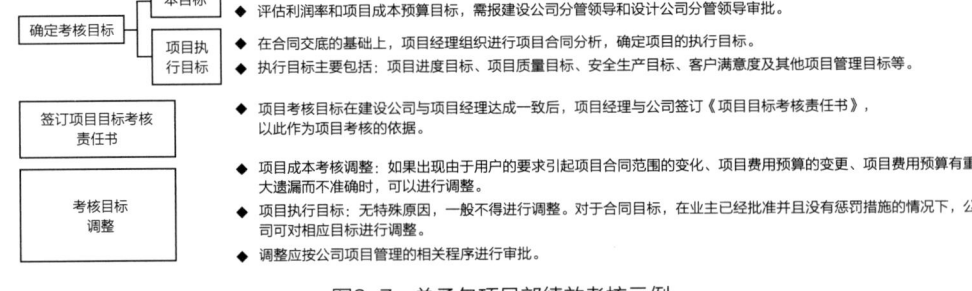

图2-7 总承包项目部绩效考核示例

2.1.5 项目管理信息化

总承包项目管理信息化的主要内容是针对项目中的不同参与方，采取不同的信息技术应用方式，实现管理者对项目各参与方的控制及管理，实现集成化、协同化管理。多流程、多环节并行，对工程总承包项目进行全过程的管控，实现项目的综合管理，在统一的项目管理平台上实现任务协同、资源协同、组织协同、阶段协同、地域协同和优化。

构建项目管理一体化智慧平台能够对企业总承包项目数据资源以及应用进行整合，实现面向领导层、项目部、相关管理部门、项目人员及外部单位协同人员提供数字化、智慧化项目管理服务，实现EPC项目全生命周期的业务协同，确保成本可控、进度可知、风险可防。

项目管理智慧平台建设主要由三个层面组成：基础设施层、应用支撑层、应用服务层。

基础设施层提供数据接入、网络传输及计算资源等能力，平台接入总承包项目相关数据，包括合同管理系统、采购管理平台、人力资源管理系统、财务管控平台、市场经营管理系统、智慧工地等数据源通过网络实现互联互通，利用私有云及公有云平台实现基础计算能力。

应用支撑层提供数据汇聚、技术支撑等能力，实现各类数据进一步地采集、清洗、汇聚及建模，并为流程、报表、消息推送、权限管理等提供必要的技术组件支撑。

应用服务层可通过电脑端、企业微信、小程序、PAD（平板电脑）等终端接入，通过权限管理面向不同服务对象及不同场景，提供财务、项目、风险、综合党建等业务数字化服务，构建智慧项目中心驾驶舱，提供智能化分析与可视化服务，实现基于互联网的总承包项目应用服务整体建设。基于项目全过程管理业务条线，围绕项目策划、项目实施和项目收尾构建贯穿全项目周期的流程业务体系，构建管理环节与流程联动，支撑项目管理。主要流程业务分为五大应用板块，分别是费用控制（简称费控）、项目、风险、综合及项目智慧管理中心，各板块在相关领域内围绕项目进程的主线支撑项目实际运作，领域间通过数据的输入输出形成联动。

费控领域，从市场开发、合同管理开始，通过项目过程的财务与成本控制，结合分包、采购及物资管理实际，支持项目进程管理。

项目领域，从项目策划开始，以进度为主线，构建包含设计、技术、质量、沟通在内的项目运作体系，并实现与财务、风险的数据互通。

风险领域，通过项目过程安全管理、风险等内容识别分析，把控项目风险，支持项目管理。

综合领域，通过党建管理、办公管理、档案管理、人事管理、科信管理、后勤管理等内容，对项目运作形成基础支撑。

项目智慧管理中心，通过配置领导驾驶舱，构建项目智库，形成面向多层级、多职能的数据分析及看板，并对项目全过程数据进行知识积累。

总承包业务的开展需要企业具备良好的集体作战能力，必须构建"三个一"体系：一套高效总承包项目管理流程与制度，在企业内部形成适配总承包业务发展、可视化和可操作性强的总承包项目制度体系、流程体系；一个智能化、一体化项目管理平台，实现项企一体化、管理全链化、决策智慧化、交互友好化、协同安全化；一支复合型项目管理人才队伍让企业在统一的认知下，在公开透明、沟通顺畅的氛围中朝着一个目标前进，推动总承包业务可持续发展。

案 例

重塑管理流程、升级管理系统，释放总承包业务效益

某设计企业自明确向工程公司转型以来，总承包业务体量在短时间内取得了显著提升。与此同时，组织不适配、资源不平衡、信息不对称等不适配问题也显露出来。具体表现为总承包业务与传统设计业务的增长逻辑不一样，不能沿用一套管理模式；总承包业务和传统设计业务的体量同步提升，总包业务持续面临结构性人力短缺；缺乏统一的系统，数据孤岛现象较为突出，碎片化管理不利于提升效率。

天强结合广泛的调研分析与诊断，明确整体思路：提利润、控风险。提利润重点是组织运行提效、人均产能提升、成本精细化管控；控风险重点是流程规范、制度落地、事前预控、事中监督、事后复盘。推进过程中有三个重点：第一，认知共识，构建一套高效的管理制度和流程，一个一体化的项目管理平台；第二，落地执行，通过优化组织、重塑流程、夯实数字化促进整体规划落地应用；

第三，培育共识，确保新的组织体系、流程操作、数字化平台顺畅执行。

项目采用工作专班模式，涵盖该设计企业各层级人员70余人，联合推进工作。大量走访调研，历经上百余场研讨，涉及管理层、专业部门、基层工地作业人员；深入若干个项目一线作业现场，与一线作业人员深入研讨业务管理实操和落地的思路、手段；按全项目、项目各阶段、各周分解工作来形成工作计划，定期刷新、强力推进、跟进变化、及时复盘。通过以上举措，该设计企业逐步做强"三个一"体系：一套高效总承包项目管理流程与制度；一个智能化、一体化项目管理平台；一支复合型项目管理人才队伍。

2.2

以全过程工程咨询业务推进高价值服务

在条块分割的工程管理模式下，全过程工程咨询旨在解决服务阶段碎片化问题，通过管理和技术的集成化、系统化方式来提升服务的水平和效果，自身服务理念符合行业发展大趋势。例如，浙江省2019年提出"未来社区"概念，指出"未来社区"以人为本、生态化、数字化为价值导向，构建未来邻里、教育、健康、创业、建筑、交通、低碳、服务和治理九大场景。同年8月，浙江省发展和改革委员会在推进全过程工程咨询试点工作方案中提出，将"未来社区"项目纳入全过程咨询项目试点。当前已经有多个项目完成全过程咨询服务招标投标工作，服务内容涵盖项目管理、设计、监理、BIM咨询等。

对于业主而言，能够真正理解全过程工程咨询服务并切实感知到服务价值，才会有意愿去推广相关服务。对于设计企业而言，人均产值普遍比其他咨询服务类企业高，探索全过程工程咨询服务既是推动服务方式升级，更是探索盈利模式创新。

自2019年3月国家发展和改革委员会、住房和城乡建设部联合发布《关于推进全过程工程咨询服务发展的指导意见》（发改投资规〔2019〕515号）提出培育发展投资决策综合性咨询和工程建设全过程咨询后，针对全过程工程咨询的系列文件标准加速出台，2023年《全过程工程咨询服务规程》T/CECA 20037—2023团体标准出台，进一步完善全过程工程咨询服务流程。同年2月，《质量强国建设纲要》中明确提出"发展全过程工程咨询和专业化服务"的要求，助推市场升温，全过程工程咨询业务发展的外部环境日趋成熟。

面对传统业务增长"天花板"困境，一些设计企业已早早开始发力布局新业务，并在2023年逐渐见效。近年，以全过程工程咨询为首的新兴业务在政策和市场双轮驱动下快速发展，2022年全过程工程咨询业务增长68.9%，2023年全国累计开展全过程工程咨询项目已有万余项。

为了进一步发挥设计效力，近年来多地出台政策文件，推动建筑师负责制与全过程工程咨询相结合，从而最大限度地发挥其价值。例如，重庆市出台了《重庆市全过程工程咨询建筑师负责制试点工作实施意见（试行）》，提出以建筑师团队为主导，开展包括工程设计或设计咨询、造价咨询、项目管理和工程监理等在内的咨询服务，从而提升工程质量和城市品质。2022~2023年重庆市发布两批26项全过程工程咨询建筑师负责制试点项目名单。2022年初，重庆公布了广阳岛全岛建设及广阳湾生态修复项目、重庆科学城电子信息产业孵化园（科学谷）项目、悦来汇项目等十个试点项目，探索推行全过程工程咨询建筑师负责制。

虽然国家层面一直力推全过程工程咨询业务的发展，但是整体来看，当前的发展远没有达到政策推出时的预期，总体上表现为"叫好不叫座"。全过程工程咨询市场依然处于市场割据、各自为战的竞争格局，各家单位凭借自身优势加速占领市场。根据2023年全国全过程工程咨询项目中标100强榜单，排名前十的企业中标项目数量占比整个榜单不足三成。根据对2023年全国各地全过程工程咨询项目估算，大多数项目的服务取费不足项目投资额2%，平均费率在1%左右，与国外项目的服务取费水平存在较大差距。参考英国皇家特许测量师学会（Royal Institution of Chartered Surveyors, RICS）发布的"*Construction Cost Benchmarks*"，咨询服务费通常在项目总造价中占比10%~15%。

当下市场环境中为什么要全力推进全过程业务？现阶段，随着我国固定资产投资项目建设水平逐步提高，为更好地实现投资建设意图，投资者或建设单位在固定资产投资项目决策、工程建设、项目运营过程中，对综合性、跨阶段、一体化的咨询服务需求日益增强。这种需求与现行制度造成的单项服务供给模式之间的矛盾日益突出。

推进全过程工程咨询业务，能够发挥工程设计咨询企业专业优势，通过限额设计、优化设计和精细化管理等措施提高投资收益，确保投资目标实现；发挥全过程管理优势，可有效降低决策失误、投资失控的概率，减少生产安全事故，整体把控项目进度，保证工程建设质量；开展全过程工程咨询服务，过程中各专业咨询工程师统筹安排、分工协作，弥补多个单一服务团队组合下可能出现的管理缺陷，并有利于激发专业咨询工程师的主动性、积极性和创造性，促进新技术、新工艺和新方法的应用。因此，开展全过程工程咨询服务能有效为固定资产投资及工程建设活动提供高质量智力技术服务，全面提升综合效益。同时，随着市场竞争的不断加剧，未来竞争是超越技术的综合竞争，设计企业要立足工程建设全生命周期价值出发，推进业务创新转型。

因此，设计企业需要立足自身，全面构建差异化的价值服务理念，形成面向全过程工程建设领域的服务能力。

2.2.1 立足自身中长期愿景，确定全过程工程咨询业务战略定位

在新的发展环境、新的竞争格局、新的机制规律下，工程设计咨询企业需要积极正视变化、改变习惯认知、跳出原有的路径依赖。基于市场需要，以企业资源能力为基础，针对全过程工程咨询业务特点制定差异化战略，通过差异化全过程咨询产品打开市场、差异化的全过程咨询营销推进市场、差异化的全过程咨询服务占领市场，进而打造差异化全过程工程咨询业务品牌（图2-8）。

在政策导向和市场需求的双重作用下，建筑业在发展过程中对工程建设组织方式逐渐完善，未来依然会由于项目投融资模式的差异性、业主的多元性、建设组织模式的多样性等因素，需要多种咨询服务模式并存。

对于设计企业，要在整体定位上将全过程工程咨询业务作为企业集成服务的重要载体之一。全过程工程咨询业务将涉及面向客户的企业经营模式升级、内外部资源整合等综合因素。因此，企业需从全局角度统筹考虑其战略定位、发展策略及资源配置计划，并在此基础上制定全过程工程咨询业务专项规划，统一内部共识，系统推进其发展（图2-9）。

研判外部环境	对标分析	评价内部资源能力	规划业务发展
1 宏观环境研究 2 商业环境分析 3 市场需求研判 4 竞争格局分析 5 关键成功要素分析 6 业务发展趋势研判	1 标杆企业选取 2 标杆企业分析 3 标杆企业的启示 和建议	1 全咨经营现状评价 2 全咨盈利能力分析 3 全咨能力评价 4 全咨资源状况分析	• 全咨业务定位 • 全咨业务商业模式 • 全咨业务服务场景 • 全咨业务目标体系 • 全咨业务核心策略 • 全咨业务发展路径与举措

搭建保障体系
• 全咨业务战略保障体系（治理结构、组织体系、职责体系、管控体系、核心职能体系等）
• 资源需求和匹配方案（人才、资金等）
• 全咨业务团队打造

图2-8 设计企业推进全过程咨询业务战略路径

致力成为全球领先的工程咨询公司
将"打造智慧城市建设全过程咨询产业链"作为在广东区域的重点发展方向，构建南京-广州双中心的国内发展格局，通过资本运作和属地化团队建设，苏交科广州业务中心力争成为广州市属最大的全球领先工程咨询企业。

致力成为综合实力雄厚的全国一流城乡建设科技集团
积极响应国家城乡建设、"双碳"目标、乡村振兴等发展战略，以"全过程咨询+工程建设管理+新能源+城市更新+数字科技"五大板块为支撑。

工程项目全生命周期数字化服务首选集成商
在全国率先提出数智化全过程工程咨询创新模式。通过自主研发的系列平台，提供涵盖多专业、全阶段、强融合的数智化服务整体解决方案，致力于成为国际一流工程数智科技公司。

以全过程工程咨询、工程总承包为核心战略，打造国际知名顾问工程公司
拥有十余年的全过程项目管理和政府代建经验优势，较早提出并开展"管监合一""四位一体"等"监理+"组合服务，成为全过程工程咨询服务的雏形。

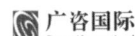
数智化工程咨询服务平台、全过程工程咨询集约服务商
广东省全过程工程咨询第一批试点单位。公司专设全过程工程咨询中心、BIM中心，整合公司各类资源，支撑全过程工程咨询业务开展。

建设咨询服务（全生命周期）系统集成商
以工程造价为核心能力基因，将其首倡的"工程造价+"作为发展战略，开展政府投资决策与工程建设项目全生命周期的全链条顾问服务。

图2-9 部分设计企业全过程工程咨询业务战略定位梳理

2.2.2 以全过程管理服务实现系统价值最优

全过程工程咨询强调"设计+管理"两条主线，其在开展过程中最关注的是任务本身，通过最大限度地发挥技术优势，满足委托方需求。为此，开展全过程工程咨询服务需要构建"以终为始"的管理逻辑，从挺身侧立向躬身入局转变，从问题发现者转变为统筹资源解决问题的人。

2023年10月，中国勘察设计协会发布团体标准《全过程工程咨询服务规程》，明确设计咨询和工程管理两条主线，其中，在工程管理主线上提出了"工程管理=

决策阶段的开发管理+实施阶段的项目管理+运维阶段的运维管理"的架构。对于决策阶段开发管理和实施阶段项目管理,分别从组织与信息管理、质量与数量控制、投资控制与融资、进度控制与保障、合同管理与保险五大管理要素维度,对基本任务和交付成果进行细化。运维管理则进一步细分为空间管理、运行管理、采购和合同管理、能源管理、业务持续管理等。

设计企业应以政府、协会的标准为基本指引,在项目实践中形成体现自身核心竞争优势的全过程工程咨询服务理念、全过程工程咨询服务标准和全过程工程咨询服务体系,进而逐渐形成能适应客户多元化需求的全过程工程咨询服务清单和所有清单服务的整合方案。

以菜单式、定制化服务逐步构建全过程工程咨询产品组合。全过程工程咨询产品的价值逻辑是以全过程管理实现系统价值最优。因此,对于企业而言,全过程工程咨询产品竞争策略是面对不同的场景、不同的客户需求提供定制化产品。对内需要形成菜单式、定制化服务,逐步构建全过程工程咨询产品组合,引导和服务企业市场经营人员打动客户、创造市场,进而提高市场对全过程工程咨询业务的接受程度;与此同时,处理好和工程总承包、建筑师负责制、全过程造价咨询等集成化业务之间的关系以及资源配置模式。对外需要输出差异化、高辨识度的全过程工程咨询产品品牌。企业需充分挖掘利用自身优势,打造差异化的长板,形成独特的核心竞争力,方能在全过程工程咨询市场竞争中获得领先优势。

案 例

同炎数智的数字化全过程工程咨询服务

同炎数智科技(重庆)有限公司(简称同炎数智)定位为工程项目全生命周期数智化服务首选集成商,公司未来的发展将由数智全过程工程咨询、平台方案以及数智软件形成"三位一体"的产品组合,并在城市园区、市政交通、生态环境以及教育医疗场景实现"四核驱动"。

围绕"数智化全过程工程咨询"理念进行数智化平台开发与建设,通过自主研发的项目前期决策平台、协同管理平台和运维管理平台提供涵盖多专业、全阶段、强融合的数智化服务整体解决方案。同炎数智目前已重点打造两大数智化平台。一个是专门为工程建造行业项目参与方打造的基于BIM的项目协同管理平台。该平台以全过程BIM数字底座为抓手，基于行业长期的项目管理经验，提供项目集、项目群、项目组合以及单独项目的信息化管理模块，实现项目各阶段管理业务的数智化融合。另一个是同炎数智运维管理平台。该平台基于"BIM＋GIS＋IOT（物联网）"技术构建数字孪生系统，以真实场景在信息系统的精准映射，对运营数据进行统一管理与综合展示，打造智慧运营管理平台。以统一的BIM数字底座将设计、建设、运营阶段的模型贯通，实现模型信息的完整集成，提供从建设到营运阶段的数据支撑，为运营管理者提供决策依据，实现智慧管理。该平台还可以方便用户按需自主添加场地、设备、家具等模型构件，实现场景化定制功能，同时也与碳排放检测实现管理融合。

明确与建筑师负责制的关系界面。在国家工程建设组织模式改革的浪潮中，设计企业应根据市场发展趋势，鼓励开展建筑师团队主导的全过程工程咨询，提升市场活力。重庆是国内第一个发文将全过程工程咨询与建筑师负责制相融合的城市，并提出在民用建筑和低风险工业建筑项目中推行建筑师负责制；江苏和甘肃对以设计单位为主体实施全过程工程咨询的项目，提出要充分发挥建筑师的主导作用；安徽、福建、湖南等地鼓励在民用建筑项目中试行建筑师主导的全过程工程咨询服务。

2.2.3　系统性推进能力建设

开展全过程工程咨询业务，对设计企业能力提出了新的挑战，不同竞争主体的劣势具有共同性，谁能率先取得突破，谁就能在未来竞争中赢得主动权。当前设计企业在开展全过程工程咨询业务过程需要的核心能力主要体现在以下几个方面。

经营能力。全过程咨询业务本身具有定制化特点，客户既有全过程综合咨询服务需求，也有跨阶段的咨询需求。城市基础设施功能的定位发生转变、建设理念的提档升级倒逼投资者、建设单位需要全面系统考虑项目决策、工程建设、项目运营。面对这些现实问题，企业需要深入挖掘客户需求、提供标准化的产品服务、探索新场景的全过程工程咨询运用等。与传统经营不同，策划经营是以场景为切入口，把客户的潜在需求转变为显性需求，进而提出可操作性强的实施方案并获得先发优势。

资源整合能力。全过程工程咨询强调的是多阶段集成化服务，而非多阶段业务的简单叠加。各阶段、各专业之间均存在较为严重的技术壁垒，某一专业部门或专业企业难以凭借一己之力牵头完成全过程咨询服务，进而难以实现工程项目整体价值。因此，在发展自身优势业务的同时，企业还需具备良好的资源整合能力，以业主需求为导向，联合外部企业共同参与服务项目。

工作策划能力。全过程咨询业务是集成顶层和整合传统的"碎片式"工程咨询业务，链接各阶段、各专业工程咨询业务使其形成有机整体，进而以全过程管理实现系统价值最优。因此，工程设计咨询企业需要发挥人才优势、技术优势，以全局视角分解咨询任务、界定权责分工、统筹项目资源，形成整体工作计划和分段式滚动工作计划，并采取相应的管理措施落实执行。

项目管理能力。通过全过程项目管理，可以有效控进度、降成本、保质量。一方面，项目管理的全局观可以整体把控项目进度，对不符合预期目标的建设环节及时纠偏；另一方面，也可以对一些不必要的项目支出进行统筹管理，为业主节约成本；同时，也能协调各方资源、打破各个环节的信息壁垒，进而保证工程质量。项目管理能力是体现全过程工程咨询业务集成优势的关键。因此，设计企业需要在项目管控的周期上拓展长度、专业上拓展广度、细节上拓展深度，通过提升项目管理能力提高计划、成本、质量、资源、沟通等方面的管理质量。

专业技术能力。专业技术能力是全过程工程咨询企业的核心竞争优势。因此，设计企业需要立足自身的优势特点提升专业技术能力。首先，获得主导或参与全过程工程咨询项目机会；其次，需要提升对各项咨询业务的有机集成能力，如统筹专项设计、拓展工程设计深度、强化设计施工可行性等；最后，在项目实施过程中还需进一步提升项目成本管理、进度管理、质量管理能力，以保证项目质量，减少因传统各环节分割而产生的额外时间与经济成本，实现项目整体价值最优。

数智化能力。数智化的核心是通过数据智能工具、平台来赋能企业的经营管理和业务，发挥数据的价值。基于BIM等信息化技术，以数智化赋能全过程工程咨询，可以有效缩短信息传递时间，减少沟通成本；辅助决策分析，实现管理的数据化、直观化和可计算化，进而提高项目管理效率和效益。加强数智化能力建设，通过数字化平台、手段提升管理效率。建立和全过程工程咨询业务相匹配的工程全生态数字化协同模式，以设计过程管理为主线、设计资源管理为基础、团队协同设计为核心，从而实现投资建设意图，提高建设质量。

2.2.4　落实保障体系

建立高效配置资源，支撑能力建设，发挥协同效率的组织保障。建立集成业务相匹配的组织架构，设置全过程工程咨询业务牵头负责机构，可采用部门、子公司、事业部模式。较早探索全过程工程咨询业务的大型综合设计院，大部分以子公司为全过程工程咨询业务的责任主体，也有部分采用集团作为经营责任主体、子公司作为项目执行责任主体（图2-10）。

	全过程工程咨询项目组	全过程工程咨询部门		全过程工程咨询事业部	
业务需求	局部项目 试点项目			广泛项目	
部门定位	服务于全过程工程咨询的项目团队，以完成全过程工程咨询项目为主要目的，项目探索、试点的生产部门	兼具项目生产执行和研究创新的职能，一方面执行全过程工程咨询项目，一方面进行体系研究建设工作		实现完整的全过程工程咨询工作，成为独立的经营、生产、研发创新部门	
主要职责	生产执行	·项目研究 ·项目生产	生产执行	·项目生产	市场经营	·经营推广 ·商务管理
			创新研究	·全过程工程咨询市场趋势、政策研究 ·项目标准化操作框架搭建 ·考核分配体系建设 ·全过程人才培养 ·……	生产执行	·项目生产
					创新研究	·市场研究、政策研究 ·标准化体系优化完善 ·内部管理流程优化完善 ·……

图2-10　全过程工程咨询组织体系构建思路

案　例

湖南设计的全过程工程咨询业务保障体系

湖南省建筑设计院集团股份有限公司（简称湖南设计）成立于1952年，前身为湖南省建筑设计院，是国内首批成立、综合实力位居全国省级设计院前列的大型综合性设计院之一。

为推动全过程工程咨询业务快速发展，湖南设计制定并完善了全过程咨询组织及生产模式。明确全院各设计部门都可以作为牵头部门来组织全过程工程咨询业务，牵头部门享受项目的经营权、分配权、考核权，以此提高全员参与度。组织形式方面，采取"集团智库+项目经理负责制+部门生产协同"的模式，全面推行项目经理负责制，通过强化矩阵式组织结构，来支撑一体化全过程咨询完整产业链条，真正实现管理集成和技术集约。

集团层面：建立全面的项目经理库及质量管控体系；

生产层面：通过在集团层面执行标准化体系，实施"业务赋能+指标监管"；

项目层面：通过项目总控实施统筹管理。投标阶段——执行项目投标管理程序，落实投标决策评审及投标质量评审；策划阶段——执行项目实施策划管理程序，通过对已识别的产品要求、顾客要求和集团管控要求，实施项目启动评审及全过程工程咨询工作大纲质量评审；实施阶段——以专业咨询成果质量内控为基础、系统评价为方法、集约把控为原则进行技术质量管理，设置概念性方案比选、初步设计启动、工程招标文件编制、开工条件审查四大技术节点，同时开展集团公司总部对各项目现场的日常管理和巡查管理，为整个项目的实施及参建各方的工作协同起到过程指导和重点控制的作用；总结阶段——通过对项目实施经验的总结，实现数据入库、识别存在问题、摸索改进措施，持续改进并不断提高公司全过程工程咨询业务的质量水平。

模式探索阶段，可采用平衡矩阵方式，由公司高层级管理人员挂帅，以便高效协调企业内外资源。业务模式逐渐清晰，当总咨询师队伍逐渐建立起来后，再过渡到强矩阵模式，真正实行总咨询师负责制。

案 例

中建咨询的全过程工程咨询组织运行方式

中建西南咨询顾问有限公司（简称中建咨询）成立于2020年9月，由中国建筑西南设计研究院有限公司、成都轨道交通集团有限公司、成都高新投资集团有限公司共同出资组建。

为激发全过程工程咨询服务模式的优势、潜力及创造价值，中建咨询提出以项目管理思维为核心、以数字化平台为载体、技术经济融合的"P.TE"全过程工程咨询整体解决方案的核心价值。

设立全过程工程咨询项目（简称全咨项目）管理中心：中建咨询对全咨项目实行统一领导、统一管理，在公司高层领导层面（或基于全过程工程咨询技术委员会）设立全咨项目管理中心，用以管理公司重点全咨项目，负责统筹协调公司各类资源，为全咨项目提供保障，从宏观层面协调解决全咨项目运行中面临的困难，化解跨部门间协作的各项难题。

设立总咨询师管理部：中建咨询在部门层面设立总咨询师管理部，便于统一对总咨询师进行培训、指导、选拔和管理，同时负责建立全咨项目间的经验交流渠道和互帮机制，以实现全咨项目经验的沉淀、共建及共享。

生产、监管、技术支持"三管齐下"：生产的目的是按期保质完成既定任务和目标；监管的目的是从公司层面监督项目是否按公司要求开展生产活动；技术支持的目的是基于中建咨询的技术底蕴对全过程咨询项目进行持续赋能。

总咨询师负责制：全咨项目运行需要总咨询师进行统筹管理，才能保证项目运行的整体性和连贯性。中建咨询对全咨项目总咨询师实行竞聘考核上岗，推行总咨询师负责制。一方面，对总咨询师进行充分授权；另一方面，对总咨询师实行严格的监督和管理。

专项咨询专业化、标准化：中建咨询在技术咨询、造价咨询、工程监理等方面积累了大量的工作经验，为将工作积累经验转化为生产力，形成规模效应和经验共享，采取了集群管理和专业对口支援的策略。

项目团队独立运行机制：项目团队的执行力和整体性是全咨项目推进的有力保障，需要摒弃各专业团队因分属不同部门带来各自为政、貌合神离的做法，对各专业团队的管理权限下放至全咨项目部，实现全咨项目部的独立运行。

项目参与人员分类管理：根据全过程咨询项目的特性及需要，项目参与人员主要分为常驻、工作任务、后台支持三个类型，针对不同类型人员进行分类管理。

逐步建立全过程工程咨询项目管理系统和企业内部管理标准规范,引导企业内部树立重设计、重管理、重协作的项目文化,搭建全咨项目信息化管理系统。通过数字化技术赋能项目管理能力提升,促进全过程工程咨询与数字化深度融合发展。首先,数字化可以很好地弥补设计企业在全过程管理上的短板,提升管理效率。借助数字化管理平台的力量,设计企业能够有效地实现设计和管理双统筹,对项目全过程实施精细化管理。其次,数字化平台能够帮助企业实现全过程的造价管理,更好地实现项目收益。最后,设计企业可以借助数字化工具进一步挖掘现有数据价值,进一步探索新的服务模式和产品。

案 例

武汉市政院的"全过程工程咨询+PLM"模式

武汉市政工程设计研究院有限责任公司(简称武汉市政院)建于1954年,是集市政工程咨询、勘测、设计、监理、检测及技术研发于一体的综合型甲级设计企业。

武汉市政院研究并建立了与全过程工程咨询业务匹配的PLM(Project Lifecycle Management,全寿命周期项目)项目管理系统。该系统以信息技术为依托,以软件技术为平台,对于项目全寿命周期中的所有信息和过程进行管理。该系统集成了设计管理、成本管理、进度管理、移动终端管理、文档管理、现场管理、数据联动、运维管理,是成本控制、进度控制、数字化信息跟踪管理的综合平台。

"全过程工程咨询+PLM"模式是武汉市政院科技创新部门与传统项目管理部门强强联合产生的全新项目管理和建设模式,是建设项目全过程工程咨询服务模式与产品全生命周期管理模式的有机结合,是对建设项目建设信息的整合,对工程咨询服务的整合。

围绕"全过程工程咨询+PLM"模式,武汉市政院提出了"1+3+5"服务理念:结合项目特点定制一个PLM模式管理平台;实现高效、便捷、创新这三个目标;全区域、全过程、全阶段、全专业、全参与这五个方面服务和管理。

"全过程工程咨询+PLM"模式的优势：一是持续性好，"全过程工程咨询+PLM"模式贯穿项目全生命周期，为建设单位和项目持续提供省心、舒心、放心的工程咨询服务；二是集成化高，"全过程工程咨询+PLM"模式整合多项业务资源和专业技术，实现项目组织、管理、经济、技术等全方位一体化，达到高效、便捷、创新的目的。围绕"1+3+5"的服务理念，致力于减小建设单位的管理难度，减轻建设单位的管理压力，推进项目高标准、高质量、高效益地建设。

"全过程工程咨询+PLM"模式的应用：在决策阶段，策划项目的建设目标、组织模式，协助建设单位办理建设程序，明确设计范围、划分设计界面，确定项目的建设投资，盘点项目相关的经营性资源，初步确定建设投融资模式等；在建设实施阶段，将数字孪生模型搭建过程及现场实施过程中发现的各类图纸问题上传到平台，可供多参与方协同管理及更正，将问题追踪落实，提升项目建设质量；对施工现场组织进行模拟，对施工现场生产资料进行合理规划，避免施工现场生产资料浪费和空间浪费，也可直观有效地对施工现场进行堆场及加工空间管理；在运营维护阶段，平台可显示设备的维护时间、维护方式等信息，同时还可查询维护、维修日志和备忘录等资料，为维修管理人员提供数据。

清晰全过程咨询人才需求画像，培养搭建和全过程咨询业务发展相匹配的人力资源管理系统。首先，清晰描述人才需求画像，重点打造三支核心人才团队。第一，业务领军人才。弘扬、激活企业家精神，打造一批无畏变化、拥抱变化的业务领军人才，业务领军人才带头打破企业思维惯性，引领企业探索创新全过程工程咨询业务模式。第二，综合能力强的全过程咨询项目经理/总咨询师团队。总咨询师是企业开展全过程工程咨询业务的核心竞争力。要按照"五懂"（即懂商业策划、懂财务管控、懂项目管理、懂专业技术、懂风险防范）标准培养、引进具有注册资质的人员。第三，专业能力突出的专业技术团队。培养和引进一批专项专业技术人才队伍，包括投资咨询专业人才、项目策划专业人才、规划专业人才、造价咨询专业人才、设备采购专业人才、施工管理专业人才、BIM相关专业人才、运营管理相关人才等。其次，快速建立健全全过程咨询人员培训开发体系。形成"人才盘点—人才招聘选拔—人才任用—人才培训—人才考核—人才激励"

的全过程咨询人才培养闭环。具体而言，建立内部培养体系，根据全过程工程咨询业务规模预期，明确全过程工程咨询人才规模和人才层次；拓宽人才引进渠道，用市场化的思维、灵活的用工模式整合内外部人力资源。

搭建或参与全过程工程咨询业务生态圈和资源集成整合平台，快速补齐资源能力短板，实现跨界、跨圈发展。对于设计企业而言，要塑造自身差异化核心能力，通过有效链接、相互赋能，构建或嵌入工程建设商业生态系统，发挥专业优势，补齐资源能力短板。改变服务模式，提高服务能力，让业主充分感受到设计主导的全过程工程咨询模式的经济价值、社会价值。对于合作伙伴而言，建立长期共生、共创共赢理念，通过联合开发、标准对接、动态管理等方式加强企业间交流合作，共创、共拓行业生存空间，探索全过程咨询业务融合价值的工作模式。通过全过程管理、全要素协同、全成本控制等方式进行组合创新，并参与共建数字化平台，共享先进技术，实现全过程咨询业务价值，推动工程组织模式创新变革。

案 例

上海建科的全过程工程咨询人才培养

上海建科工程咨询有限公司（简称上海建科）是上海建科集团股份有限公司下属的国有公司，隶属于上海市国有资产监督管理委员会，已在全国31个省份开展咨询服务。

上海建科与福州大学推进校企合作，建立全过程工程咨询研究中心。以中心为契机加强校企联动，融合创新发展，拓展合作空间，以工程项目驱动探索校企互动人才培养模式，在人才培养与交流、科技创新与成果落地、科研项目合作、关键技术攻关等方面进行深度合作，共促双方高质量发展。

校企双方本着"工学结合、资源共享、互惠双赢、共同发展"的原则，围绕"1个中心+2个基地+1个通道"的建设目标，以"双方导师互聘计划"作为合作机制开展校企高层次人才互聘，充分发挥校企双方师资组合优势，助推学院"双能型"教师队伍建设，探索企业高素质技能人才培养的长效机制。

在科研方面，全过程工程咨询研究中心在工程管理、智能建造、智慧运维、绿色建筑四个领域率先开展合作，双方建立长期科研交流机制，协作进行科研攻关，促进科研成果转化应用，努力推进创新链与教育链、产业链融合。

将全过程咨询业务作为优化工程咨询服务供给的重要载体提升工程建设质量和效益、推动工程勘察设计行业转型升级、加快与国际工程咨询模式接轨，将助推设计企业转变业务方式。可预见，全过程工程咨询业务创新将是企业应对场景化、集成化市场需求，为客户赋能新价值，为企业创造新增长极的必然选择。与此同时，我们也必须清醒地认识到，全过程咨询业务发展不仅是工程建设组织模式的创新，更需要企业发展理念、经营模式、生产组织方式、发展模式的全面转型支撑。

2.3
碳中和产业链视角下的业务转型场景

2020年9月22日，中国第一次明确提出"双碳"目标。紧接着国家陆续发布重点领域和行业碳达峰实施方案及一系列支撑保障措施，构建起碳达峰、碳中和"1+N"政策体系。"2030碳达峰、2060碳中和"目标的提出将成为未来数十年我国社会经济发展的主基调，据中国投资协会发布的《零碳中国·绿色投资蓝皮书》，测算碳中和相关的投资规模约70万亿元。勘察设计作为碳中和目标的重要环节，是各个行业的上游参与者，在推动重点领域的降碳减排中将发挥积极作用，加快推动"双碳"领域布局将成为设计企业主要发展方向之一。

2.3.1　碳中和产业链

碳中和，顾名思义就是指通过植树造林、节能减排等方式抵消自身直接或间接产生的二氧化碳或温室气体排放量，实现正负抵消，达到相对零排放。从碳排放到碳吸收的整个过程构成碳中和产业链，覆盖前端能源替代、中端节能减排及后端碳吸收和碳交易（图2-11）等。

在碳中和产业链中，前端能源替代是指加强能源结构的调整，用低碳替代高碳、清洁能源替代传统化石能源。人类活动导致的二氧化碳排放主要来源于化石燃料消费，使用清洁能源和可再生能源替代传统化石能源可以从产业链前端减少碳排放量。

可再生能源在能源体系需求和供给占比不断提升。"双碳"目标的提出，要求能源消费结构向清洁低碳加快转变。这意味着能源需求和供应都需要经历一系列重大变化，如增加可再生能源的比例，减少化石燃料依赖以及提高能源效率等。近十年来，以水电、风电和太阳能等为代表的清洁能源消费占能源消费总量的比重从2013年的15.5%上升到2022年的25.9%，提升超10个百分点，中国的能源消费结构持续向清洁低碳转型。

从需求端来看，全国电源工程投资持续保持增长态势，近两年增幅均在30%以上。从能源投资结构来看，光伏投资增长明显。截至2022年末，光伏投资大幅增长，占比达38.4%，首次位居第一；风电在抢装潮退却后投资有所下降，占比下降至26.9%，位列第二；火电、核电从2020年投资低点持续反弹，增速可观。面向未来，光伏投资和风电投资仍然占据主要投资方向。

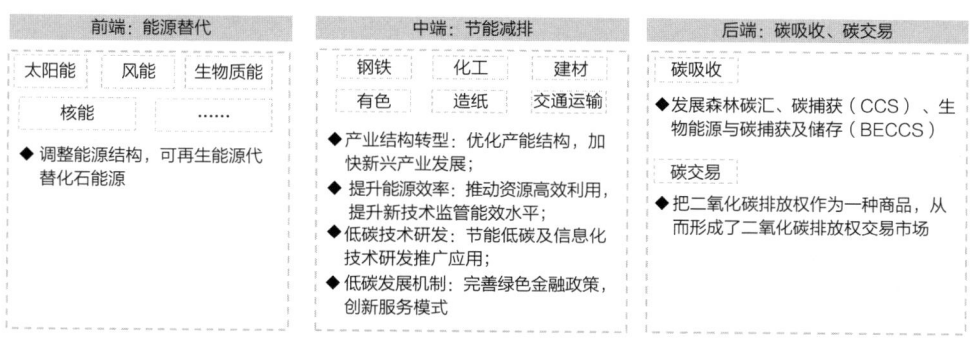

图2-11　碳中和产业链

从供给端来看，可再生能源发电装机容量占比过半，预计未来两年将持续保持该比例，成为主要方向。2022年全国发电装机25.6亿千瓦，其中，火电装机量占比逐年下滑，从2016年的64.0%下滑至2022年的52.0%；风电、太阳能为代表的新能源电力装机量占比逐年提升，其中风电装机量占比从2016年的9.0%提升至2022年14.3%；太阳能装机量占比从2016年的4.7%提升至2022年的15.3%。2023年初步数据显示，全国水电、风电和太阳能发电等可再生能源发电装机规模再创新高，超过14亿千瓦，占比已然过半。

在碳中和产业链中，中端主要表现为提升节能减排水平，包括产业结构转型、提升能源利用效率、加强低碳技术研发及完善低碳发展机制等。建筑运行阶段是碳排放的重要环节，减少建筑直接碳排放是低碳发展的前提，建筑电气化则是其中的重要技术路径，与此同时，超低能耗技术以及近零能耗技术的应用极大地推动建筑自身碳排放减量，建筑节能经历了30%、50%、65%"三步走"并取得了一定成效。随着可再生能源边际成本降低，同时新型电力系统的加速构建，从某种意义上来说，提高建筑负荷灵活性所产生的价值要远高于能效提高所发挥的作用。"光储直柔"新型能源系统能够在建筑能效提升基础上进一步实现电能替代与电网友好交互，成为未来重要方向之一。

交通能源融合是技术融合驱动的模式融合、形态融合和产业融合，是在融合新兴绿色和清洁能源技术基础上，对既有交通技术、模式、体系和资源组织利用方式的系统化、创新性重构。从构建新型能源电力系统角度出发，公路等交通基础设施通过利用服务区、路侧边坡等高速公路基础设施潜力，就地开发新能源，设置分布式光伏、风电及储能等设备，产生的电能自发自用，余电还可上网，实现"源网荷储一体化"，为基础设施和运输车辆持续提供绿色清洁能源。

在"源属性"层面，通过在交通基础设施、交通服务设施等可利用空间资源加装分布式光伏发电、分布式风电等，使公路交通能源系统从"荷"向"源—荷"共存状态转变，使公路交通能源系统具有发电能力。

在"网属性"层面，通过多端、多点公路交通能源系统的协作化运行，可实现公路交通能源系统的多点互联、资源互补，就地满足了负荷需求，实现从局部平衡到大范围优化配置的转变，有效地提高了能源利用率。

在"荷属性"层面，通过增加储能装置，对公路交通能源系统负荷侧的控制，实现负荷的可调节、可转移，使其具有可控功能，实现交通能源系统负荷从随机到可控的转变，有助于交通能源系统的电力平衡。

后端碳吸收与碳交易。森林、湿地及草原生态系统的碳汇功能在实现碳中和目标中起到重要作用，其中森林碳汇是目前世界上最为经济的碳吸收手段。我国森林面积和森林蓄积量连续30年保持"双增长"。根据2020年12月国家林业和草原局介绍，目前我国森林碳储量超过92亿吨，平均每年增加的森林碳储量都在2亿吨以上，折合碳汇大约7到8亿吨。"十四五"期间，我国森林覆盖率有望达到24.1%，森林蓄积量达到190亿立方米。随着森林覆盖率和森林蓄积量的提升，未来我国森林碳汇还将逐步提高。

2013年开始，我国先后在北京、天津、上海、重庆、湖北、广东、深圳以及福建开展了碳排放交易试点。2020年11月20日，《2019—2020年全国碳排放权交易配额总量设定与分配实施方案（发电行业）》确定了纳入全国碳排放交易市场的企业与配额方法。2021年1月5日，《全国碳排放权交易管理办法（试行）》正式发布，开启了我国碳交易的全国实施阶段。目前我国碳交易市场的建设仍处于起步阶段，随着全国性碳交易市场开启后，未来相关政策及交易机制等将进一步完善。

国内碳交易主要有两类市场体系，分别是碳交易市场和自愿核证减排机制（CCER），但2017年3月国家发展改革委发文表示，《温室气体自愿减排交易管理暂行办法》施行过程中存在着温室气体自愿减排交易量小、个别项目不够规范等问题，暂停CCER项目备案。国内市场仍是以碳交易为主，涉及控排企业、自愿减排企业和第三方企业等不同类型企业。

碳交易服务根据执行主体的差异大致包括碳吸收、碳控排以及碳咨询等。碳吸收为自愿减排企业（多为可再生能源行业企业、拥有减排技术的高新企业、拥有森林等生态资产的企业）开发可再生能源或节能减排项目，并经过政府规定的项目审定、项目备案、实施与监测、减排量核证、减排量备案一系列流程，最终获得核证的自愿减排量可在碳市场进行交易。碳控排多是指控排企业按时履约、交易碳资产、减少碳排放的过程，控排企业为被纳入碳交易市场、拥有碳配额的高排放企业，包括电力、钢铁、石化、化工、建材、有色金属、造纸和国内民用航空行业的高排放企业。碳咨询包括为政府或企业提供包括碳核查、碳资产管理（碳盘查、CCER项目开发、碳报告、碳配额使用规划、减排路径咨询、配额交易服务等）、绿色认证、碳金融、平台或软件建设等服务。

2.3.2　聚焦垂直领域，推动设计、技术与产业深度融合

对于设计企业而言，从碳中和产业链角度出发，完成设计并不代表交付，需要跳出工程建设产业链，设计企业绝不仅是参与其中某一个环节，而是要从碳生产到碳回收、碳交易整个过程来思考。一方面，服务对象更加多元化，过去更多的是服务于工程建设项目业主，接下来基于"双碳"目标要求，设计企业对接的企业大致分成控排企业、减排企业以及服务类企业，再进一步划分为包括高排放企业、可再生能源企业、生态资源类企业、碳咨询服务企业、碳管理企业等。不同类型企业面临的需求完全不一样，设计企业需要根据相应需求积极变化。另一方面，服务模式发生改变，过去是设计服务的价值体现在方案和图纸上，后续服务模式也将不断创新，服务链条不断延伸，包括推动技术成果转化落地……无论如何，设计企业只有打破传统的服务逻辑，才能找到进入"双碳"新赛道的入场券。

能源结构调整的大背景推动设计企业融入垂直产业生态。能源结构调整与各行各业息息相关，对于绝大多数非能源领域而言，传统产业与新能源系统的深度融合将是降碳减排的重要路径之一，对此设计企业需要聚焦垂直领域，考虑新的服务模式，推动设计、技术与产业深度融合。

例如建筑设计企业在绿色低碳业务领域强化"光储直柔"新型建筑产品打造与运营。将超低能耗技术、被动式节能技术等绿色低碳技术与规划、设计环节充分融合，对场地规划布局、建筑设计参数、能源系统与设备运行参数进行优化。打造虚拟电厂，通过主动调节建筑负荷，与电力系统的双向友好互动，提高电力系统的经济性，提高可再生能源的消纳比例；加强监测与运维管理，通过生活轨迹导出使用者碳排放规律，引导形成低碳生活工作的良好习惯。

部分交通设计企业深入探索"交通能源融合"发展业务创新。一是将能源体系供给、输送、存储、利用与"建管养运"结合，将交通规划设计与能源电力规划设计深度融合，为客户提供深度融合的一体化规划设计解决方案。二是打造"交通能源融合一体化"智慧平台，核心功能是"源网荷储"一体化调控，可以对高速全域的光伏、储能、用电负荷和电网进行统一协调控制，使绿色电力优先在高速全域内部消纳利用。三是聚焦储能系统网络打造，以充电桩、电站为代表，通过布局"互联网+充电设施"领域，进一步延伸出数据增值、充电安全等多种商业模式，有更大的价值潜力。

2.3.3　将合同能源管理服务向运营端延伸

合同能源管理是一种以节省的能源费用来支付节能项目全部成本的节能投资方式，这种节能投资方式允许用户使用未来的节能收益为工厂和设备升级，降低目前的运行成本，提高能源的利用效率。合同能源管理模式大致包括以下三类。

第一，节能效益分享型，是节能项目实施后报告期产生的节能量折合的市场价值，体现在用能单位减少的能源费用支出，如设备投资款、安装调试费、技术服务费、合理利润等，以项目节能效益分享的方式由用能单位从节省的能源费用中支付给节能服务公司。

第二，节能量保证型，由节能服务公司向用户提供节能服务并承诺保证项目节能量。项目实施完毕经双方确认达到承诺的节能量（率），用户一次性或分次向节能服务公司支付节能服务费，如果达不到承诺的节能量（率），差额部分相应的费用由节能服务公司承担。

第三，能源费用托管型，由用能单位委托节能服务公司进行能源系统的运行、管理、维护或节能改造。用能单位根据能源基准确定的能源系统运行、管理、维护和使用的费用支付给节能服务公司作为托管费用。节能服务公司通过科学的管理运行和节能技术的应用达到节约能源、减少费用支出或增加收益，收取合理的利润的目的。

对于设计企业而言，从自身的定位和技术特点来看，最有可能是采取能源托管费用或者节能效益分享等模式开展，通过技术优势与模式创新的融合逐步向运营端进行延伸。

在此过程中，设计企业往往通过搭建AI智能平台布局智能运维业务，以数据为支撑，真实检验设计项目的运行效果，不断优化前端设计策略，增强设计业务板块的核心竞争力，借助运维业务开展打通建筑全生命周期服务链条，提升全过程咨询专业能力；通过长期、可持续服务将客户纳入企业生态资源圈，为后续发展碳咨询、碳交易等新业务培育打下基础。

2.3.4　以碳交易起步，以碳咨询类服务为切入点

对于设计企业而言，以碳咨询服务为切入点更为适宜，包括碳核算、碳规划咨询、碳资产管理等。

（1）碳核算服务

碳核算服务主要是对企业的碳排放源进行识别、分类、统计和分析，确定其碳排放范围和方法，测算其碳排放量，并编制碳盘查或碳核算报告。能够帮助客户了解自身的碳排放状况，评估碳减排潜力。

碳核算服务可以分为碳盘查和碳核查两大类，其中碳盘查属于企业主动行为，可以考虑自主推动也可以聘请第三方机构，一般要以提供的碳排放软件管理服务平台为依托，提供SaaS服务（软件运营服务），并出具碳盘查报告，部分企业还能提供碳盘查物联网基础设施。碳核查服务是对参与碳排放权交易的控排企业提交的温室气体排放量报告进行核查，属于被动行为，服务机构需要具备国家认可监督管理委员会授予的资质。

（2）碳规划咨询和碳培训

减排战略与规划服务在碳盘查的基础之上，为企业、政府或者园区量身制定碳减排解决方案，如双碳战略规划、提升能源利用效率方案、低碳体系建设等，主要内容包括减排目标、减排空间和措施。服务模式以咨询为主，收取咨询费用。

碳培训服务为客户提供碳排放的理论、概念、原理、计算、标准、规则等方面的专业培训和技术指导，帮助客户提升碳排放的知识和能力，增强碳排放的意识和责任。

（3）碳资产管理服务

碳资产管理是企业将碳排放权作为一种资产进行管理，包括碳资产投资与开发、碳交易咨询服务、碳金融等。其中，碳资产投资与开发是指通过减少温室气体排放或增加碳汇等方式，将碳排放权转化为具有经济价值资产的过程。根据业主企业与咨询公司合作方式的不同，目前碳资产投资与开发服务主要有三种服务模式：一是纯咨询模式，业主自行出资，购买咨询和审定服务，碳资产完全归业主所有；二是利益共享、风险共担模式，业主投资项目，咨询公司垫付部分开发费用，分享碳资产收益；三是买家模式，咨询公司全权开发项目，从业主手中买断项目产生的碳资产。

碳资产项目经过国家主管部门在国家自愿减排交易登记簿进行备案登记后成为

核证自愿减排项目或方法学，即CCER（中国核证自愿减排量）项目或方法学，能在碳交易所上进行交易。

碳资产开发之上，通过碳资产交易、托管、质押策略，实现碳资产保值增值，也形成了各种碳金融衍生品。

碳资产交易咨询服务是指帮助客户进行碳市场分析，制定合适的交易策略，通过市场机制购买或出售碳排放权或碳减排量，实现碳排放的减少或抵消，并获得相应的经济收益。碳交易咨询服务内容主要包括：碳排放风险咨询、碳排放合规咨询、碳披露、可持续发展报告等。

案例

设研院成立碳排放服务中心

2022年11月河南省交通规划设计研究院股份有限公司（简称设研院）是为公路、水运、市政、建筑等基础设施建设工程提供专业技术服务的工程咨询公司，于2017年在深圳证券交易所上市。

设研院与重庆亿钺碳金科技有限公司共同投资设立河南省碳排放权服务中心有限公司（简称河南省碳排放服务中心），注册资本3000万元，其中设研院投资占比85%，重庆亿钺占比15%。根据企业经营范围，河南省碳排放服务中心立足河南的碳排放权交易市场，提供碳排放核算、碳资产管理、碳资产交易、国家自愿减排项目开发、碳金融、碳减排、碳捕捉、碳封存、碳转化等业务。在服务中心成立之前，设研院提前布局"双碳"市场，开展交通碳排放核算、碳资产管理、碳金融、碳交易等研究，并承接河南省及部分地市的相关研究项目，同时储备了一批经济、金融、电力等碳业务相关人才。目前，河南省碳排放服务中心已与海南国际碳排放权交易中心签署战略合作协议，在"双碳"咨询及试点建设、国际碳市场建设、碳金融、碳资产开发、碳普惠、碳足迹、碳标签等领域开展深度交流合作。

2.4
全生命周期视角下的城市更新服务

2015年，中央城市工作会议指出我国城市发展已经进入新时期，要转变发展方式，坚持集约发展，盘活存量、做优增量、提高质量。这标志着城市建设已进入以存量盘活、内涵提升为核心的存量时代。面对存量时代城市发展的新问题与挑战，我国明确提出要加强城市设计，提倡城市修补。随后，将城市设计中的"实施城市更新行动"作为国家重要战略部署之一。

近年来，城市更新投资金额逐年增加，根据住房和城乡建设部数据，到2022年底，全国571个城市共实施6.5万个城市更新项目，总投资达5.8万亿元。针对城市更新未来投资规模，目前已有不少研究机构作出预测，例如，中指研究院预计，从总体投资规模来看，自2023年起未来三年，22个城市的城中村改造直接投资或维持在万亿元水平左右。当前，已有部分省份或省会城市通过不同渠道公布了城市更新投资的建设目标或项目清单，省级行政区包括辽宁、河南等，省会城市包括广州、成都、武汉、南昌，其他城市包括青岛、深圳等。据统计，上述区域城市更新投资规模高达6.9万亿元，考虑到上述区域2023年GDP总量占全国GDP总量的32.6%，通过构建相关系数关系，天强产业研究院初步测算出"十四五"时期我国城市更新撬动投资规模总量或将达到20万亿元。

2.4.1　城市更新从"地产主导"转向"产业主导"

在城镇化建设高质量发展的大背景下，我国的城市发展已经从规模急剧扩张阶段进入规模收敛聚焦阶段，发展思路也从注重"增量发展"转变为"存量提质改造"和"增量结构调整"并重，城市更新行动从1.0时代发展到3.0时代，城市更新成为城市产业升级的重要载体，城市更新重点也从旧城更新、基础设施更新等扩大到人居环境、城市活力、生态环境修复、历史文化遗产保护等多种类型，更新目标主要以改善民生、提振经济、完善功能三者齐头并进。

中国城市发展的传统模式曾高度依赖房地产业的迅猛增长，城市扩张主要依托土地出让和房地产开发，侧重于增量建设，更多追求"增长"和"效率"，强调短期利益实现，对产业发展的关注不足。然而，随着城镇化的不断推进，中国城市发展强调可持续性，逐渐开始探索以"产业财政"为核心的新模式。这一模式的关键在于依托现代产业的发展，尤其是战略性新兴产业和高科技产业，以促进经济增长和城市更新。新模式突出产业创新与升级的重要性，强调对产业结构进行优化并完善产业链，以现代产业体系为基石，通过产业的高品质发展引领城市全面向前。产业驱动城市更新策略成为实现这一转型的关键途径，它通过产业的高质量发展来激发城市活力，推动城市整体进步，实现经济、社会和环境的协调发展。在此背景下，城市更新成为以产业升级为核心驱动的、持续性的有机动态过程，它要求城市规划者不断对现有城市结构进行迭代升级，并对城市功能进行优化调整，以适应产业发展的新趋势。

2.4.2　产业驱动的城市更新趋势

产业驱动城市更新是指以"人"的活动为核心，通过城市更新手段，推动产业升级和城市发展相互促进，最终实现产业、城市和人才的深度融合。

城市更新的核心在于对城市功能、社会架构和经济体系的深度革新，而非单纯的物理空间改造。在这一过程中，产业的引入和更新是衡量更新成效的决定性因素。成功的产业迭代升级能够为城市带来具有强大影响力和发展潜力的产业以及充满活力和创造力的人群。产业选择应紧密结合地方产业结构的升级需求、消费模式的演变以及生态环境的可持续性，以推动城市业态和功能的全面提升，打造高价值的闭环产业生态链，丰富城市功能组合。

城市更新进入精细化发展的新时代，管理机制呈现"一地一策"，各地区依据自身资源禀赋及产业优势，形成了具有差异化产业驱动的城市更新路径及方向，总体呈现出以下五个方面的趋势特征。

第一，城市更新方向更加明晰，重点关注产业升级焕新。新阶段下，城市更新更加强调统筹谋划、细化实施。以北京、上海为首的部分地区已经陆续构建起纵向层级丰富、横向维度完备的政策体系。除政策体系不断完善之外，政策方向也进一步明晰，产业升级已经成为重要方向之一，以产业升级推动有质量的城市更新已经逐渐成为共识。例如，北京、重庆、广州等地均围绕老厂房、低效产业园等低效空间载体"腾笼换鸟"，发展新产业、新业态，并强调促进产城融合发展，前置性规划生活生产性配套服务设施，在为城市升级"面子"的同时，以产业焕新的方式为城市发展填充有价值的"里子"。

第二，城市更新规划关注用地灵活性和历史文化保护。城市更新需要合理利用土地资源，随着城市更新规划保障日趋完善，为产业发展带来利好。一是土地用途转换更为灵活，在部分城市出台的政策中，明确允许城市更新项目土地用途转化，例如《北京市城市更新条例》中提到允许存量建筑用途转换，明确"建筑用途转换经批准后，土地用途可兼容或变更"，《潍坊市城市更新实施办法（草案）》指出允许项目用地性质的兼容与转换，鼓励公共性设施合理复合集约设置。土地性质及用途变更的灵活性能够有效解决参与更新各方的后顾之忧。二是强调历史文化保护，在产业升级过程中需要保护历史风貌与文化内涵，保留历史文化遗产价值，例如《广州市城市更新专项规划（2021—2035年）》指出要不断探索城市更新与历史文化保护协同发展。

第三，更新逻辑转向运营前置，关注产业与空间统筹谋划。当前，地区政策呈现出城市更新总体逻辑的转变，从以往以项目实施为导向的"为更新而更新"逐步转向着眼于城市可持续发展的有机更新。与此同时，存量时代下城市更新正在从开发思维走向运营思维，逐步将"工程"弱化，利用"运营"前置的思维对现存空间进行有效利用。地方政策层面，体现出以产业发展为载体，向空间要效益的趋势。一方面，关注对现有空间进行产业置换、产业升级，从而在存量空间中寻找新效益；另一方面，关注产业与空间统筹谋划，多地以"工业上楼"新模式推动产业空间朝着集约紧凑、功能复合方向发展，为新产业、新动能腾出空间。北京市聚焦城市建成区存量空间，推动老旧厂房、低效产业园区、老旧低效楼宇、传统商业设施等存量空间资源提质增效为主的产业类城市更新；《广州市城市更新专项规划（2021—2035年）》提出进行存量资源更新改造，释放存量资源形成新空间供给，为新动能、新产业留足空间；《重庆市城市更新提升"十四五"行动计划》提出要推动产业项目集中布局、集群布局、立体布局、协调布局。统筹存量与增量，提高产业空间保障能力；完善产业配套，推动重点项目落地、产业转型升级和产城融合发展。

第四，产业升级方向更加明晰，聚焦绿色化、智慧化发展。产业驱动的城市更新更加突出绿色化及智能化导向，鼓励通过产业为区域注入绿色动能、强化智能属性。在现有的省市级城市更新行动方案、行动计划中，推动空间利用朝着低碳高效转变成为共同的关注重点，发展绿色化、智慧化新产业则是关键抓手。例如重庆市对城市更新提出绿色、韧性、智慧的要求，通过推进产业体系低碳转型、智能产业补链成群的方式以产业更新驱动为城市发展注入新动力；北京市、上海市均要求关注科技赋能，要求以城市更新为载体，大力发展高精尖产业、数字经济产业等，广泛布设智慧城市应用场景。

第五，参与主体趋向多元，资金来源持续丰富。受城市更新项目资金需求量大、运转周期长、规划难度高的客观因素制约，依靠政府"一元主力"的财政支持模式并不具有可持续性。因此，各地政策均着手引导多元化主体参与的城市更新，提出要以政府推动、市场运作的方式推进城市更新，充分激发市场活力，多方式引入社会资本。2023年3月，国家发展改革委明确将消费基础设施纳入基础设施REITs（不动产投资信托基金）试点资产范围。从地方层面政策来看，大力发展城市更新基金、鼓励REITs参与城市更新领域也是大势所趋。例如《北京市城市更新行动计划（2021—2025年）》提出开展REITs试点、发行专项债等金融支持政策，《广州市关于支持社会力量参与重点领域建设的指导意见》提出将在城市更新领域开展REITs试点。随着REITs范围的不断扩大，社会资本将在城市更新中扮演更为重要的角色，产业类城市更新的融资渠道也将更加多元。

2.4.3　产业驱动的城市更新项目特征

2023年，北京市率先在《北京城市更新条例》中明确城市更新分类，阐述城市更新类型包括产业类城市更新——以推动老旧厂房、低效产业园区、老旧低效楼宇、传统商业设施等存量空间资源提质增效为主。北京市的这一举措，为其他城市提供了城市更新的范例，为后续产业类城市更新的分类界定提供依据借鉴。

根据各城市更新试点城市出台的政策，产业驱动的城市更新可划分为三类。

第一类是工业生产类。此类产业以高新技术产业、战略性新兴产业和先进制造业为主，包括智能制造、生物技术、新能源、新材料等领域。工业生产类通常依赖技术创新和研发，需要高水平的专业知识和创新能力，能够为城市带来高附加值的经济活动，涉及产品设计、产品研发、技术开发等生产活动。

第二类是生产性服务类。这类产业主要为现代工业生产提供必要的支持，如金融、物流、商务等，助力企业降低运营成本，提高整个区域的经济效益。

第三类是生活性服务类。这类产业直接面向城市居民，满足居民的需求，提供日常生活所需的各种服务包括商业、旅游、娱乐、文化创意等，增强城市的吸引力。

产业驱动的城市更新以促进产业的迭代升级作为区域发展引擎，通过载体空间与多元化产业的融合匹配，推进产城人融合发展，实现区域协同发展目标。其更新策略核心在于通过对老旧厂房、低效办公楼宇等空间载体重新定位、更新改造、空间托管、产业引导等方式对低效用地及空间提质增效，从而实现区域产业结构的迭代升级与区域发展的协同并进。产业驱动的城市更新项目整体呈现三个方面的特征。

第一，灵活、动态适应的商业模式。城市更新通常需要较长时间来实施，包括土地收购、建筑拆除、公共设施建设等多个阶段，且投资回报周期长。由于城市更新的复杂性和长期性，项目的商业模式需要能够快速响应如经济波动、政策调整等市场环境的变化，因而"以终为始"导向下的闭环商业模式尤显重要。其要求在规划和实施过程中有较强灵活性和前瞻性的多元化商业模式。

第二，多维度、多主体的资源整合。产业驱动的城市更新不仅是物理空间的改造，更涉及产业协同、金融生态、城市服务、资产运营等多个维度的整合。这种整合是从城市运营的角度打通资源链路，以激发区域活力，带动产业升级。同时加强企业之间的合作与交流，各方资源的共享形成协同发展的良好氛围。

第三，注重产业内核与空间更新的契合，强调在项目规划和实施的每一个阶段都紧密围绕产业发展的需求。与传统的开发模式不同，产业驱动的城市更新更注重项目的全生命周期管理。这意味着参与主体需要从项目初期就考虑长期的运营发展，而不仅仅是短期的投资回报。以产业为核心的城市更新模式，能够有效促进产业升级带动区域经济的全面发展，同时确保项目能够适应未来的变化，实现长期的稳定运营。

2.4.4 设计企业推进产业主导的城市更新服务布局策略

设计企业须面对当下，重视城市更新市场并战略性布局未来。随着城镇化进程的加深，城市可开发土地资源锐减、可开发增量空间有限，城市更新逐步走上创造当代城市发展新动能的舞台并上升为国家战略。产业驱动城市更新在城市社会、经济、环境三大要素发展升级中承担着重要的撬动作用。此阶段，向"存量"要"增量"是产业驱动城市更新的重要目标，包含向"存量空间"要空间增量、向"存量土地"要经济增量、向"存量环境"要活力增量，这一过程中设计企业则是将这既宏观又细微的要素重组与设计的城市"医生"。

面对"存量空间"激活与城市高质量发展的关系愈加密切，市场主体对产业驱动城市更新的需求复杂度越来越高。作为城市建设主力军，设计企业应积极响应国家战略，更好地在我国城市更新发展中扮演城市"三师（责任规划师、责任建筑师、责任评估师）"的角色，主动肩负着将国家重大战略决策与城市空间有效结合的重要桥梁作用。

对于设计企业而言，布局城市更新业务是对其原有服务逻辑的全面挑战，需要从战略层面高度重视，审视自身资源和能力，进行系统性筹划与布局，寻找差异化发展路径。

树立全局观，明确战略定位

设计企业需要深入了解市场情况、洞悉业主端需求、把握行业发展趋势，并根据企业自身优势重视城市更新业务定位。应充分认识到城市更新业务集成化、综合性等特点，与传统设计业务形成差异化定位，更加侧重于产业思维、数字化思维以及运营思维构建。同时需要把握与传统业务之间的协同，充分发挥原有优势去拓展新领域。提前规划产业战略布局，明确资源及能力构建的发展路径，围绕内部组织管理、专业人才培养、项目运作优化、薪酬分配激励等方面强化支撑，加快面向城市更新的业务布局和服务模式探索，提升企业可持续发展能力。

打造差异化的商业模式

当前工程勘察设计行业业务转型处于迷茫期，没有清晰的发展路径可以遵循，设计企业多是"摸着石头过河"。城市更新业务同样面临这样的困境，目前业内企业尚未形成成熟的商业模式，但可以确定的是，设计企业需要充分结合自身优势来探索商业模式创新，例如前端策划能力、集成化设计优势、地域及产业资源优势等方面。基于不同的优势特点，围绕城市更新场景构建以"产业+发展"为导向的业务模式。

以前端策划能力为核心优势。面对复杂的市场现状与客户需求，设计企业更多意识到从设计思维出发向前端策划能力延伸的重要性，逐渐形成策划为引领的商业模式，如更多关注设计师牵头、设计主导的方式，采取全过程工程咨询、工程总承包等集成化服务模式。设计企业将更为专业、精准地前置全局性思维，为政府及业主提供"以终为始"的区域或项目产业发展顶层规划。

以集成化设计为核心优势。针对具有强文化创意设计能力的企业，可以将重点放在设计创意和科技赋能上，打造独特的文创理念和内容运营服务。发挥"设计+"为核心优势，以数字技术赋能创意设计，在空间内容运营及IP产品设计方向上持续延展，将创意融入城市更新项目中，打造具有文化内涵和艺术价值的城市空间，实现设计的高附加值。设计企业可以围绕文化创意产业展开商业模式，通过打造文化艺术园区、创意产业基地等方式，实现文化创意产业与城市更新的有机融合。

以地域及产业生态资源为核心优势。对于拥有丰富地域资源及产业背景资源的设计企业，可充分利用对当地发展的长期跟踪调研，获取更多发展动向及商机，叠加自身产业背景基础，通过策划驱动市场的方式来主动开发及创造项目机会，并通过有力的规划设计支持，实现对区域经济及产业发展的助力。基于产业生态资源积累与城市深耕，可以将重点放在产业升级和转型上，为城市更新项目提供产业支撑和发展动力。围绕产业发展展开商业模式探索，通过引入新兴产业、支持产业升级、配套资金筹措等方式，推动城市更新项目与产业发展的深度融合。

构建相匹配的能力架构

从产业驱动城市更新项目的全生命周期来看，通常覆盖策划、设计、投资、建设、运营五大环节，涉及多元业务领域。设计企业可考虑从多阶段切入并向前后延展，形成"资源优势+"牵引的差异化商业模式。

基于差异化商业模式组建相匹配的能力矩阵，由业主需求、市场选择及设计企业自身能力的多重因素条件决定。每家设计企业所选择的商业模式不同，相应要构建的能力架构也不尽相同。在确定的能力架构下，充分发挥企业的优势，制定一套完整的能力搭建策略，过程中进行必要能力的新建、升级、补短板工作，实现在产业驱动的城市更新领域的竞争优势和持续发展。

发挥自身优势特点，向创新模式借力。城市更新活动普遍具有时间周期长、专业链条多、业态丰富等特点，聚焦产业驱动的城市更新，则更为关注产业资源及资本的导入，进而确保产业顺利落地后可以生根发芽。设计企业聚焦的商业模式不尽相同，建议以补齐产业谋划能力为先，考虑借助产业集团、投资平台等特有的产业资源优势，积极补位房地产"退行"的空位，切入城市更新的蓝海市场。

以"设计+"为优势基础触点，以"策划+""投资+""运营+"为业务链延长点，连点成线形成完整的产业更新业务链条。实际项目拓展实施中，可以"规划+"牵头跟进后续产业的策划—投资—设计—建设—招引—内容运营等服务，也可以投融资服务为拉动力，为"设计+"构筑业务延长链，推进后续设计系列服务内容（图2-12）。

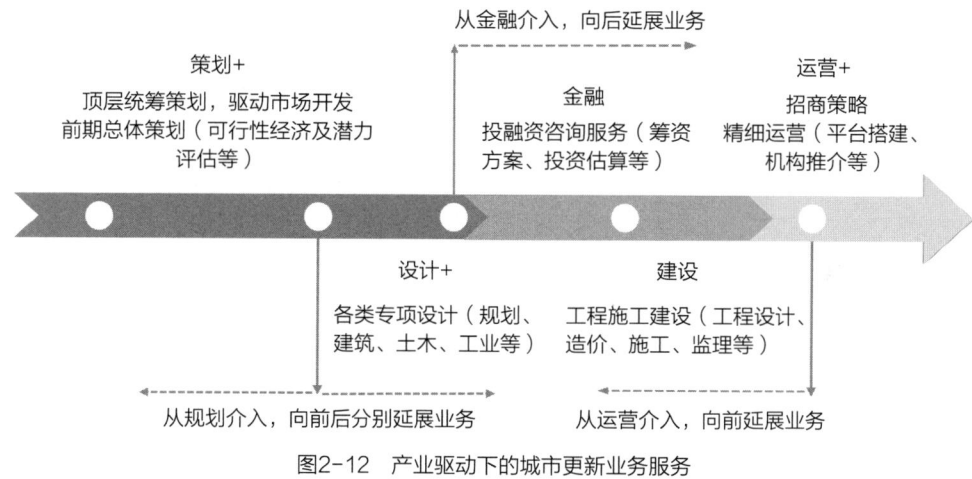

图2-12　产业驱动下的城市更新业务服务

总而言之，在构建复合能力体系的基础上，设计企业可有选择地根据切入阶段来灵活利用待补足的能力项，更大程度拓宽业务触点、延长业务链条，从而更好地服务产业发展焕新，实现在城市更新场景下更多的经济增长点。

2.4.5　锚定场景，构建能力矩阵

（1）策划引：增强设计视角下的策划能力，构建泛产业运营思维

面对复杂的产业更新项目，尝试基于"设计+"延伸的前端策划能力构建，提

升市场拓展能力。设计企业作为城市"画师",在城市"骨架描绘"、功能搭建及配套规划等各个方面提供智力及技术支持,是最了解城市的角色。因而,设计企业应当继续开拓并满足更复合的场景需求,做到"规划与设计向下一步,策划与咨询向上一步",用"设计+"咨询的方式为政府提供前置性咨询策划,旨在从顶层设计的视角完成对于城市或区域发展的综合性解决方案,做到项目执行"有规可依、有条可循",避免因顶层设计缺位而导致项目发展目标缺失、方向不明。设计企业在助力政府完成顶层设计之中,需要从以下三方面提升策划引领能力。

第一,重视前置综合性策划,拓展与政府的合作接口。设计企业须将前置综合性咨询策划放在首要位置,助力政府有针对性地通盘思考研判,填补规划与执行之间的"缺位"。针对城市更新项目中各阶段多主体执行难统一、方案实现度低、实施周期延长、资金预算难准确等痛点,前置综合性策划能够对产业定位的明确、空间配套的高度匹配与产业配套环境进行定制化设计,减少项目实施过程中的反复现象,提升项目的执行效率与方案还原度,达到产业落地与发展的真正目的。

谋划前置综合性策划咨询能力,须建立全局思维为产业更新项目赋能。区别于以往条块分割式的服务方式,设计企业以全局视角逐步推进以"设计+"为核心的综合性整体咨询策划,其内容可囊括融资方案、产业策划、空间规划、多元设计、工程建造及招商运营全生命周期。

第二,强化投资策划能力,拓展资本筹措渠道。利用投资在城市更新全生命周期中业务触点多的特点,提升投融资策划能力,链接多业务场景。产业驱动类更新对全阶段产业发展规划、招商引资、专业空间载体及培育运营等内容都有较高的要求,因而,在实际推进过程中不同阶段切入点较多,涵盖产业前策、投研(全过程投融资)、开发策划、设计施工及招商运营等全生命周期多业务链条场景。

积极打通资金筹措渠道,保障项目顺利推进。不同于房地产开发,产业类城市更新多为片区统筹项目,且资金需求量大,需要多元化的融资组合。设计企业可通过商业模式的创新设计,吸引多渠道资金参与支持,并利用政府财政资金、专项债、城市更新基金、私募股权基金、政策性银行及商业银行等贷款和发行公募REITs等方式,实现更新项目的可持续。

第三,建立城市更新全过程运营思维,策划构建"产业慢哺"模式。建立全过程运营思维,转换业务逻辑。城市更新尤其是产业驱动发展的城市更新项目有别于增量开发项目的"短平快"资金收益模式,"留改拆"的更新导向及系统复杂性特点决定了存量更新项目的运作必然是"长周期、慢周转、重运营",在"长周期、慢经营"的逻辑下以"产业慢哺"的模式反哺项目前期投入并获得有效收益。

前置性通盘考虑产业"产业慢哺"模式,从"设计+策划"阶段入手为后续项目全阶段形成指引文件,提升全周期运营能力。在项目顶层设计阶段即在城市设计、片区综合性咨询策划中,前置性通盘考虑项目的全周期产业定位、体系规划、阶段导入与空间布局充分结合,针对性地将产业发展的"定位—规划—落地—经营"等多节点工作进行前置性思考,做到对未来产业发展方向、规模、目标及商业模式有统一的规划预期,为后续逐阶段工作实施提供方向及执行标准导引。

（2）设计创新:以文创、科技赋能传统设计环节,以"设计+"融合丰富设计内涵

面对城市更新的存量需求,设计往往被赋予更为丰富的内涵,设计企业不仅需要满足空间优化升级,还需要满足功能性改造,植入创意性、前沿性设计理念以及结合运营需求推动与产业融合等。在这个过程中,需要将设计与不同的要素进行碰撞、融合,通过"设计+"带动服务创新升级。设计企业可以从以下几个维度来强化设计创新能力,丰富设计内涵。

第一,加强设计与创意融合,利用视觉技术为改造项目提供空间内容运营。利用既有文化氛围筑巢引凤。城市更新项目中常遇到保留建筑的改造更新,这类旧厂房、旧街区天然具有文化艺术氛围感,有作为艺术及商业内容运营的独特建筑风格及空间优势,加之核心区位赋能,对创意设计类产业入驻具有极强的吸引力,也是科创、数字可视化内容植入的优质展示空间舞台。

充分发挥设计人的创意思维优势,借助数字技术延展内容运营。设计企业可考虑利用设计人在创意思维上的天然优势,借助数字科技的混合现实技术并结合场地环境进行内容运营方案的设计,根据自身设计领域特点(如景观、建筑等不同方向)打造专业内容策划与运营团队。通过创意性的内容设计与方案输出,将光影艺术体验与商业购物、展示展览等实体消费内容结合,打造虚实交互的沉浸式体验,为项目业主输出周期性动态策展设计及效果呈现服务。

利用内容运营"舞台",为"产业+商业"融合发展提供支持。通过贴合项目历史文化调性、建筑风格及空间特色的定制化内容设计,以混合现实技术为依托,为城市更新项目的整体增添一抹特色,既可以增强产业区域的技术展示展览效果,

又可以提升街区商业的现代科技氛围，从而提升项目可逛性、增加记忆点、增强趣味性。

第二，加强设计与数字技术融合，助力更新项目运行效能提升以及产业升级。加大数字技术的应用，让改造后的空间变得更聪明、更易于统筹管理与提升。未来的城市更新应该是数字化、智慧化的，为更新前期空间载体的改造设计、过程监控及后期运维都带来更多的便利性及可能性。借助大数据及遥感技术辅助进行城市体检，极大地细化了数据的颗粒度，辅助快速高效地盘点城市土地、载体、产业、配套等体检要素；借助BIM技术平台，实现老旧物业的建造三维数据复现，为设计改造过程提质增效；基于BIM系统构建设计师同多元主体的协同技术平台，提高项目执行效率。

打造数字化平台，推动项目运营管理的降本增效。数智化技术的出现为园区企业构建了基于数字化的线上系统性服务，赋能企业联动互通、生态孵化、经营决策及快捷招商，通过提供集多元化服务于一体的服务平台，为项目内产业全生命周期成长提供支持。

推动技术创新，为城市更新中传统产业升级赋能与内容创新提供助力。科技是城市更新中产业转型升级的关键，构建以科技创新为核心的产业发展环境，积极在城市更新项目中植入新技术来提升改造后的承载力与吸引力，以数智技术赋能传统产业园、商业综合体等的焕新，通过技术与内容的有效融合，提升老旧空间的品质与活力。

第三，加强设计与低碳理念融合，为更新项目节能高效运营与产业成长赋能。绿色低碳、高效节能，成为未来城市更新项目的核心目标之一。政策导向下，要求城市更新项目全周期中更多考虑借助绿色低碳技术及数字化手段为项目节能降本、提质增效赋能，实现绿色化与智能化的可持续发展大目标。

注重引入绿色低碳理念。具体操作中，根据项目特点及需求选择适用的绿色低碳技术，如清洁能源利用、节能建筑设计、垃圾循环再利用及节水节电技术等。前期的技术嵌入应用，有利于降低项目整体能耗、减少环境污染，推动产业转型及城市更新项目向环保低碳的可持续方向发展。

（3）项目管理：构建适用于城更场景的项目管理能力，推动集成化服务

面向产业驱动下的城市更新服务，设计企业需要推动服务模式升级，以全过程

工程咨询或者工程总承包等集成化服务模式来打通工程建设产业链的各个环节。无论是何种工程建设组织模式，项目管理综合能力构建均为核心要务。

就工程总承包服务而言，首先，围绕城市更新业务场景，建立一套完善的总承包管理流程和总承包管控体系，制定合约管理、计划管理、质量管理、结算管理的系统性管控工具来进行逐年修订迭代，以形成可持续性的管理能力提升机制。工程总承包服务主要涉及建筑使用功能的优化、建筑品质的控制、设计施工一体（成本控制、图纸落地）和管理一体化等几个模块。这当中设计单位取设计之长、补施工之短，提前介入工程建设、运营及运维环节，打通设计建设全周期，真正意义上实现项目初始设计目标并产生持续的自我更新能力。

从全过程工程咨询视角出发，管理范围则从设计进而延伸到可行性研究（简称可研）及招标监理造价两个前后环节，将咨询与设计、施工及落地运维服务进行综合打包，能力要求更为复合。其内容覆盖建筑全生命周期内的策划咨询、前期可研、工程设计、招标代理、造价咨询、工程监理、施工前期准备、施工过程管理、竣工验收及运营保修等各个阶段的管理服务。

（4）资源整合：聚焦产业生态圈层打造，推动基于场景的价值链条构建

围绕产业带动升级，积极链接城市更新全生命周期多元能力主体，打造多领域的综合产业生态圈层。面向城市更新市场需求日渐综合集成化，一站式解决方案能力成为赢得市场竞争的关键，这不仅需要企业真正利用自身资源能力积累，更需要企业构建以场景为导向的价值链条服务架构，覆盖"投建营管退"全生命周期的多层次、多条线能力价值链条（图2-13）。

设计企业需要始终坚持"价值共创"的基本逻辑，以共同促进产业驱动城市更新发展的愿景为引导，围绕着策划驱动链条、投资融资建设管理链条、设计建设链条、产业发展及培育链条等场景构建资源能力链条，以打造敏捷高效联动的生态合作供应链为目标，实现城市更新项目的全生命周期集成化服务提供。

与此同时，值得进一步关注，城市更新不再仅是针对空间载体的改造，更是产业经济的焕新。设计企业作为参与主导方，需要具备更为全局性的资源协同能力，从产业驱动视角出发，积极与全链条生态资源建立链接，围绕战略、政策、技术、产业、空间、资本和服务于一体的资源整合平台，主动尽早投入构建产业生态合作圈，为承接全过程一体化城市更新服务、打造个性产品线做好基础。

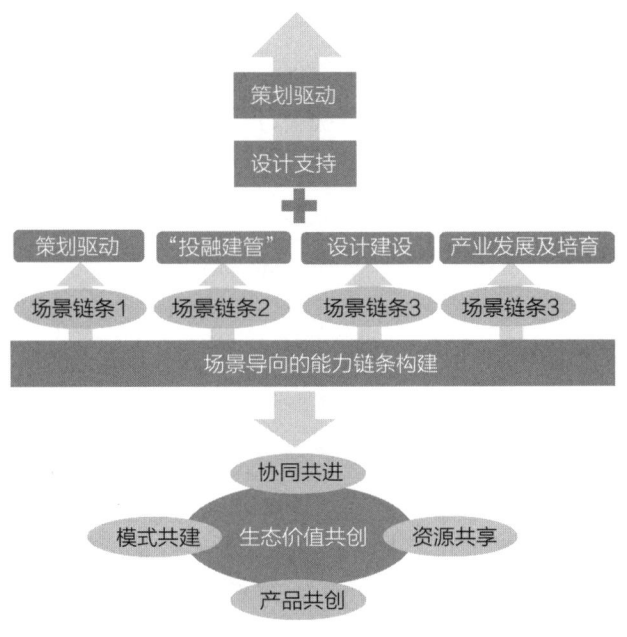

图2-13　基于场景的价值链结构

地平线建筑设计的城市更新业务服务模式

　　安徽地平线建筑设计事务所股份有限公司（简称地平线建筑设计）是一家专业从事建筑设计的设计咨询机构，从建设项目的前期研究到设计、项目管理全过程服务，地平线建筑设计拥有完整的设计服务体系。

　　淮河路步行街位于安徽合肥老城中心，老城街道狭窄、设施老旧、建筑物参差不齐，门头牌匾破旧不堪，居民生活环境较差。尤其是中市街位于淮河路中段，曾经是最大的菜市场，周边的老旧建筑空间已经闲置多年，亟须重新规划和焕发新生。恰逢评选全国20条精品步行街的机遇，为了尽快提升淮河路街区品质，进一步激发街区商业活力，淮河路步行街的优化升级改造工作由此开展。

　　该项目以"政府统筹，国企主导，企业实施"为主要方式。政府的统筹规划指明项目的改造方向，国企的管理监督有效控制工程质量，地平线建筑设计提供的专业投资综合性咨询服务及创新的设计方案加快了项目进展、减少施工风险，施工公司的实施确保项目成功落地。这一合作方式为淮河路更新改造带来全方位的支持和协同效应，具体如下。

• 政府：特色街区办公室、老城更新办公室、步行街管理办公室负责总体统筹规划工作；

• 合肥庐建工程建设有限公司：负责监督管理改造工程；

• 地平线建筑设计：负责前期策划咨询、建筑改造设计以及品牌策划等工作，以联合体形式参与后期部分土建工作；

• 其他工程施工公司：承担具体项目的改造工程，如街道小品等其他相关施工项目。

项目创新性采取了"投资决策综合性咨询（P）"的服务模式与"EPC+OA"的组织建设模式，实现项目规划—设计—建设—运营一体化，叠加项目后期品牌设计与策划宣传等深度服务，创造性地以地区文化为本底，设计IP形象持续为项目商业活动注入活力。

面临产业驱动的城市更新领域，设计企业未来会有更广阔的市场空间，但也会面对更为多样的更新场景。设计企业应对城市更新，尤其是产业驱动的城市更新，应给予更多的重视和聚焦，尽快推进战略谋划以及资源部署，投入产业驱动城市更新的市场新赛道。每家设计企业的优势基础与能力擅长点各不相同，须从顶层战略定位谋划入手，择优规划特有的差异化商业模式，并在既定商业模式下对能力架构进行规划，进而对能力矩阵进行新建、补充、升级并完善，实现城市更新业务的可持续发展。

3 → 组织转型

　　面对激烈的市场竞争，设计企业"单打独斗"式的经营打法，难以发挥协同价值；面对客户需求变化，传统的组织受制于体制、人等多方面因素，对客户的敏感性不强；面对降本增效的现实困境，过于僵化的组织模式灵活性和韧性不够……工程勘察设计企业多年来通过产值规模和人员规模相互促进而提升组织规模的阶段已经成为过去，在行业新旧动能的转换中，企业需要重新思考组织发展新逻辑。

　　企业的战略方向就如人的大脑，统领所有"肌体"的行动，而组织体系就如人的骨骼，支撑"肌体"的行动，两者之间密不可分，可谓是战略决定组织，组织反过来会影响战略的执行。因此，在从规模驱动到效能驱动的组织新逻辑下，设计企业要持续优化升级组织模式，以价值为纽带，以客户为导向，以精益为基础，以效能为驱动，提升组织的效能。

何为组织效能？指实现组织目标的程度，包括了组织能力、组织效率、组织质量、组织效益在内的各类综合要素。结合工程勘察设计行业的特点，设计企业高效能的组织特征可以总结为四"高"：高敏捷性，组织适度放权，快速响应市场；高赋能性，总部价值赋能，中台能力复用；高协同性，内部协同共享，外部链接共生；高适应性，组织动态调整，能力持续迭代。组织效能升级的路径，可以重点从组织模式创新、市场营销体系、项目管理体系、科研创新体系等方面着手推进。

3.1

组织新逻辑：从规模驱动到效能驱动

近两年行业进入发展困境不是单一因素的作用，而是多种因素叠加共同作用，并且困境的持续时间可能更长；设计企业需要充分做好"持久战"的准备。当下甚至未来很长一段时间，行业发展在客户层面、竞争层面、员工层面都将产生较大变化。

客户层面：设计企业的主要客户群体逐步向政府及央企国企发展，客户需求呈现模糊化、综合化、全周期化、高值化、不确定性等特征，并对响应速度、服务能力、对等关系等方面提出更高诉求。

竞争层面：工程勘察设计市场竞争越来越激烈，马太效应愈加明显，竞争方式已经从传统的关系营销、方案技术和价格竞争转变为以价值为导向的多要素（产品、资本、资源等）综合竞争，市场营销模式发生重大转变。

员工层面：工程勘察设计行业的人才吸引力明显下降，90后成为设计企业主体力量，员工与企业的雇佣关系逐步发生变化，员工对组织的依赖程度降低，更为注重企业的工作环境与文化氛围、个人的发展需求与价值实现。

3.1.1 客户综合集成化需求与企业碎片化组织存在巨大矛盾

不管是基于行业宏观发展趋势，还是面对当下开源节流的现实挑战，都可以清晰地看到设计企业目前面临最大的问题是客户综合化、集成化需求与组织内部碎片化、之间产生的巨大矛盾。

一是应对客户需求快速变化的组织敏捷性不足。新形势下客户需求愈加模糊化、综合化、不确定性，而设计企业传统组织体系往往受制于体制、人等多方面因素，对客户需求的敏感性不强，无法传导至组织内部，或者即便领导层有感知，但受制于组织惯性，依然难以改变原有的经营生产模式，组织迭代速度已经明显滞后于客户需求发展的速度。

二是应对市场激烈竞争的组织统合性不强。全国大市场体系加快构建，市场竞争的马太效应愈加明显，原有"坐商"模式以及所级或分院级经营模式依然单打独斗，在市场竞争中已经难以体现优势，企业层面难以有效地整合经营资源，难以发挥组织统合性的价值。

三是应对跨周期压力的组织韧性不够。面对行业更为频繁和不确定的波峰波谷周期变化，大部分设计企业的组织体系过于脆弱僵化或过于随意灵活。

四是应对内部组织多元诉求的组织赋能性不足。随着发展规模、业务结构、市场结构的变化，业务机构、科研机构、分支机构逐步多样化，但总部依然停留在传统事务型功能，能力复用、创新整合等战略性、赋能性功能缺失，导致组织的融合力不足，难以有效发挥整体效能。

3.1.2　设计企业组织发展逻辑正发生深刻变化

结合行业发展形势和众多设计企业组织运营实践判断，设计企业多年来通过产值规模和人员规模相互促进而提升组织规模的阶段已经过去了，行业正逐步进入效能驱动阶段，以组织效能提升为主线驱动组织能力的升级（而非简单的组织规模扩张）。

过去设计企业的组织发展逻辑可以总结为五个方面。

一是增量式改革为主：面对快速增长的增量市场，大量设计企业通过新设机构（包括各类业务分院、各类市场区域机构等）有效地促进业务规模的快速扩张。

二是以利益为纽带：主要依赖制定各类分利政策（包括产值分配、利润分享、业绩分红等）驱动和激励业务机构和个人；一旦业务规模无法持续增长，原有的分利政策就失去了正向效应，同时造成组织边际效应越来越弱。

三是以经营为导向：组织能力主要以市场销售能力建设为重点，各类经营资源的配置主要着眼于项目线索获取、线索争取、商务谈判的过程，是一种销售思维。

四是以规范为基础：组织管理主要是从零到一建立现代企业管理制度为基础，尤其是大部分国有设计企业以满足国资监管要求为主线规范完善组织运营、劳动用工等机制。

五是以规模为驱动：采取的是"和面式"发展，主要通过产值规模和人员规模相互促进，进而提升组织规模，但面对当下的市场环境，这种驱动方式已经难以持续。

可以预判，当下和未来设计企业的组织发展逻辑正在发生深刻变化。

一是增量与存量改革并存：设计企业面对新的环境，既要优化原有的存量业务结构，保持业务的基本面，同时又要加快探索新的业务赛道，实现业务增量发展，这对组织能力提出了新的挑战。

二是以价值为纽带：在增量和存量改革并存的环境下，原来以分利为核心的价值标准需要重塑，需要构建新的价值挖掘、创造、分配的逻辑与链条，组织需要平衡短期投入与长期收益之间价值、显性的经营价值与隐性的科研价值等在分配中的标准。

三是以客户为导向：组织核心能力建设要转移到客户需求实现的能力建设，包括客户需求挖掘、产品体系建设、立体化营销体系建设等能力，这对原有的组织惯性提出了相当大的挑战。

四是以精益为基础：要突破原有"以包代管""经济责任制"等传统型组织机制，真正立足客户导向的组织流程升级再造，并且充分利用数字化技术赋能管理体系建设，逐步实现智慧决策。

五是以效能为驱动：组织真正转移到以组织效能提升为主线驱动组织能力的升级。

3.1.3　组织效能成为设计企业组织转型的主线

对于任何一家企业而言，"开源节流"或者说"降本增效"都是永恒的主题。当下的市场环境中，"降本增效"既是设计企业谋求高质量发展的基础，也是应对"寒冬"走出困境的核心命题。

"降本"就是提质增效、降低能耗，痛点主要包括：如何控制或降低职能部门或职能人员的成本，提升单位人效？如何降低项目运作的直接或间接成本？科研创新到底该不该投入、如何有效投入？如何清晰找准成本降低的最大空间？能否打破原有的部门单位比例分成的经济责任制？能否打破原有一些低效的管理运行流程惯性？甚至如何最大程度降低人员优化的成本？

"增效"就是拓宽市场、增加产出以及多创收,痛点主要包括:原来单一的经营打法难以奏效,如何转变?如何建立新的营销体系、策略和手段?如何平衡长期的营销投入与短期的项目争取之间的矛盾?如何通过机制优化,提升回款的意识、能力和主动性?如何提升经营成效,保证持续的合同规模?新的业务增长点在哪里?如何找到有效的切入点?

"降本增效"的本质就是将企业运行的重点放在如何提升组织效能这条主线上。何谓组织效能?从专业理论角度,所谓的组织效能指实现组织目标的程度,包括组织能力、组织效率、组织质量、组织效益在内的各类综合要素。一般可以从两个维度来看,一是从结果和过程的维度,有结果因素,比如组织绩效(合同额、营收、利润等)、商业成果(市场占比、业务结构等);也有过程因素,比如组织核心能力、员工敬业度等;也有结合过程和结果两个因素的,比如人均产值或营收、人事费用率等。二是从软性和硬性的维度,既有硬性视角,也有软性视角,比如组织健康、环境社会责任等。

设计企业组织效能的高低与许多因素有关,效能提升需要系统考量,可以重点从市场营销效能、项目生产效能、科研创新效能、人力资源效能、职能管理效能、数据管理效能等方面着手推进。

3.1.4 组织效能升级的重点路径

高效能的市场营销体系

设计企业要构建高效能的市场营销体系,需要从原有的分散式/碎片式销售转变为立体化/协同化整合营销。正如前文所述,大部分设计企业主要着眼于项目线索的争取,是一种项目销售思维,而所谓立体化营销是要真正立足于立体化的视角(图3-1)。

一是市场体系:要从以往粗放的市场布点模式(挂靠、办事处等)转变为战略性的市场布局,长期锚定潜力型市场区域,创新市场开拓策略与路径(包括合资、联盟等),并立足长远价值持续进行资源投入;

二是销售体系:要从以往的项目销售转变为项目深度策划,主动创造并引导客户需求,持续优化销售管理机制;

三是客户体系:要从以往的客户档案、客户关系管理上升为全周期客户管理,

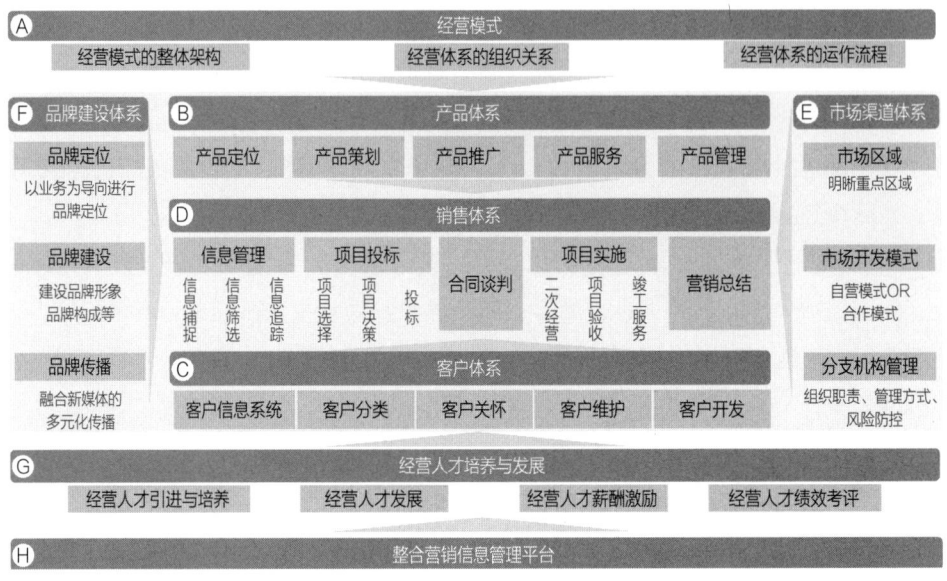

图3-1　立体化/协同化营销体系

建立客户数据分析管理机制和客户关系数字化管理平台，形成客户画像模型，实现客户全生命周期的数字化管理；

四是产品体系：要建立基于客户需求场景的产品/服务策划机制等，逐步形成若干需求场景下的整体解决方案，如既有建筑改造一体化解决方案、城市公共卫生间一体化产品体系等，探索客户需求的产品和服务模式，建立产品经理机制；

五是品牌体系：要从传统的企业宣传转变为业务品牌整合推广，重点将企业的服务产品针对目标市场和客户群体进行推广，目的是提升企业和产品的知名度；

六是营销组织模式：要从原有单一的营销架构（如所级经营或分院级经营）转变为多元协同的营销架构（总院、分院两个层面以及区域线、产品线等不同维度）；

七是营销人才培养与营销激励：要建立持续的市场营销人才、培养发展机制，以及激发营销动能的激励机制；

八是营销管理信息系统：要逐步建立市场营销信息化管理平台，促进业务财务一体化。

高效能的项目管理体系

衡量设计企业项目运作效能的指标包括人均产值、人均营收、人均利润、项目周转率等多元指标，设计企业原有的项目生产管理比较粗放，主要抓两头，一头是项目任务单的确定，一头是项目审图，而中间的过程管控基本处于黑匣子状态。

构建精细化项目管理，提升项目效能的手段主要包括：构建一个项目组织管理模式、建立一套项目全周期管理机制、培养一批项目管理人才、建设一个项目全过程管控平台。需要以项目组织管理机制为基础，以项目管控机制、成本核算机制、工时管理机制、项目考核机制、绩效分配机制、项目经理管理机制等为重要抓手，以项目管理信息化系统为载体，以项目管理人才培养为重点，统筹策划、合理突破、循序推进。项目管理体系建设本质上是设计企业生产运营体系的变革升级，是思维方式和工作习惯的转变（图3-2）。

高效能的科研创新体系

设计企业推进高效能的科研创新体系，需要从传统的生产型/离散型科研向赋能型/创新型科研转变，要真正促进新业务孵化、主营业务升级、员工持续成长（图3-3）。

近年来部分设计企业，如上海建科集团股份有限公司、中冶长天国际工程有限责任公司等，通过创新优化科研创新体系，对赋能传统业务竞争能力和开辟第二赛道发挥了重要的战略作用。结合天强服务的若干项目，建议可以从以下三个方面思考和构建。

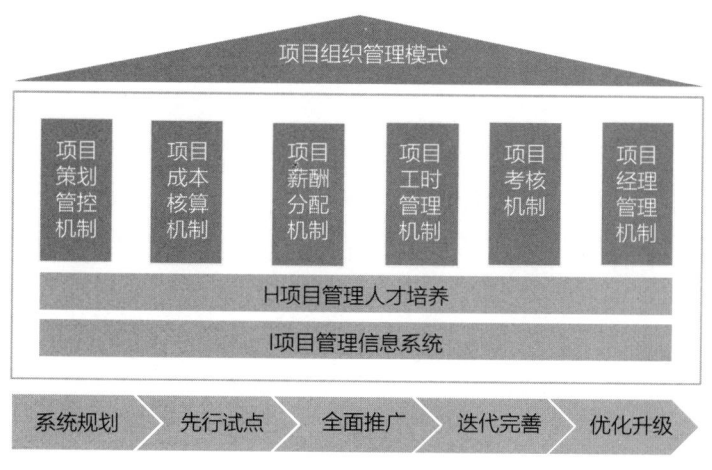

图3-2　精细化项目管理体系

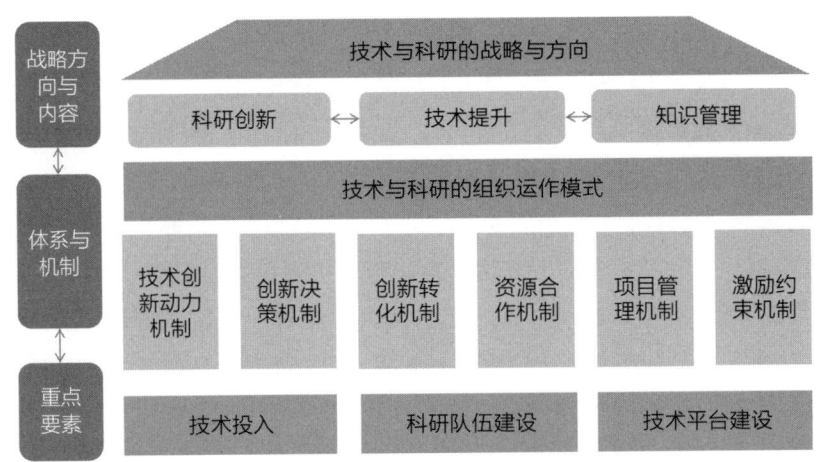

图3-3 赋能型/创新型的科研体系

一是思考和梳理科研创新的发展方向，从场景领域、技术特色、成果形态三个维度梳理明晰技术与科研发展方向。

二是重新定义科研创新建设内容，主要从以科研创新促进业务转型、以技术提升赋能主业升级、以知识管理赋能员工成长三个方面着力推进。

三是要完善运行体系与保障机制，建议设计企业充分对标优秀实践，通过优化完善科研组织运作模式、创新动力与决策机制、科研转化与合作机制、科研项目管理机制、科研激励约束机制等，保障技术与科研的高效运转，并且要充实和强化技术与科研创新体系建设的重点要素——投入、队伍、技术平台等。

高效能的人力资源体系

新的发展环境下，工程勘察设计行业人力资源开始进入深度转型时代，设计企业需要建立高效能的人力资源体系，要从原有单一的薪酬分配驱动转变为以人才培养与发展、薪酬激励与绩效双驱动的体系，真正激发人才效能。

一是通过能力驱动人才效能提升：设计企业要真正建立人才培养与发展体系，适应业务发展要求和人员职业成长诉求，建立阶梯式的人才队伍、动态化的人才管理、全周期的人才培养模式，促进人才能力的螺旋式上升；并且要注重健全岗位管理机制，逐步从岗位"三定"（定岗、定责、定编）升级为岗位"六定"（定岗、定责、定编、定级、定价、定人），建立与业务发展、经济规模相适应的动态化岗位体系，促进人岗匹配。

二是通过机制驱动人才效能提升：优化传统简单以产值为核心的薪酬激励与绩效体系，建立与经济效益强联动、与个人价值创造强挂钩的薪酬分配机制，激发员工动能，并且建立与战略目标强关联、考核结果强应用的绩效考核机制，逐步倒逼人员效能的发挥（图3-4）。

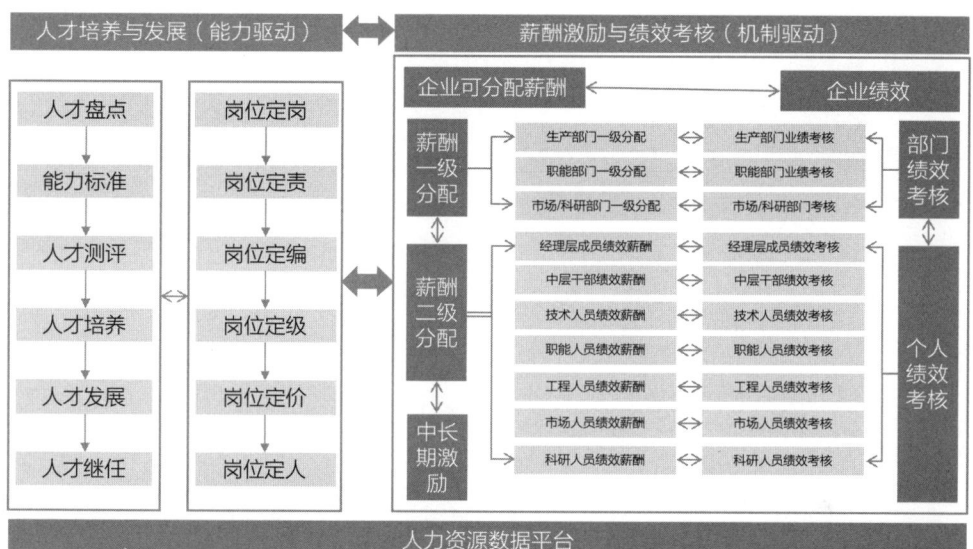

图3-4 "两全"（全周期的人才培养与发展、全流程的价值创造与分配）驱动的人力资源体系

案 例

华艺设计的精细运营、精准管控

香港华艺设计顾问（深圳）有限公司（简称华艺设计）是一家以建筑设计为主业的设计企业，面对异常激烈的市场竞争，华艺设计敏捷应对，在提升运营能效和人才组织变革两个方面进行了优化与提升，在当下的市场中呈现出相当稳健的发展势头。

面对当前项目利润下降、企业利润减少和回款困难等挑战，华艺设计采取了以下五项运营管理创新举措提升效能：一是实现数字运营管理，提升运营效率；二是优化考核体系，消除平均体系；三是定期评估风险，采取应对策略；四是加强成本管理，提前铺排，精细管理；五是加强客户维护，增强客户黏性。

面对行业下半场的挑战，构建一支更加专业的团队变得尤为关键。华艺设计以助力企业实现发展愿景作为人力资源管理的核心，提出了人员控编、配置高效，领潮文化、严格苛求，高端引领、精英导向，赛道清晰、分工有序，赛马机制、持续刷新等举措，既坚持刚性规则的执行，又保持人性化有温度的管理。

在行业蓬勃发展的黄金时期，企业的竞争力取决于其发展速度；而在行业发展进入下半场，红利逐渐消退，不确定性涌现，企业的能力成为关键。面对当下困境，华艺设计坚信精细化管理的重要性，通过精细化运营和优化人力配置来保持竞争优势并稳健前行。

3.2

推进组织模式创新转型

设计企业在新环境下，用传统的思维和方式已经难以解决面对的新问题，局限于一线部门（业务单元）和二线部门（管理部门）的框架内寻求组织优化解决方案已经不太现实，需要重新思考设计企业组织转型升级的新模式。

3.2.1 业务导向的事业部模式

对于设计企业而言，伴随着行业内外部环境动态变化，企业发展战略持续迭代，与之相呼应，其组织体系亦不断变化。数十年前，设计企业的业务相对单一，通常以主营业务作为立命之根本。因此，组织体系多以职能制为主，将除生产、设计以外的职能权收至总部层面，有效地解决了企业组织运作经济性和规范性的问题。

而随着各类细分领域业务需求不断增长，以及企业对规模化发展的诉求，设计企业开始寻求以设计业务为主体、往细分领域横向拓展。此时，由于业务的多元化演变，业务结构变得复杂，直线职能制的组织模式呈现经济性不足、灵活性不够的特点，企业逐步将部分职能放权至各个业务单元，该组织体系也是事业部模式的雏形。

近年来，受基建投资增速下滑，行业壁垒不断冲击，以及上级单位或资本市场对于企业"刚性增长"要求的影响，组织体系逐步转变为"独立核算、独立经营"的事业部模式，通过组织"分"的逻辑，加强经营触角，各事业部自主经营、责任明确。利润或效益贡献作为事业部薪酬分配的基本原则，设计企业重构权责利机制的，以此激发业务单元，以点带面，助力企业规模化增长。同时，事业部作为利润中心，通过加强利润或效益贡献的导向层层传导，加强事业部内部对于员工工作效率的衡量与考核，从而有助于提升内部的人均效率。

然而，随着行业增速放缓，行业格局从增量市场向存量市场、从"你多我少"到"你有我无"的阶段转换，如若企业无法发挥资源集聚与整合的作用，采用事业部这种"小组织"的运作模式，更像是一块牌子下的"个体户"，无法保障企业在"存量中找空间"，无法有效支撑业务一体化发展、数字化赋能业务升级等核心竞争力的打造。因此，单纯以放权为主的事业部模式，影响行业企业"联合作战"，与现有的战略具有相对的不匹配性。具体而言如下。

首先，"独立运营、独立核算"的事业部组织运作模式，在组织协同层面天然存在壁垒。

从经济层面，事业部间的协同意味着利润的共享，进而意味着薪酬分配的分享，尤其是市场空间持续放缓的当下，各个事业部可分配的"蛋糕"将进一步被压缩。

从组织文化层面，在事业部模式下，各个事业部具有较大的自主性，不管是经营自主权还是管理自主权，而组织协同意味着打破原有的"一定程度自治"的组织文化，事业部间协同可能出现"一个和尚挑水吃，两个和尚抬水吃，三个和尚无水吃"的情况。

其次，由于事业部模式的发展具有相对自主权，各部门业务发展的速度和深度依赖于各自部门的战略定力与管理能力，极可能造成各业务板块发展不均。在强调业务一体化发展、全链条技术服务的当下，各事业部的业务发展阶段不一致，显然无法实现"同频共振"，事业部间的协同则更是"无稽之谈"。

问题的核心不在于事业部模式本身。事实上，事业部模式"分"的逻辑能够有效激活内部活力，是设计院做大的保障之一。但是由于行业内外部环境的变化，行业原有靠规模化做大的逻辑发生本质性改变，唯有做强才是做大的根本前提，而做强在于关注组织"合"的逻辑，即行业企业需要关注总部的价值赋能。天强认为原有的组织模式主要从以下维度进行优化。

（1）基于业务特征采取差异化的分级分类管理

对于目前成熟的业务可采用板块化管理，以事业部的形式运作，经济责任相对独立，拥有人事管理的决定权、员工薪酬考核决定权以及业务决策的建议权，关注点以利润贡献和业绩达成为主，并可逐步从业务板块化运作向板块公司化转变，采用模拟法人治理的形式，运用短期激励和中长期激励相结合的方式，进一步激发活力与动力。但与此同时，总部需要在机制端加强必要的管控，避免"一放就乱"的情况，即以公司整体战略实现为前提，提供相应的业务协同约束与激励机制。

对于处于发展期，甚至孵化期的业务部门，采用以生产部门为主的运作模式，不过度强调经济责任，但需要关注业务的成长性，拥有员工薪酬考核决定权，但不具有人事管理权和业务决策权。总部层面需要在业务发展、生产运营等方面以中台为载体，提供必要的发展赋能作用，包括策划开拓代表公司新商业模式的重大项目，搭建业务创新与孵化的管理体系等方面。

（2）关注总部的价值赋能，优化升级组织模式

核心问题不在于事业部模式本身。事实上，事业部模式"分"的逻辑能够有效激活内部活力，是设计企业做大的保障之一。但是由于行业内外部环境的变化，行业原有靠规模化做大的逻辑发生了本质性改变，唯有做强才是做大的根本前提，而做强在于关注组织"合"的逻辑，即行业企业需要关注总部的价值赋能。

首先，优化总部功能定位，改变以往事务性工作为主、赋能性工作不足的情况，强化价值创造型总部的打造，重点可体现为"业务创新与孵化、业务协同与集

成、资源开发与整合、管理统筹与协调"等价值创造。

其次，加强总部向价值创造型转变的核心抓手在于构建企业级的"强中台"，通过中台增强组织的协同性、敏捷性、赋能性，促进业务协同发展，赋能业务价值最大化。

3.2.2 "前中后台"组织创新模式

当前，单纯依靠业务部门自身的资源和能力难以实现业务规模的提升，甚至生存都有难度。业务部门更加期待公司总部能够介入并提供市场、技术、知识等共性资源和支持。数字化转型是设计企业当下及未来若干年的重要发展主题，数字化转型的重要内容之一就是通过数字化手段构建公司统一的平台资源，包括知识数据、人力资源、业务资源、技术资源等。

近年来设计企业推进全过程工程咨询、工程总承包、数字化创新业务、"投建营"一体化业务转型以及城市更新集成解决方案、能源集成解决方案等创新服务，都需要多专业、多环节、多要素的集成，进而倒逼企业需要对分散的技术、产品、人才、数据等重要生产要素进行有效整合。数字化技术的发展、业务转型诉求等因素都是催生设计企业强化中台能力建设的需求。

（1）何谓中台

"中台"的理念最早是从互联网企业兴起的，简单理解，中台本质就是平台的平台，中台建设就是构建企业级能力复用平台，真正为公司未来的业务发展和人才发展赋能。设计企业中台建设的内容主要包括业务中台、技术中台、管理中台、数据中台。

设计企业中台的价值主要体现在资源整合、工具沉淀、标准定义和基础研究四个方面（图3-5）。

资源整合：作为企业各类型资源的整合者，中台可聚合跨分院、跨部门、跨地区各分支机构的通用资源，如客户资源等，呈现出聚合性的特征，产生协同的价值。

工具沉淀：作为企业分析及应用工具的沉淀者，中台可建立统一且不断迭代的工具库，将各业务环节中可模板化、模块化的分析及应用方法进行固化，进而为不

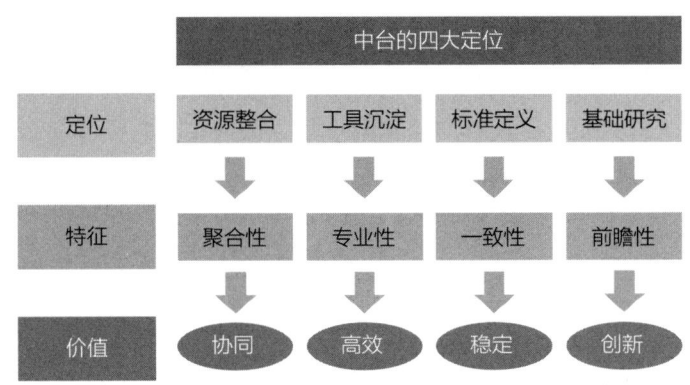

图3-5 中台的定位、特征及价值

同的前台业务单元提供专业支撑，提升效率，呈现出专业性的特征，产生高效的价值。

标准定义：作为企业的标准定义者，中台可为不同业务单元的过程管理（如设计、生产过程等）与结果产出（如质量标准）建立相对统一的标准体系，保证企业运作的稳定性，进而为客户提供稳定可靠的产品与服务体验，呈现出一致性的特征，产生稳定的价值。

基础研究：作为企业前沿技术的研究者，中台致力于前瞻性技术趋势洞察、技术提升等，有助于企业中长期发展，呈现出前瞻性的特征，产生创新的价值。

本质上，中台是一种业务和组织形态，是一套技术和业务架构，是一种能力和文化理念。

（2）中台建设的价值导向

中台建设的核心目的是提升企业整体的价值创造与赋能能力，所谓的价值创造如何体现，可以重点聚焦到六个核心能力打造（图3-6）。

一是战略投资能力，通过中台建设，发挥总部在战略管理、战略创新方面的能力，通过投资赋能新产品和新业务的快速发展。

二是整合营销能力，通过中台建设，能够促进总部从以往的销售管理（实际上是商务管理）能力，向"市场策划+品牌推广+销售管理"的集成能力转变，有利于促进协同经营平台的打造。

三是精益运营能力，通过中台建设，能够促进总部从以往的粗放型生产管理能

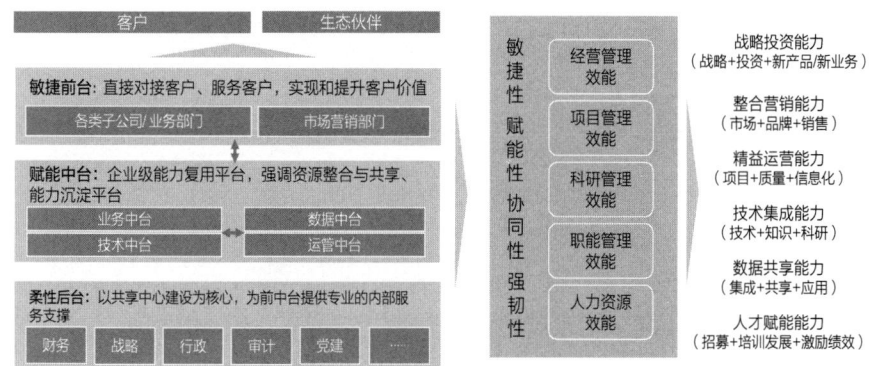

图3-6　中台建设的价值导向

力，向"全过程项目管理+规范的质量管理+数字化管理体系"相结合的精益运营能力转变，有利于提升项目效益和组织效率。

四是技术集成能力，通过中台建设，能够促进总部打造"全周期技术+知识管理+科研创新"平台，真正发挥前瞻性的创新价值。

五是数据共享能力，通过中台建设，构建统一的管理数据、业务数据平台，实现数据"好找、好用、好看、实时和共享"，需借助大数据、云搜索、微应用等先进技术，搭建企业数据资产管理体系，推动企业数据资产管理规范和创新，提升数字资产应用价值，解决企业数据资产查找难、应用难、管理难等问题，逐步实现企业数据价值挖掘及数据资产变现升值。

六是人才赋能能力，通过中台建设，加快转变原有的人事管理体系，真正转向战略性人力资源管理，发挥总部在关键性人才招募、全周期人才培训发展、与业务发展相匹配的激励绩效机制方面的核心价值。

（3）中台建设的内容

一般而言，设计企业的中台建设可以从业务中台、技术中台、数据中台、管理中台等方面展开（图3-7）。

业务中台建设的主要目的是逐步形成成熟的服务/产品策划体系，建成市场营销、客户关系、项目管理全周期数字化管理平台并实现业务智慧决策，能够推动总部的整合营销能力和精益运营能力的大幅提升。具体包括以下几个体系的建设。

一是业务策划体系建设，建立基于客户需求场景的产品/服务策划机制、内部新型

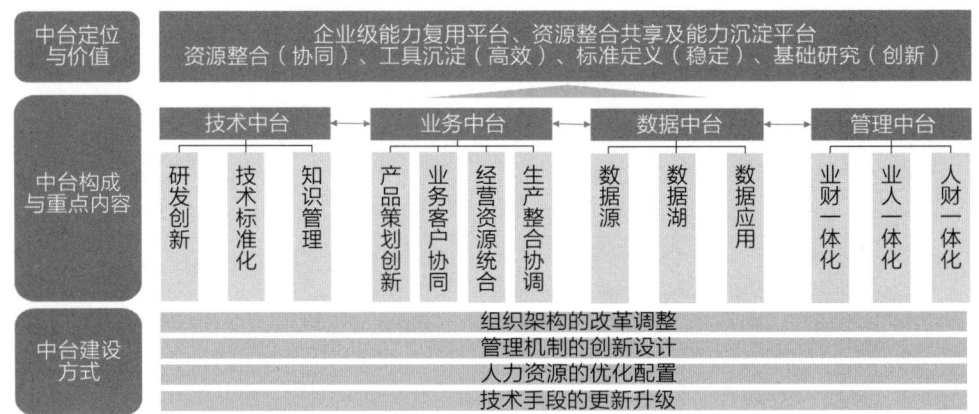

图3-7　设计企业中台建设

产品孵化与策划的管理机制等，逐步形成若干需求场景下的整体解决方案。

二是协同经营体系建设，包括理顺市场部门、区域机构、业务部门在协同经营体系中的组织架构、协同关系与功能定位，建立协同经营机制，建设市场营销与客户关系数字化管理平台，构建数字营销机制和客户画像。

三是精益项目管理体系建设，规范项目管理机制，并建立项目的全过程数字化管理平台，打通与市场营销数字化管理平台的数据流转等。

技术中台建设的主要目的是建成智能化知识管理平台和统一化、精细化的技术标准库、质量标准库，促进总部技术集成能力的提升，促进人均生产效能的提升，有力保障服务的稳定和高效。具体包括以下几个体系的建设。

一是科研创新体系建设，搭建公司级科研创新平台，优化规范科研项目管理机制与激励机制。

二是技术质量标准体系建设，建立公司统一的技术管理规范体系，梳理规范公司统一的质量管控程序。

三是知识管理体系建设，构建知识分类体系框架，建立知识分类、录入、鉴别、维护的全周期管理机制；构建知识建设蓝图，逐步开展知识管理系统建设。

管理中台建设的主要目的是建成财务、人力资源等共享平台，促进管理效能的提升和关键人才梯队建设等重要目标。重点内容包括构建财务共享中台，逐步实现财务预算与核算的共享服务、业务财务一体化平台，构建战略性财务体系。构建人力资源中台，规范人力资源标准化服务，构建人力资源共享服务平台，构建业务人力资源一体化平台，打通业务与人力资源数据，为业务提供数据分析决策，适时建立企业学院，批量化、定制化培养业务发展所需的项目管理、技术管理、业务管理等各类关键人才等。

数字中台首先解决的是设计企业内部系统间数据孤岛的问题，将不同系统中的数据进行全面汇集和管理，通过数据提炼分析、集中化管理形成企业数据资产，为前台业务赋能。

设计企业的数据中台依照职能划分，分别为业务数据与管理数据。业务数据方面横向需打通各业务单元之间壁垒，纵向增强处理分析与决策能力。

管理数据方面加强数字化运用，提高协同职能管理水平，节约协作成本，主要在财务数据、项目数据的构建。未来十年智慧城市、孪生城市、数字建筑等将成为热点，数据中台也是支撑设计企业向数字化转型的重要基础之一。

（4）"前中后台"组织模式的建设范式

以下通过A、B设计企业两个典型案例，分析设计企业构建"前中后台"组织模式的不同范式。

某大型建筑设计A企业通过"前中后台"模式搭建立体化经营架构和生产架构。

前台：成立若干个市场营销事业部，按照产品和区域两个维度来划分，包括医疗、机场、铁路高铁等产品事业部以及西南、长三角、粤港澳等区域事业部，两类事业部之间彼此协同，承担该产品/区域维度的市场营销职能。将原来的综合设计企业调整为专业设计企业，打造统一生产平台，专业设计企业主要定位于生产执行。

中台：搭建赋能中台，成立营销管理委员会，定位为协同营销、一体化营销，承担整体商务管理和分包采购管理，协调前台和后台互相配合、高效运作，打造公共营销平台；成立设计管理委员会，负责设计业务的成本管理和人力资源管理；成立工程管理委员会，负责综合总承包和专项总承包业务、全过程工程咨询业务的生产管理统筹；打造公共技术平台，部门总工及以上技术专家由公司集中管理，负责项目质量的校审和把关。

某大型规划设计B企业通过"前中后台"模式，提升总部的赋能价值，提升组织能效，推动业务转型。

该企业将直线职能制的组织架构转变为"前中后台"组织模式，将现有的各类分院/生产所/分支机构定位于前台，以客户和市场为中心；中台建设主要包括业务中台、数据中台、技术中台等，为前台提供业务模式、数据、技术等资源和能力；公司的各职能部门定位于后台，以共享中心建设为核心，为前中台提供专业的内部服务支撑。

其业务中台主要包括各类新成立的营销事业部、投资中心等，通过将生态圈的业务规则、流程、逻辑与业务进行隔离，整合封装成微服务、组件等前台友好的可复用共享能力，提高整体业务的灵活性和响应速度。

数据中台主要包括数字技术中心，汇集管理企业内外部的各类数据并进行整合分析，将原始数据转化为有价值的信息资产，快速响应市场变化，推动业务的敏捷创新和持续发展。

技术中台主要包括研发中心，一是通过对各类项目流程节点的管理要点、工作模板、报告范本、典型案例等进行体系化的整理和设计，形成全局性的知识管理协同，从而打破专业壁垒，提升设计效率和跨专业知识整合与协作能力；二是对研发方向的统一管理，形成有利于业务发展的技术方向和体系，提升市场竞争能力；三是通过技术与生产的结合，提高研发转换效率，使研发团队通过市场化手段获取收益。

通过分析可以看出，A、B两个企业案例既有共通性，又有差异性。共通性主要体现在以下四个方面：一是都将面向客户的营销机构、生产机构定位在前台；二是通过组织改革，调整组织架构，夯实中台建设，尤其是运营中台、技术中台、数据中台；三是对人力资源结构进行优化，尤其是对专业总工、数字化人才、研发团队等进行机制政策或架构调整；四是对经营生产、技术研发等管理运营机制进行匹配性优化调整。

差异性主要体现在两个方面。一是A企业对现有组织进行了整体性变革，原有生产分院由经营生产一体化转变为经营和生产适度分离；B企业是在稳定现有主体架构基础上，在总院层面新增中台性质的营销机构，聚焦增量和新量业务的发展。二是A企业主要通过营销、设计、工程三类委员会的协调机构，发挥中台的整合统筹、能力复制等功能；B企业主要通过数字技术、研发等中心发挥中台的集成共享、整合封装的功能。

发展到一定规模的设计企业，需要开始考虑如何构建与发挥企业总部价值（传统模式下的设计企业总部主要发挥资质的价值），需要从原有经济责任制模式下的管控型、运营型总部，向价值型、赋能型总部转变，对下属机构或单位不再是简单的管控或服务，而是要在新业务转型、经营市场统筹、技术创新等方面真正创造可衡量的价值，这就需要从前台、中台、后台三个层面重新定义设计企业的各类业务单元与管理部门。

整体而言，敏捷前台是一线作战单元，是以客户和市场为中心的多元智能集合体，强调敏捷交付及稳定交付的组织能力建设；赋能中台是企业级能力复用平台，是链接前端与后端的桥梁和纽带，是强调资源整合与共享以及能力沉淀的平台体系，为前台提供业务模式、技术、数据、人才等资源支撑；柔性后台是以共享中心建设为核心，通过搭建管理体系强化核心职能，优化管理流程，成为高效能职能管理平台，为前、中台提供专业的内部服务。具体建设模式中，设计企业要根据不同企业的组织和业务形态进行灵活调整。

3.2.3　组织模式创新实施推进策略

设计企业推进组织模式改革，是一个系统性、长期性工程，需要以树立赋能业务发展为导向，以提升核心能力为主线，设定中长期与短中期的建设目标，以"整体规划、分类建设、分步实施"为总体推进思路，坚持"急用先行、快速迭代、深度参与"的整体实施策略。

（1）整体规划

设计企业组织模式创新本质上是对传统院所两级管理模式的整体性变革，需要直面和破解原有模式下的利益冲突、机制矛盾、能力瓶颈等，树立清晰的建设目标，描绘共赢的建设愿景，制定清晰的实现路径，尤其是高层和中层群体达成充分共识至关重要，否则很容易变成"剃头挑子一头热"。业务部门要充分认识到组织模式转型的必要性和可行性，才可能逐步破除业务壁垒、专业壁垒、人才壁垒等。

（2）分类建设

组织模式改革涉及企业的全方位调整，建设过程中需要根据不同维度进行分类建设。

以中台建设为例，一是需要针对业务中台、技术中台、运营中台、数据中台等分别制定适宜的建设策略。不同中台建设之间也要有协同联动机制，比如业务中台和技术中台之间必须联动，建设节奏和进度要动态对接，要明确责任主体。二是每个中台建设策略都需要从组织、机制、技术、人才等重点方面进行系统谋划。

（3）分步实施

组织模式转型实施建设程度与设计企业自身的管理能力、管理水平相辅相成。设计企业至少要以三年甚至五年为最短的转型周期制定实施路线图和实施计划。

第一阶段，一般先通过组织配置、政策优化、系统建设，优先解决组织功能中的关键薄弱环节，尤其要鼓励业务部门深度参与，促使组织协同程度与运营效率明显提升，建成创新模式基本雏形；第二阶段，促使业务、技术等核心功能基本实现贯通，组织的智慧化运营水平、业务响应能力、规模化创新能力才能基本形成。

（4）充分保障

从建设保障的角度，需要组织保障。公司层面最好成立专门的领导小组，负责对组织改革进行总体统筹与方案决策，并成立若干执行小组负责具体推进组织改革各个专项工作。

需要人力资源保障，在一定阶段内适当增强相应的人力资源配置，通过各种方式提升关键人员的思维认知、核心能力。

需要文化保障，通过多种形式增强广大员工对组织创新的理解和认识，增强新型组织建设的参与度。

3.3

推进市场营销体系转型

3.3.1　设计企业市场营销面临的普遍痛点和问题

当前环境下，大部分设计企业在市场经营方面的普遍痛点和问题如下。

市场布局的问题：原有市场范围之外新的区域市场拓展缺乏有效策略，难以持续投入和深度开发，难以将点状项目汇集成片状市场，难以将点状的分支机构汇集成区域的统合性力量；

渠道建设的问题：传统分支机构的挂靠合作模式或简单的比例分成模式难以与总部形成经营合力，难以形成区域市场竞争力；

经营模式的问题：原有分散式为主的经营模式，难以有效地应对客户多元化、综合化的需求，并且经营信息往往无法共享，缺乏有效的经营协同联动机制，造成多头经营、重复经营；

项目营销的问题：基本停留在客情关系维护的阶段，客情关系营销的作用在逐步减弱，项目投标竞争程度日趋激烈，但普遍缺乏需求有效引导和高端项目营销能力；

市场推广的问题：主要聚焦于单体项目营销，大部分尚未建立基于产品策划的整合推广体系，大多没有形成鲜明的市场认知或产品形象；

项目服务的问题：合同签约人与合同履约人不一致，合同履约人也是多专业配合，缺乏真正对客户承担最终责任的主体，造成项目运作效率不高，客户满意度下降；

营销人才的问题：经营骨干多数是技术出身，市场经营的专业化和职业化程度较低，普遍缺乏基本的商务规则，缺乏专业化的经营技能，上一周期成长起来的大多数经营骨干（所长/分院长）已经或临近退休，面临经营人才的更新换代问题。

3.3.2 设计企业市场营销的发展趋势

随着客户需求特征和市场竞争态势的变化，设计企业的市场营销逐步改变原有的单一扁平化的项目销售，开始建立立体化的市场营销体系与能力。主要体现在以下方面：

营销架构立体化：随着"以客户为中心"理念的深入，在提升客户需求感知灵敏度与响应速度的要求下，企业组织架构趋向立体，依托于企业组织架构的经营架构也不断地动态变化；

营销策划前置化：项目营销工作从项目决策立项阶段前置到项目策划规划阶段，以终为始立足于全周期进行投资、招商、运营等策划，进而创造和挖掘客户潜在需求；

营销服务产品化：图纸本身不是服务产品，而是产品的呈现载体之一，诸多企业逐步立足于项目全生命服务打造TOD（交通导向的开发模式）、城市更新等产品；

客户黏性持续化：面对客户，服务单位不再只是一次性服务，而是寻求持久的、长期的合作。相应地，经营工作围绕客户更需要二次经营、三次经营，进行持续的客户关系维护；

营销主体协同化：随着服务的综合化与一体化，经营工作难以依靠单个部门或者个人完成，需要协同企业内外部的经营力量共同提供更加全面、更加专业高效的经营服务；

营销人才专业化：随着经营职能的丰富、对经营管理要求的提高，经营工作的专业度与深度要求提升，需要更加专业化与复合化的人才来承担相应的经营职责；

营销管理精细化：面对日益复杂的经营管理工作与精益运营的要求，经营管理不能延续传统的粗放式管理模式，经营管理工作从线下到线上趋向于精细化管理。

3.3.3　设计企业市场营销立体化转型的重点内容

结合对行业市场发展趋势及设计企业市场经营模式的发展要求，天强认为，设计企业需要从传统的分散式、碎片化销售转变为立体式协同化营销，才能满足客户需求集成化、诉求前置化、服务全程化的趋势要求，才能在愈加激烈的市场竞争中持续构建核心优势。

设计企业要构建立体式营销，首先要树立价值思维，即要以"客户价值"为中心，形成客户、产品、品牌、线索、渠道等多元协同网络，持续为客户创造可感知价值，要围绕客户价值实现，重点提升产品服务策划能力、市场开拓整合能力、精细化经营管理能力、客户全周期管理能力。要着力建设五大体系：市场渠道体系、产品策划设计体系、线索销售管理体系、客户关系管理体系、品牌建设体系；夯实三个重要支撑：市场营销组织模式、市场营销人才培养与激励、整合营销信息管理平台建设。具体包括以下八个方面。

（1）市场渠道体系

市场渠道体系指设计企业的渠道布局和推广策略，渠道布局主要是建立市场经营窗口、分支机构或建立市场联盟关系，市场体系建设要从分支机构功能定位、经济关系、布局策略等多方面进行策划，要逐步改变传统简单粗放的挂靠模式，灵活采用包括独立开发、合作开发、联合开发、协同开发等多种市场开发模式。在区域市场开拓过程中也要善于采用点线递进、以点带面、单点深入等多种策略。并且，近年来随着市场竞争环境变化，设计企业逐步加大外部资源整合，建议探索多种方式与外部机构进行市场合作，包括共同成立合资公司、建立项目联合体、签署战略合作协议等。

设计企业的区域机构设置需结合本企业在当地市场已有的资源基础和拟投入资源成本的力度来综合考虑，可以考虑三种组建方式。

一是自建机构、自主发展。这是业内常见且相对普遍的方式，通过企业自身不懈努力发展壮大，再选择国内部分区域设置自营分院或分公司。行业内各企业对自营的分支机构定位也存在一定差异：一种是单纯作为区域市场的经营窗口，一般规模不大，投入的人力、物力相对较少，这类分支机构主要负责承接区域范围内的业务，不具备独立承担项目生产的功能；另一种是经营生产一体化的分支机构，该类分支机构具有独立的项目经营和生产能力，只需公司统一计划，基本可以实现常规项目独立经营和生产，重大型综合项目则需总部调配资源，这种分支机构一般在当地有成建制的队伍，投入相对较大。

二是资本运作、兼并收购。采用资本化手段实现区域拓展是最快速高效的方式，能够通过快速收购当地成熟的设计团队或股权合作整合资源，借助其在当地的影响力和市场资源迅速进入当地市场进行扩张，这种方式对企业投资能力要求较高，投资成本也有一定要求。从近年来行业内兼并收购实践案例来看，一方面大多数设计企业暂不具备兼并收购的能力以及突出的市场能力；另一方面，在内部管理融合方面问题较多，收购公司和被收购公司之间的业务融合、经营生产模式融合、文化融合等难度较大。

三是战略合作、资源共享。这种方式也是近几年行业内采用较多的区域拓展手段之一，采用战略合作的模式进行区域市场拓展，能够最大限度地节省成本、盘活战略合作资源。但这种方式也与企业自身在战略合作生态圈中的地位直接相关，企业的这类分支机构合作方式往往偏虚，是在共同利益促使下组建的区域机构，企业对分支机构的约束力和权威性明显弱于前两种方式，这种战略同盟关系也相对松散，在实际操作过程中更多是为了具体的项目及各自的利益而努力。因此，企业利用该类机构拓展区域市场的效果也相对有限。

> ## 案 例
>
> ### 某建筑设计企业全国化机构布局
>
> 　　某建筑设计企业以"总部+区域中心+分公司"的架构布局国内市场，在全国重点城市设立15家分支机构，形成辐射全国的市场格局。公司对分支机构采用运营型管控，总部作为管理平台，制定统一战略规划，贯彻统一的文化和品牌理念，统筹各子公司生产、人力、财务、行政事务等工作；依照子公司章程规定向全资子公司推选公司董事、监事和高级管理人员；制定项目管理办法，采用项目经理负责制；明确规定各层级机构的设立、业务范围、品牌使用、运营管理、退出机制等；对业务范围进行三类划分（唯一性业务、受限业务、开放型业务）；整合子公司的生产资源、市场资源、研发资源，发挥规模效益和产业链效应，提高企业整体盈利能力，2021年成功完成上市。

（2）产品策划设计体系

　　设计企业要树立产品思维，建立全生命周期的产品服务模式，并对产品进行包装策划复用，形成产品管理机制，建立基于客户需求场景的产品/服务策划机制、内部新型产品孵化与策划的管理机制等，形成若干需求场景下的整体解决方案，如既有建筑改造一体化解决方案、城市公共卫生间一体化产品体系等，并且逐步实现与客户的产品和服务共创。产品策划是瞄准市场长期的共性需求，思考如何构建差异化价值贡献。产品策划涉及的核心命题是商业模式重构，过去设计企业以技术服务实现盈利的方式虽然简单，但依赖于人员投入来实现增长，通过商业模式的创新，企业可以找到新的增长路径和逻辑。

　　如何做好产品策划？设计企业如何以项目为切入点，通过不断积累、沉淀，最终打造出有代表性、有影响力、有竞争力的产品？具体而言，需要从六个方面系统考虑产品策划。

　　第一，目标客户。进一步聚焦产品和服务重点面向的客户，这些客户的核心价值需求是什么。在目标客户界定的同时，还需要考虑企业的竞争对手有哪些、竞争优势在哪里，自身是否有超越其竞争优势的核心载体和抓手。

第二，服务理念。这是统合企业未来服务差异化的引领性概念。

第三，服务内容和服务方式。例如面对城市更新、TOD、EOD（生态环境导向的开发模式）这类综合性项目，到底能在其中提供怎样的服务，哪些可以自己做，哪些需要联动外部资源去完成，企业要考虑清楚。

第四，商业模式。作为整体产品商业模式的构建，我们不一定要让每个环节都能实现财务上的贡献，而是要系统地进行考虑。比如我们都知道前端的策划很重要，客户也十分关注，还会影响到后端的建设运营等，但是前端策划在市场里往往不能形成较高的财务价值，企业还是需要通过其他环节实现变现。因此，企业要设计好自身的工作逻辑，不仅对外部的市场报价有支撑性作用，对内部相关团队的协作也有良好的指引。

第五，资源配置方式。为了让服务落地，我们需要投入什么样的资源，内部是一种怎样的组织保障，考虑好资源配置方式，就是企业打动客户、推动产品落地非常重要的载体。

第六，产品推广。构建了产品和服务之后，怎么让客户知晓我们的服务内容，如何突出产品的差异化价值，这些都是值得关注的推广点。过去，大部分企业的推广都聚焦于资质、业绩或者拥有的技术骨干、院士、大师等，真正从产品解决角度上的推广不是很多；近年来随着全过程咨询、工程总承包等服务模式的推进，这方面的意识正在逐步增强。

（3）线索销售管理体系

随着行业竞争环境变化，设计企业原有的"线索挖掘、线索对接、线索争取"的项目经营方式已经难以适应客户综合化一体化的需求，项目营销过程需要向前延伸，挖掘和激发客户需求，要帮助客户实现项目前期策划、立项。项目策划以赢得项目机会为出发点，更多瞄准已经明确的客户需求，把客户的需求点再挖掘，让自身服务价值有效呈现，解决定向供需匹配和平衡的问题，本质上是通过项目策划拿到项目。项目策划满足了单一的个性需求，面对新的市场形势，会有更多的可能性值得我们挖掘。项目策划是系统作战的过程，每一个项目策划，都是设计企业创新探索的开始，也是面向未来提炼、总结、沉淀成产品的重要契机。因此，设计企业需要真正打通内部各专业的边界，统合资源，打造爆点，为后续的产品塑造奠定基础。

如何做好项目策划？要发挥好内部不同角色的作用。

第一，客户经理的角色。这里的客户经理泛指企业领导、相关业务负责人，即负责与客户建立日常对接联系的角色，客户经理通过陪伴式跟踪，能够提前洞悉客户需求，包括客户的价值需求、隐性需求。基于这样的信息挖掘，可以拿到项目的前期线索，促进自身的服务供给更加贴近客户。

第二，产品经理的角色。产品经理可以理解为"工程师商人"，即并非完全从技术角度谈如何建楼房、如何设计道路，而是从融资、项目实施统筹、产业等角度帮助客户把事情做成。产品经理是价值需求与服务供给的桥梁。

第三，项目经理的角色。在前期帮助客户做策划的时候，项目经理就要前置性地考虑资源整合、实施落地的问题。比如帮客户做融资的策划、产业引入的策划，不能在项目推进之后再去考虑，这一定程度上也提升了企业在项目策划方面的核心竞争力。

（4）客户关系管理体系

设计企业要从以往的客户档案、客情关系管理上升为全周期客户管理，建立企业层面的客户数据分析管理机制和客户关系数字化管理平台，形成客户画像模型，实现客户全生命周期的数字化管理。结合设计企业客户管理的实践，一般将客户分为战略客户、价值客户、一般（常规）客户，并根据客户分类分级标准，建立相应的客户全周期管理机制（图3-8）。

如何做好客户关系管理？可以从两个维度、五个方面系统化开展。

第一，客户分析管理——明确目标客户。开展客户分析的目的是进一步明确设计企业的目标客户群，不轻易放弃机会，同时也不高估自己。客户分析的出发点，应以客户为中心，而不是以企业自身为中心，主动思考客户需要什么、客户内部的决策流程，分析影响合作成功的综合因素后，再结合自身的资源能力分析这些客户是否可以成为企业的目标客户。

第二，客户分类管理——资源精准投入。设计咨询业务往往都存在客户群体数量多且复杂的特点，在企业的人力、物力和财力有限的背景下，应该把重点放到可以持续带来价值的客户上，因此客户分类工作尤为重要。做好客户分级分类的核心是要以支持企业实现战略目标为关键标准，不能简单仅以客户体量、合同额大小、企业性质来作为判断，也不宜将有没有合作过作为客户有无价值的判断标准。

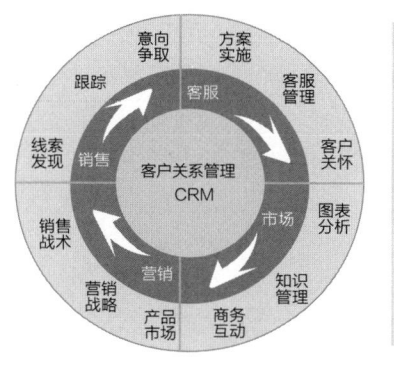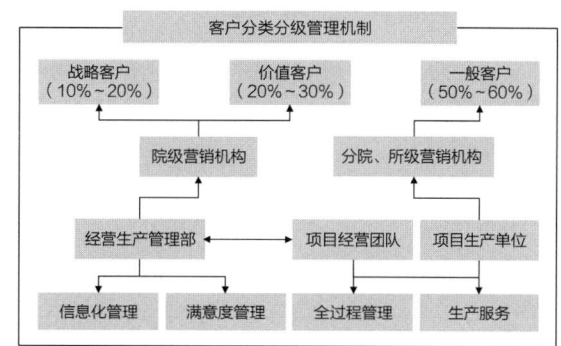

图3-8 客户关系管理体系

设计企业应结合企业不同阶段战略目标，结合前期对客户情况的分析以及过往合作情况对客户进行分类管理，不同类型的客户采用不同的管理维护策略，而且定期围绕客户对企业认可度、工作活动参与度、决策支持度、市场竞争态度等维度进行客户关系现状评估，依据评估的结果来进行分类的动态调整。

第三，客户档案管理——一企一册，信息详尽。客户档案管理是做好客户关系管理的基础，任何一家设计企业都有自身的客户档案管理体系，而且基本都将信息化手段应用到了档案管理系统中。但很多客户档案的管理相对粗放，往往仅是将客户基本信息、重要领导的联系信息与设计企业过往的合作信息作为管理的重点，忽略了更为重要的客户经营财务、客户战略和业务发展等情况。企业高层应该关注客户决策模式流程、客户业务网络、重大事件等方面的信息收集。详尽的客户信息有助于设计企业站在客户的视角去理解、分析和思考，有助于提升客户关系管理能力。

第四，客户需求挖掘——价值导向，主动策划创造机会。为了获得更多的市场机会，需要通过策划经营工作来主动挖掘客户需求，在对客户分析的基础上，对于重要的大客户、战略性客户，设计企业应将市场经营工作提前，改变传统甲乙方的角色定位，站在为客户创造价值的角度，主动帮助客户策划、创造项目，从而与客户建立共同的利益，构建持续性的、不会被轻易替代的合作关系。

第五，客户满意度管理——预警管控，提升客户黏性。设计企业满意度管理工作主要针对项目运作情况，通过电话、当面交流等方式了解客户关键领导对该项目运作情况的评价。很多设计企业由于项目多，且受项目二级管理模式的限制，往往导致客户满意度调查工作流于形式，也存在因为满意度管理工作不到位，未能及时发现和作出应对，导致客户对企业服务不满意，从而造成客户流失的情况。

设计企业应建立严格的客户满意度管理机制，结合客户分类、项目分级，通过拜访、问卷等方式定期开展满意度回访工作，了解不同客户对象对项目工作服务、设计质量等方面的评价。

（5）品牌建设体系

设计企业品牌建设的核心是基于服务产品面向目标市场和客户群体进行推广，目的是提升企业和产品的知名度。有了产品体系，不是简单的项目式营销就能做好产品推广，要构建好设计企业的品牌管理体系，需要借助丰富的品牌传播渠道去讲好设计企业的好故事、好产品、好模式、好理念，逐步建立业务导向、具有数字化属性的品牌传播矩阵。品牌塑造是企业的"软实力"。品牌塑造不仅仅是宣传性工作，它还与企业战略以及长期综合竞争力紧密捆绑。在品牌塑造的过程中，首先要回答"我是谁"的问题，这一定程度上就是在高度同质化的市场竞争中寻找自身的差异点；其次还要进一步推动品牌传播，不断塑造企业在客户心智认知中的差异化角色，从而在未来的市场竞争中赢得先机。

如何做好品牌策划？随着跨界竞争与融合发展成为新趋势，行业的竞争主体日益多元化、系统化，在此背景之下，设计企业品牌建设的紧迫性逐渐增强。作为专业服务机构，设计企业的业务产品有其特殊性，因此，在品牌建设工作上有几方面问题值得关注。

第一，升级品牌价值。品牌定位与企业的发展战略、商业模式相互依存，因为品牌本身就是我们映射在客户方的基本认知。我们的核心价值到底是什么，除了专业技术的实用价值之外，还需要更强的心理占位来强化我们的差异度。

第二，优化品牌架构。无论是采取统一品牌还是多元化品牌，总体上要根据企业所面对的市场以及发展战略来构建。例如AECOM（美国AECOM设计集团）在不同阶段采取不同的品牌战略：最初通过并购重组的方式扩张布局，是一种多品牌战略；2009年左右AECOM开始推进品牌整合，按照一体化的品牌战略来推进全球的品牌整合；目前，则是以AECOM为主品牌加其他业务子品牌的方式，它是一个不断演变的过程。

第三，品牌推广和传播。如何提升品牌传播的有效性，采取创新方式和渠道促进品牌推广，需要企业进一步思考。

第四，防范品牌风险。随着业务越来越多元化，我们面对的利益主体也越来越多，怎么识别风险、化解风险，形成有效的应对策略，保持品牌美誉度和影响力，同样值得企业关注。

（6）立体营销组织模式

随着设计企业项目类型愈发复杂、业务种类增加、业务范围分散以及企业规模扩大，营销模式由集中式营销、分散式经营逐步向多层级营销发展。需要重新梳理和设计营销组织架构的层次，营销组织架构的层次是以企业发展战略为导向、以营销主体为载体而设计，需要从营销层级、营销职能、营销区域等维度综合考虑不同营销主体的定位和相互关系，从而形成符合企业发展路径的营销架构层次。

其中，营销层级包括院级、分院级、所级、个人级等营销主体搭配组合；营销职能维度是指营销架构中的不同主体需要具备经营决策、经营管理、经营协调、经营执行、经营指导协助等职能；营销区域维度，则需要以企业的区域战略布局为基础，按照国内外、省内外、市内外行政区划，在重点区域设置营销主体、设计区域营销架构层次。

（7）营销人才的培养与激励

需要结合营销人才通用能力以及设计企业营销特征，从战略思维能力、营销策划能力、客户管理能力、运营管理能力、团队管理能力及成就动机等方面描绘和建立经营人才的能力素质模型。并且可以通过增设营销序列，为营销人才建立多元化的职业发展通道和平台，逐步构建包括经营包干制、经营奖励制、经营考核制等多种形式的激励政策。

（8）营销信息系统建设

要通过信息化手段逐步打通从市场经营阶段到项目执行交付阶段的全过程管控，打通不同经营主体的信息孤岛，进而建立业务财务一体化平台。

3.4

推进项目管理体系转型

设计企业在长期发展过程中似乎都自发形成了一套适合本单位的项目管理规则，且大部分单位的规则均获得质量管理体系认证。但是面对越来越大降本增效的压力，众多设计企业不得不思考：现有项目管理体系到底存在哪些问题？如何通过项目管理提质增效？什么是精细化项目管理体系，是否有必要搭建精细化项目管理体系？实施精细化项目管理可能存在哪些问题？如何做实精细化项目管理？

3.4.1　设计企业项目管理存在的问题及难点

从目前天强服务各家勘察设计单位的实践来看，基于大部分单位的项目管理规则，项目实施过程中普遍面临如下问题。

一是受制于传统组织模式，业务无法协同，资源无法整合，面对大规模项目、多专业综合性项目的运作存在壁垒，组织运作效率降低，沟通成本上升。

二是项目管理模式普遍偏弱矩阵，项目经理与所长间定位不清晰、权责利不合理，无法界定项目的最终责任主体，且项目经理能力参差不齐、成长缓慢。

三是项目状态未知。仅有项目负责人了解项目总体状态，公司领导、项目主管部门对项目信息了解甚少。一旦人员流失，可能面临项目终止或者中止后难以重启的问题。

四是难以清晰核算单个项目的成本、利润，缺乏对单个项目的收入成本核算、盈亏分析。目前大部分单位非常重视应收账款催收工作，但由于前期对项目管理过于粗放，造成项目到账信息与合同无法匹配，业主与支付方无法匹配。久而久之，部分单位开票信息、到账信息与合同始终无法匹配等。而且大部分设计企业核算仅到所或者分院一级，无法细化至项目这一级。正是由于无法准确至项目级，在商务洽商阶段难以相对准确地测算成本支出以便合理确定合同报价，在产值分配过程中分配偏主观，难以真正体现各参与人员的实际工作。

五是薪酬原则和导向不够清晰，分配不透明，尚未建立统一的项目产值分配管理机制和规则，产值与到账收入、工作量投入的关系不明确，专业间分配比例不尽合理，缺乏有效衡量设计人员劳动负荷的标准，对于薪酬分配缺乏有效的数据和业绩支撑。

六是缺乏对项目进行全面监控的信息系统，项目分级分类管理体系不完善，缺乏有效的项目策划、过程把控及考核评价，容易造成项目进度等方面管理失控。

七是项目成果电子文件归档不及时、不规范、不完整，版本管理混乱、项目知识流失等。

既然设计企业普遍存在上述项目管理问题，部分单位也认可现行的项目管理规则存在前述问题，但为什么相关单位不乐于推行精细化项目管理体系？结合目前情况来看，主要存在如下难点。

一是没有推行精细化项目管理的意识。由于长期选择粗放式项目管理模式，部分人员选择性地忽视了前述问题，只要不打破原有的分配体制关系，未触动相对根本的经济利益关系，一般默许前述问题的存在。

二是缺乏相应的资源支撑。良好的管理需要相应的资源投入，但在目前严控管理人员编制的情况下，相关单位始终无法投入太多的人员参与精细化项目管理工作；同时，由于部分单位缺乏必要的信息系统支撑，也给实施精细化项目管理带来一定的障碍。

三是始终没有找到正确的方法。由于项目管理体系成形时间较长，市场上已经有专门的国际项目管理师（PMP）认证考试，体系中总体内容比较全面、清晰。项目管理体系包含的范围特别广泛，但部分内容与设计企业现行的质量管理体系重合，部分内容未抓住设计企业项目管理的重点，对相关企业指导意义相对有限。在推行精细化项目管理过程中，部分设计企业始终没有找到正确的方法。

3.4.2　设计企业精细化项目管理的实现路径

设计企业推进精细化项目管理本质上是设计企业生产运营体系的变革升级，是思维方式和工作习惯的转变。需要以项目组织管理机制为基础，以项目管理信息化系统为载体，以项目管理人才培养为重点，以项目管控机制、成本核算机制、工时管理机制、项目考核机制、绩效分配机制、项目经理管理机制等为重要抓手，统筹策划、合理突破、循序推进。简单概括为：一个模式（项目经理负责制）、一套机制（项目管理机制建设）、一个群体（项目经理队伍）、一个平台（项目管理信息系统）。

（1）项目经理负责制

为增强市场竞争力，提升服务质量，提高服务效率，实现项目的精细化管理，越来越多的设计院开始推行项目经理负责制，但在推进过程中确实面临不少的困难。

一是部分中高层认知不够。项目经理负责制并不是新潮的概念，它早已是国际上常见的生产组织方式，业内已有不少企业在项目经理负责制上取得了较大的突破。诸多企业的中高层对项目经理负责制认识还不够，认为当前的生产组织模式也能够完成生产任务，公司业务也在增长，变革动力不足，面对外部的变化，显得迟钝、保守。在行业系统性红利逐步消失的背景下，企业如何围绕项目这个中心做好精细化管理，实现高质量发展，需要企业的中高层积极探索。

二是项目经理队伍能力不足。合格的项目经理需具备专业技术、项目管理、组织协调等方面的复合能力，但现实中的设计人员往往仅具备某一方面的能力，在能力需求与能力现状存在较大差距的情形下，诸多企业的项目经理负责制不能顺畅地运转。

三项目经理与生产部门间协调难度较大。项目矩阵中，项目经理需要协调好与专业所的关系，但由于二者角色、关注点的差异，在具体项目上，项目经理与专业所往往不能高效地协同。项目经理对外代表公司对业主负责，对内负责组织项目的实施，是项目的组织者和负责人。生产院所是设计企业的基层组织，同时服务于多个项目。

四是项目经理权责利划分不清。现实中的项目经理负责制，往往是简单地转移了责任，却没有让渡相应的权和利。以下是常见的问题。

缺乏用人权：项目经理缺乏用人权，专业负责人和核心设计人员一般由专业所指定，人员素质、配合度、熟悉度无法保障，给项目高效履约带来困难。

缺乏设计进度控制权：生产部门一般同时承担多个项目，对具体项目的人员配置、投入精力往往不足，经常出现项目经理唱独角戏、项目进度一拖再拖的情况。

缺乏技术方案决策权：项目经理作为项目的总体负责人，却缺乏对技术方案的决策权。项目经理往往为了总体设计方案的整体合理性，需要修改某一专业的技术方案，经常会受到来自专业所的阻力。

缺乏考核权：项目经理缺乏对专业负责人和设计人员、质量、进度等方面的考核权，项目成员做好做坏一个样，不利于形成正向反馈机制，不利于提升项目服务质量。

五是配套制度不完善。虽然很多企业也在尝试着地推行项目经理负责制，但苦于配套制度不健全，效果总是不尽如人意。例如，人事制度不能匹配项目经理在人员调配、考核评价方面的需要。财务制度不能实现单一项目的独立的核算，项目实际盈利情况不能清楚地体现，导致不能充分地对项目经理进行激励、约束。

设计企业要高效顺畅地推进项目经理负责制，建议可以从以下几方面着手。

构建适应项目经理负责制的组织结构是前提。项目经理负责制需要组织结构的支撑，需要改变过去由院（分院）或牵头专业所主导项目管理的局面，把相应的权力及职责真正交到项目经理手上。为了保障好项目经理在项目矩阵中的权责利，公司层需要强有力的协调及监管部门，为项目开展过程中的人员协调、考核分配、进度质量管理等环节保驾护航。

提升项目经理的能力是基础。设计院高效推行项目经理负责制的基础，是拥有一支具有战斗力的高素质项目经理队伍。项目经理对外代表公司，对内负责项目的管理，能力尤为重要。从实践经验来看，优秀的项目经理往往以公司副总工、专业总工、核心技术骨干为主，设计及设计管理能力仍是项目经理的首要能力。公司应系统地培养项目经理队伍的组织管理、专业技术、沟通协调等方面的能力，同时应加强对项目经理职业道德和思想品德的培养。

厘清项目经理的权责利是核心。推行项目经理负责制，核心是提升项目经理在项目矩阵中的权、责、利，充分地激发项目经理积极性，赋能项目经理，让项目经理为企业创造更大的价值。

赋予及加强项目经理的人员管理权：赋予及加强项目经理对项目成员选择、管理、考核等方面的权力。对于项目的专业负责人、技术人员实行专业所推荐、项目经理选择、生产管理部门协调的方式，充分尊重项目经理的选人、用人意见。在项目履约期间，专业负责人、核心技术人员应服从项目经理的管理，如有其他项目安排，应取得项目经理同意方能离开。设计人员除接受专业所的考核外，增加项目经理的考核，合理设置项目负责人的考核权重，考核结果作为设计人员绩效奖金分配、调薪、晋升、降级等的重要依据。

赋予及加强项目经理的质量、进度的控制权：在项目质量管理、进度控制方面，应充分发挥项目经理、专业所、生产管理部等相关部门的协同作用，同时需强化项目经理在质量管理、进度控制方面的控制权。赋予及加强项目经理综合方案的决策权，当项目经理与专业负责人、专业所所长在技术上存在分歧时，应充分尊重项目经理的意见，尽量满足项目经理的要求。由于项目经理对外向业主负责，能够获取第一手的反馈信息，应提升项目经理在质量、进度考核时的权重。

赋予及加强项目经理的成本费用控制权：为实现以项目为单位的独立核算，赋予及加强项目经理在成本、费用等方面的控制权。项目经理对项目成本、费用全面负责，项目最终盈利情况与项目成员综合奖金挂钩。

赋予及加强项目经理分配控制权：为充分激励和约束项目成员，赋予及加强项目经理在产值和奖金分配上的控制权。项目经理可根据专业所在工作量、进度和质量方面的表现，在公司规定的产值分配比例范围内进行奖惩与调整。项目经理也可根据项目成员在项目中的表现，在合理的范围内对项目综合奖金进行直接分配。

同时，项目经理花费了大量的精力，承担了较大的责任与风险，公司应给予项目经理更大的经济激励，从项目最终盈利中划分一定的比例奖励给项目经理。

完善项目管理的机制是重点。项目经理负责制不是简单地转移责任，而是需要在赋予责任的同时，让渡相应的权和利。为了充分激发项目经理的积极性，保障项目经理能够管好项目，公司需要做好配套制度的建设。

项目经理负责制是一项系统性工程，建立及完善用人、财务、考核、分配、工时管理、进度质量管理等制度是重点，只有做好了制度建设，项目经理负责制才不会沦为"无源之水，无本之木"。

（2）建设健全项目管理机制

一是要健全项目策划管理机制，明确项目分级分类标准，进行项目差异化管理，建立项目策划管理规则，提高项目策划能力。

二是建立项目成本核算机制，有效提升项目效能，项目成本核算机制是转变设计企业传统部门成本核算模式，建立真正的"项目利润体"，重点是通过概算、预算、核算、决算建立项目成本全过程管理机制。

三是逐步建立设计人员工时管理机制，工时管理的价值重点体现在六个方面，能够促进项目效能提升：动态项目计划管理、设计人员绩效管理、项目人力资源协调、市场经营管理参考、项目成本管理、建立设计人员能力基线。比如，通过工时管理统计项目人员负荷平衡表，按项目查看在指定时间段内所有人员的单日工作负荷。通过设计过程管理系统的三大功能，使得项目管理人员在安排生产计划时，能够全面考虑人员的现有工作量和图纸节点、项目总工时及总进度计划等约束条件，再合理分配待排工作量与预计提前期，以保证在资源利用率最大和保证设计节点完成之间的平衡。

四是建立项目考核评价机制，促进项目团队绩效提升和项目文化培养，促进项目管理模式转变和项目管理体系完善。

五是要逐步建立以项目为单位的薪酬分配机制。

（3）构建一支合格的项目经理团队

实施基于岗位能力素质、任务导向、业绩绩效的项目经理人才培养，确保项目管理团队建设与业务发展同步（图3-9）。包括以下几个方面。

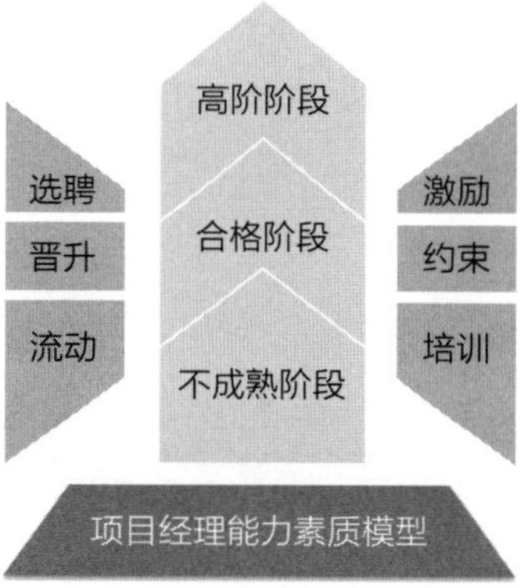

项目经理能力素质模型：从素养、特质、能力等方面设计能力素质模型，指导项目经理能力发展；

项目经理选聘与任职：对项目经理进行分级，并设定不同级别的资格、聘任和任职方面的条件，搭建项目经理的成长阶梯；

图3-9 项目经理成长阶梯图

项目经理培训与提升：基于能力素质模型，设计专门的学习课程及轮岗机制，促进项目经理的能力提升；

项目经理晋升与流动：设计项目经理横向和纵向发展通道，清晰规划项目经理职业发展蓝图；

项目经理激励与评价：设计项目经理的薪酬激励和业绩考核机制，鼓励项目经理多劳多得，体现权责利对等。

（4）建立业财一体化管理平台

业务财务一体化（简称业财一体化），是近年来新兴的一种财务管理模式，属于管理会计体系中的重要一环。业财一体化的基本思想是将设计企业经营中的三大主要流程，即业务流程、财务会计流程、管理流程有机结合，将财务软件引入流程设计，建立业务、财务一体化信息处理流程，使财务数据和业务融为一体。

在这一指导思想下，将设计企业的经营生产按范围划分业务事项，当业务事项发生时，利用事项来记录业务；业务事项按业务和信息处理规则，将企业的财务、业务和管理信息集中于信息系统里，从而最大限度地实现数据共享，实时监控经济业务，真正将会计控制职能发挥出来。实现业务与财务的深度融合，才能真正意义上更好地发挥会计管理体系对设计企业精细化项目管理提供的强有力的支撑作用。

第一，高层思想统一，做好一把手工程。业财一体化是一把手工程，是企业战略决策下的产物，需要设计院高层领导足够的重视。业财一体化需要部门之间配合，必须要有高层领导牵头，"一把手"对企业内部协同起到决定性作用，各个部门之间思想统一从而步调一致。

第二，明晰经营与生产财务数据之间的关系。业务部门和财务部门需要充分明晰经营与生产财务数据之间的关系，了解业财一体化对双方都有益处，一方面有助于财务人员熟悉业务，从而获取更多的数据支持分析决策，在业务过程中把控风险、进行财务筹划，进而通过财务分析反哺业务，提高业务效益。

设计院业务流程中，将到款与合同、发票对应，就可以得出合同的财务应收款；将合同与计划收款和项目节点对应，可以得出合同的经营应收款；将分包合同与经营合同及生产项目对应，可以得出生产项目的分包成本。

第三，选择收入确认方式。收入作为最重要的报表项目之一，关注度极高，收入确认政策也是重中之重。收入确认是一个比较复杂的议题，一方面不同行业、不同业务模式适用不同的收入确认政策，另一方面收入具备会计和税务双重属性，且会计与税法、不同税种法规之间在收入确认时点方面都存在差异。具体有两种方式如下。

方式一：收付实现制

以合同为中心，建立合同与工程、生产项目、分包合同、计划收款、开票、到款之间的复杂对应关系，并进行综合管理的系列过程和活动。通过这些管理过程，不仅可以为企业领导提供第一手材料，使决策者能实时了解企业的实付实收状况，同时也为经营管理人员提供了有效的协同工作平台。

方式二：权责发生制

根据会计准则，工程设计行业的收入确认采用完工百分比法，完工百分比法是指按照完工进度确认收入和费用的方法，一般有三种确认进度的方法：节点确认法、成本法和工程量法。采用哪种完工进度确认方式，需要结合企业的业务类型、管理特点等因素来决定。多数设计企业采用的是节点确认法，节点确认法需要对业务类型划分、编制不同的节点模板、确认节点进度比例，同时需要项目定期及时收集外部凭据。

第四，建立成本核算管理机制。成本核算是整个项目核算体系中的另外一个重要部分，需要改变结算到生产部门的会计制度，实现以项目为单元的核算方式，增加项目预算环节，为权责发生制的会计方式做好基础准备工作。

建立成本核算管理机制，需要厘清的工作包括：如何建立项目预算、预算项目与会计科目的对应关系、哪些科目作为直接费、哪些科目作为间接费、人工成本（固定薪酬和项目奖金）如何归集或分摊、间接费分摊的依据、与目前主流财务管理软件的数据关系等。

第五，实现业务与财务信息共享。企业的经营状况最终由财务部门展示，财务流程重建应体现数据资源的共享性，建立信息查询与反馈机制，提供体现财务处理结果的数据共享平台。现代企业的财务管理应强调"支撑与服务"理念，对于设计企业来说，财务管理过程应提供与项目预算、核算、结算有关的信息共享展示平台，使得项目经理在实施过程中能够实时掌握项目的数据信息，支撑业务发展。

第六，构建支撑业财一体化的信息系统。信息系统是工程设计企业提升管理效率的重要工具，也是连接业务与财务系统之间的重要纽带。设计企业需要整合资源，建设涵盖人、财、物的全方位管理与服务信息系统，实现业务部门与财务部门数据自动实时传递并及时生成财务数据。同时，应将各项管理措施、内部控制制度嵌入业务软件，利用信息化实现岗位相互牵制机制，使授权与执行分离，执行与审查分离，从而促进业务财务融合。

3.5
推进科研创新体系转型

3.5.1　设计企业科研创新的困难与问题

近年来设计行业科研创新再次被提到了战略高度，科研创新无疑是工程设计企业走向新赛道，构建新质生产力的重要力量源泉。然而，对于设计行业而言，想要真正落实这一规划，还有许多困境亟待破题。

第一，顶层规划不明确。在梳理企业未来的科研规划、科研方向时，很多设计院并不清楚是要基于自身发展、核心能力还是以其他要素为发展方向。虽然现在社会层面、行业层面都在谈"双碳"、绿色、节能，以及一些工业化技术、数字化技术，但这些很难在科研规划层面有效地体现和落地。这也反过来说明，设计企业对于科研发展的整体谋划、思考并不够，对于前沿技术的长期跟踪、对基础研究投入意愿并不高，这其中有主客观因素的共同影响。

第二，市场导向不清晰。很多设计院的科研工作，对业务本身的创新驱动、创新赋能作用其实不大，或者说相互之间是"两张皮"。有些单位主要是通过科研来提升生产效率，解决当下一些生产质量、生产效率的问题。而对于需要长期投入和转化的业务以及创新支撑相关的科研、市场的导向或方向并不是太清晰。这也导致很多设计院的科技成果转化路径其实没有太多可选择的空间。

第三，组织保障不坚定。以什么样的组织模式开展科研工作，这是一个普遍问题，也是很多设计企业薄弱和缺陷的地方。企业认为，科研与生产要有紧密联系，因此将大量的科研跟生产部门相结合。生产部门既是生产主体，同时也承担了科研工作，导致科研课题本身也变成了一种生产活动。这导致科研活动对前期的市场把握和引领，以及对未来业务创新的牵引作用不明显，和商业运作之间明显割裂。

第四，机制支撑不灵活。当下，大部分设计企业的运作机制主要围绕着项目经营和生产开展，即围绕经营体系、项目管理和项目生产体系展开。科研的管理机制、投入机制、激励机制、转化机制等并不健全。同时科研活动由于自身特性，并不能完全支撑生产活动，特别是达成既定的经济目标。

第五，资源整合不开放。目前大部分设计企业还是以内部研发为主。结合业内探索来看，真正做得好的设计企业，大多数采取开放式、整合式的研发模式，很少完全以自主研发为主，其科研活动对于自身业务的驱动、科技成果转化以及转化的经济价值都有具体成果。

要想顺利将科研创新作为高质量发展原动力，设计企业需要"自上而下"地破除上述难点。优先站在战略制高点优化战略版图、强化体系建设，再从加强人才管理、提升科研成果市场化程度、加大科研投入等多个维度并行向下贯彻。

3.5.2 设计企业科研创新的转型路径

外部环境的一系列变化，让设计企业开始思考发展驱动力究竟是什么。过去能够快速增长的设计企业关注市场成长带来的业务机遇，现在更多关注增长的内生驱动力，即依托科研持续产出有价值的产品/服务。如果从科研价值实现的角度来看，企业关注的主要是两类问题：一是选择怎样的科研战略实现商业增值？二是如何有效赋能科研创新？

设计企业的科研路径根据市场竞争程度、技术积累、风险承受意愿以及企业战略愿景，可以分为渗透型、反应型、外延型和跟随型四类。根据企业各自具体情况进行匹配，不同的战略也可存在于一家企业内同步推进（图3-10）。

渗透型——"专"

渗透型科研战略最大的特点是"专"，设计企业在其技术较为成熟的领域内持续深耕，建立起较高的技术壁垒。这类设计企业通常已经具备了很好的业务及客户基础，希望在原有科研成果的基础上持续加大科研投入，建立创新壁垒，形成新一轮的领军优势。

由于渗透型科研绑定原有业务板块作为科研方向，因此需要充分考虑该市场增长空间及饱和度是否足以支撑未来数年甚至十年的发展需求，企业必须有机会能从

		渗透型	反应型	外延型	跟随型
适用条件	市场竞争程度/饱和度	中等	较低	高	较低/中等
	技术积累	强	强	强	强
	风险承受意愿	一般	高	一般	低
	企业战略	专业化	多元化	多元化	专业化/多元化
科研管理诉求	创新深度	高	高	中	低
	协调难度	一般	大	一般	小
	目标导向	产品/业务	技术	产品	业务

图3-10　设计企业科研创新路径

中获取足够的商业价值，否则大量的研发投入将无法转化为收入。

在市场份额较为集中的交通、水利、石油化工等技术壁垒较高的行业，资源丰富、技术"护城河"较深的部分央企国企大院占据大量市场份额，是渗透型科研战略的主要实施者。

铁路建设及设计龙头企业中国中铁股份有限公司（简称中国中铁），在铁路建设市场份额长期保持领先，对于仍然存在大量痛点待解决的高铁增量市场，中国中铁围绕高铁设计与建造的业务提升，投入大量资源开展一系列先导性和探索性的前沿技术研究，包括高铁提速成套技术、超大跨度悬索桥和大跨度深水基础桥梁关键技术、真空管道超高速磁悬浮技术等，进一步巩固其在全球高铁市场的技术领军者地位。

反应型——"变"

反应型科研战略强调对环境变化的应对。面对政策的变化、新需求及新技术的出现，设计企业较早地察觉市场机会，通过及时调整或新增研究方向争当首批进入市场的企业，借此开拓蓝海市场。由于新的趋势刚有雏形，同行业竞争者的技术积累还不多，一方面，这有利于后续企业利用先发优势成为行业领导者；另一方面，前期内部专业人员较少，需要承担较高的研发失败风险。若成功通过研发进入该领域，则有助于企业多元化目标的实现，为企业贡献新的增长点。

该类型科研战略更多地出现在关联技术热点较多、行业政策正发生变化、终端客户需求升级明显的领域。比如原本以建筑设计为主业的上市企业深圳市建筑科学研究院股份有限公司（简称建科院）积极把握绿色建筑政策机遇，切换聚焦的行业赛道，不断强化检测检验认证研究投入，在成功获得绿色建筑认证资质的基础上，抢先推出低碳绿色效果验证服务，又称公信服务，为不同类型特征的城市提供应对"双碳"目标的全流程、综合性、定制化的绿色科研创新服务，成为绿色建筑引领者。

外延型——"展"

外延型科研战略是同心圆式的科研创新，设计企业以自身优势领域为中心，对拥有技术相似性或资源互通性的领域开展研究，充分发挥原有积累的同时开辟新市场。

与反应型最大的区别在于，采用外延型科研战略的设计企业通常已经具有较强能力及资源积累，但是由于传统业务市场空间有限，因此主动转向关联或复合的领域，通常以产业链上下游扩张为主要形式，所承担的研发失败风险也相对低。

与渗透型的强调研究深度相比，外延型更注重结合外部资源进行二次开发及推广应用，是对既有能力的延伸。但是，设计企业通常仅凭资源整合较难形成独有的差异化优势，进入新市场争夺市场份额时将面临原有势力的打压。

最为典型的例子是各类"数字化+"研究，在传统业务增速逐步放慢的当下，有部分设计企业围绕自身核心业务，充分利用大数据资源，通过研发关联的数字化产品增加既有业务附加值，或者将产业链扩展到下游运维环节，实现了价值创造。以上市企业河南省交通规划设计研究院股份有限公司（简称设研院）为例，作为公路设计的领军企业之一，充分利用公路大数据这项核心资产为起点，开发"BIM+GIS"数字化协同管理平台（公路智建BCM3.0）等数字化产品。

跟随型——"学"

跟随型科研战略则通常见于科研资源较少的中小型设计企业或大型设计企业新设的业务板块，是在科研水平不足、技术积累较弱、创新能力较弱等种种不利情况下的无奈之举。

其重在向同行学习，通过学习借鉴行业先进技术经验来补充自身短板，因此风险相对可控。虽然短期而言，使用该战略类型的设计企业各方面科研能力有所滞后，但其带有"复制粘贴"属性的模式不仅对科研投入强度要求较为宽松，而且能推动企业技术能力高速成长，帮助企业加速追赶，高性价比是该类型科研最大的优势（图3-11）。

设计企业推进实施科研创新是一个相对较长的阶段，要注意树立每一个发展阶段的目标导向。对设计企业而言，从技术形成到成熟应用有三个阶段：以技术成果为标志的科研阶段、以产品为标志的开发阶段和以业务为标志的产业化阶段。

第一个阶段：技术导向。技术导向更多地存在于由实施起点开始的基础研究阶段，以生产出具备商业化潜力的技术成果为阶段性目标，距离产品诞生及产业化还有相当的距离。而成果转化周期过长将导致科研人员预期严重下降，实际产生的激励性小；此外，科研的中间成果及努力程度不易评价，过程控制困难，导致企业难以高效地管理科研人员。因此，管理上的重点是如何强化对科研人员的实际激励效果。

反应型科研战略中，设计企业通常进入新的研究领域，技术基础相对薄弱，其目标导向属于技术导向。

第二个阶段：产品导向。技术成果好不好，除科研人员自身的努力和技术判断外，还涉及商业性判断，比如由技术自身导致的生产成本、应用条件和竞争力等。

	优势	劣势
渗透型	• 技术具备深度和前瞻性 • 容易打造技术壁垒 • 增加品牌影响力	• 人员要求高 • 技术要求高 • 较为狭窄 • 研发开支较大
反应型	• 容易积累先发优势 • 利于视野开阔 • 开辟蓝海市场	• 失败风险较高 • 前期内部专业人员较少 • 变现周期较长
外延型	• 充分挖掘既有优势 • 失败风险较低 • 完善产业链布局	• 难以形成独有的差异化能力 • 资源整合能力要求较高 • 竞争对手较多
跟随型	• 成本投入较小 • 人员要求低 • 技术成长速度快	• 难以打破技术壁垒 • 有技术迭代风险 • 易陷入低价竞争

图3-11　设计企业科研创新路径优劣势对比

而这些仅靠判断是不够的，最有效的方法只能是接受市场的实际检验，并在检验中调整创新方向、提高技术成熟度。在产品导向之下，科研管理目标以产品为主导，技术成果被置于产品目标的有效管理范围内。

外延型科研战略中，企业尚未在外延领域内建立成型的业务体系，这时应该选择有利于技术成果和市场需求结合的产品导向模式。

第三个阶段：业务导向。业务导向模式下，技术成果、产品开发和产业化被集成为一个高度融合的实践阶段。

在跟随型科研战略中，技术成果来自对行业先进企业的借鉴，同行的产品已经在市场上获得验证，所以科研重心其实在于实现大规模的商业化，推动业务增长，其属于业务导向。

在渗透型科研战略中，部分改良产品及服务仍需要再次获得市场，在此基础上进一步实现产业化，其属于产品导向及业务导向。

根据选择不同，创新深度、协调方式及目标导向也有所差异，企业应该最大限度地满足对应的要求，才能确保既定科研战略高效运行，从而实现科研价值以及其对发展的支撑作用。

3.5.3　设计企业科研创新的建设重点

（1）选择适宜的科研组织模式

对于设计企业的科研组织模式，根据"管"和"干"是否角色分离，以及"干"的主体差异，可以总结为五种常见的科研组织模式。"管干分离"就是科研的执行与管理相对分离，即所谓的"裁判员"和"运动员"；"干"的主体即指由哪些主体去干（图3-12）。设计企业的五种科研组织模式具体如下。

第一种：弱研究、多点分散。这种方式是现在大部分设计企业，尤其是传统的中小型设计企业常见的模式。业务部门在负责生产的同时也兼带了研究任务，但更多是附属性质。科研更多是为了提升生产效率、提升生产质量和标准化。

第二种：强研究、多点分散。与第一种不同，一些建筑院或交通院同时设有若干研究中心，比如绿色建筑研究中心、智能交通研究中心等，但是这些研究中心一般与生产分院是"一套人马、两块牌子"。

第三种：轴心协同、弱轴心。在公司层面出现了相对专职、独立的研究机

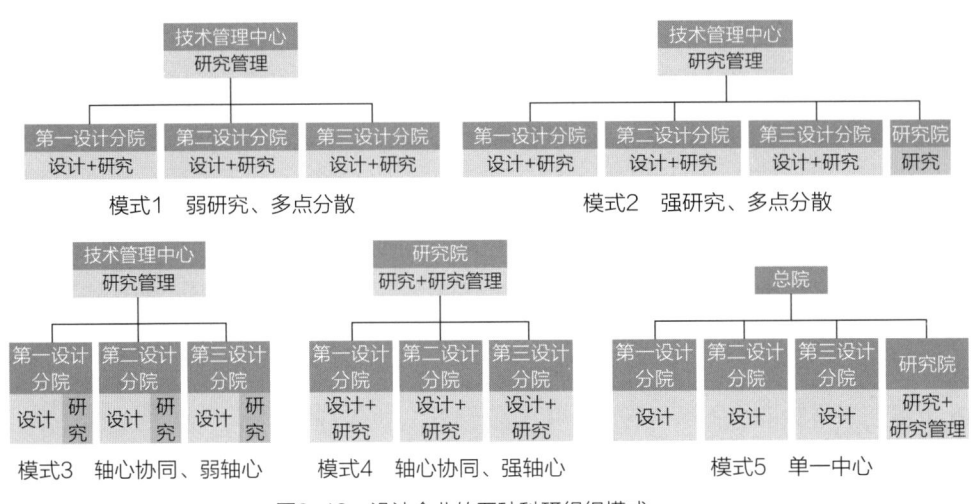

图3-12　设计企业的五种科研组织模式

构，同时生产机构也保留了相应的研究功能。当然双方对于研究的定位有所差异。

第四种：轴心协同、强轴心。这种模式在于将重点和战略性的课题研究功能进行整合，即研究机构同时兼顾了管理和研究的工作。这种模式更加强化轴心的作用，但是依然置于整个公司架构下。

第五种：单一中心。第五种与第四种类似，区别在于将设计和研究分离。核心是将技术和研发变成"两条腿"走路，即把所有的研发进行整合，形成专门的研究机构，并成为单独的业务板块。

以上模式没有对错，只是适用于科研工作的不同阶段和类型。很多企业会从一种模式发展成为另一种模式，这是不断演进和动态调整的过程。

此外，企业在适应外部环境的变化时，也探索诞生了一些新型模式。比较常见的是由公司层面成立了研发机构或者技术赋能和孵化平台。平台有虚有实，在平台下根据不同研发主题设置不同的执行主体。科研机构不再跟业务部门共用一套人马，真正成为独立的研发机构。同时，在组织和人员构成上进一步整合和利用公司资源，根据具体需要形成不同团队形态，有的是专职化团队，有的是兼职和专职相结合，有的可能以兼职为主。未来在平台的基础上进一步整合外部资源，基于现有的研发中心孵化出产业化的企业。当然，这一模式并不适合所有设计企业，需要科研平台发展到一定阶段，有一定的经济基础和业务基础共同支撑。

（2）建立完善的科研项目管理机制

大多数设计企业的科研管理比较具象，基本是每年年初报课题，之后按照项目化管理，定期汇报工作成果，课题约等于科研。因此，建议对科研项目分级分类管理。

结合经验来看，科研项目大致可以分为三类：第一类是课题类科研项目，本身没有转化功能，更多服务于标准建设；第二类是生产类科研项目，从工艺技术标准化的目的出发，提高现有主营业务的效率、技能和质量；第三类是产业类科研项目，有明确的转化成果，课题周期相对较长，可能两年、三年或更长时间。基于项目分类，才能够真正实现科研项目的全周期管理。

（3）逐步建立科技成果转化体系

从转化模式上，设计企业的转化大体可以总结为三类。

第一类是自主创新转化模式，主要依靠企业自身的技术资源、人才和能力进行转化。企业需要建立相应的激励机制等，设立相应的子公司。

第二类是"产学研"深度融合模式，与高校或一些研究机构进行联合开发。高校里有一些很好的研究成果，比如现在热门的数字化、绿色建筑、低碳技术等，但是由于缺乏应用场景和市场化，没有办法进行有效转化。而设计企业可以通过"产学研"深度融合的方式实现转化，让成果落到具体场景中。

第三类是企业技术联盟转化的模式，以技术成果入股，通过股权与市场化竞争主体之间进行合作。

以上三种模式适用于不同的发展阶段。比如在产品研发阶段更多需要通过自身进行研发，而在"产学研"融合和产业化阶段，则需要通过技术联盟的方式。

（4）注重对科研创新人才的激励

对科研人才的激励主要指专职的科研人才。由于很多科研成果没办法短时间内实现有效转化，转化之后形成有效市场的时间也不确定，所以对于这些人员怎样进行有效激励就变得尤为重要。

大体上，设计企业科研人员的激励方式可以分为四种。第一种是针对获奖成果进行专项奖励，需要对成果进行认定，这是目前主要的激励方式。第二种是针对科研工作进行专项考核，并与薪酬挂钩。这类激励方式更多是基于本身岗位，例如对科研岗位的年度和季度工作完成情况进行考核，相对比较常规。第三种是设立针对专家、技术带头人的专项津贴或奖励。第四种是科技成果转化效益的提成和奖励，确保跟科技转化结果挂钩。此外，还有一类是中长期激励，通过体制创新给予技术人员分红权或者技术入股，目前这种方式占比非常小。

针对与薪酬挂钩的激励模式，可以进一步分为短期和长期两个方向。

一是短期薪酬激励模式，常见的方式有四类。

第一类是年薪制模式。即参照生产人员的收入水平制定科研人员的年薪，基本上采取技术年薪加绩效年薪的方式。

第二类是项目奖金模式。与生产人员类似，区别在于项目类型不是画图设计，而是若干个科研项目。有的是纵向科研项目，有的是横向课题或内部课题，以虚拟产值的方式来计算奖金。

第三类是绩效奖金模式。跟项目奖金不同，绩效奖金不是针对某个科研项目的奖金，而是与整体的工作、绩效考核挂钩，常常以科研津贴的形式出现。

第四类是多元绩效模式。除了一些短期的激励和一些基于长期科技转化成果的专项奖励外，一些重大的获奖奖励，如科学进步奖、工程奖等，采用复合的多元绩效，也是比较常见的模式。

二是长期薪酬激励模式。目前行业内对科研人员的中长期激励探索相对较少，因此选取几类业内企业有代表性的方式供参考。

第一类是创新性激励方式。当下国家正在积极推进科技改革示范，有数十家设计企业进入了科技改革范围并进行了一些有益的探索。比如南方电网科学研究院有限责任公司以虚拟股权的方式对某个产品的研发项目开展项目跟投，员工以现金出资做跟投方，公司也同步出资，最后根据项目的收益情况结合出资额度共同分享。当然，出资额度不会很高，跟投人员也仅限于一些研发和经营的核心人员，分为强制跟投和资源跟投。

第二类是采用"创业合伙人""成果资本券"的方式。如北京某设备研究所围绕新产品成立法人机构，成立之初让核心科技骨干持股。持股模式不局限于现金，还采取许可权转化持股的激励方式，将专利的许可权授予重要人员，以专利权作价的方式发行股份，之后根据作价的股权和对应的收益进行分享。当然，在授予之前首先要对专利权的作价进行评估。而成果资本券，简单来讲是一种成果权属的积分，对前期科研阶段的价值进行积分积累，在科技成果没有转化之前，积分可以作为内部考核或内部奖金分配的依据，同时积分可以逐步累积下来。在成果转化之后，积分可以作为成果转化收益分红的依据。通过这种方式，让科研人员的价值从开始科研阶段就形成了有效累计，并延续到现阶段的分配或未来的激励。

第三类是其他激励方式。例如某科学技术有限公司给予技术骨干股权激励，某大型设计集团有限公司采取一次性奖励等。

4 → 人力资源转型

经济增速放缓，房地产、城投企业债务累积、项目递减，新技术带来的影响……在多重因素叠加下，工程勘察设计企业面临全新的、充满不确定的发展环境。企业在上升期，一定程度上业绩可以掩盖很多管理问题；但在下行期，作为人力资源密集型的企业，与"人"相关的管理就显得尤为重要。

树立人效理念，激发人员活力，把降本增效的核心放在增效上；推进员工能力转型，用专业化、复合型、数字化的人才培养模式重新构建企业的能力体系；结合企业发展阶段、特点、规模，以多元的职业管理体系吸引和留住优秀人才，以价值贡献为依据、强调"奋斗者为本"的薪酬体系激励人才，以有效的绩效管理体系让企业内部力出一孔，进而优化内部资源，提升运作效率，促进企业价值的稳定增长。

经济有高峰期也有低谷期，我们无法左右，但我们能做的是深练"内功"，夯实人力资源管理，提升人均效能，在价格低、销售额低的情况下仍能产生利润，练就这种"肌肉型"的企业体质。

4.1

设计企业进入人力资源全面转型时代

近年来，行业正处于跨周期发展的断裂带，大部分设计企业正在历经着发展不稳定、效益不持续、竞争压力大、人员波动大等各种难题，其中人力资源的问题也较为突出。

4.1.1　设计行业人力资源面临五大矛盾

整体上设计企业传统人力资源已经明显滞后于行业发展需求，可以总结为五个方面的矛盾。

第一，行业人才吸引力下降与企业对高质量人才持续需求之间的矛盾。近年来高校招生建筑类专业分数线下降已经成为事实，说明这个行业的人才吸引力下降已经体现在了人才入口处（前几年还仅是体现在人才出口处，也就是招聘市场），但是很多设计企业对高端人才（如设计大师、高级商业人才/工程管理/数字化人才等）需求又是一个巨大的缺口，侧面也反映出行业人才需求侧与供给侧的不平衡。

第二，设计企业业务多元化转型升级与员工结构能力单一之间的矛盾。随着设计企业的业务延伸或者模式创新，如何鼓励和推动传统设计人员向新业务新模式转型，是很多设计企业面临的问题，如前几年部分设计企业发展工程总承包业务普遍面临着如何鼓励设计骨干向工程管理人才转型，但是这个过程依然充满艰辛。

第三，业务发展剧烈振荡与人员规模动态调整之间的矛盾。近年来尤其是建筑、市政类设计企业的发展规模和效益普遍呈现波动式，尤其部分建筑设计企业业务的急剧下滑导致大面积裁员，在此过程中出现了很多劳资纠纷，侧面反映了原有简单的"水多了加面，面多了加水"的规模式扩张造成组织韧性严重不足。

第四，复合型/新型业务人才短缺与低效能/传统业务人员冗余之间的矛盾。不少设计企业一方面传统业务人员饱和，萎缩的业务量难以支撑原有的人员规模，如前几年部分电力设计企业的电力设计人员过剩，近几年很多建筑设计企业的住宅设计施工图人员过剩等，但另一方面新型业务，如总承包业务、全过程工程咨询业务、数字化业务等又缺乏足够的人力资源储备，过剩的设计人员难以实现工作转换。也有很多设计企业面临职能部门人员冗余的问题，在原有增量发展背景下存在的人员低效矛盾在业务下行或震荡中充分暴露。

第五，新生代员工自主化特质与设计企业传统组织文化之间的矛盾。大部分国有设计企业（也包括大部分国有改制民营的设计企业）的组织文化基本上还是十几年前的文化特征，组织运作缓慢、做事方式老派，从很多设计企业雷同的企业文化关键词也可见一斑：进取、拼搏、和谐……而新生代员工的自主化特质更期待的是自由、创新、轻松的文化环境，所以当下很多大学毕业生已经将设计企业作为求职的末位选择。

4.1.2　设计企业人力资源管理存在五大瓶颈

在此背景下，大部分设计企业的人力资源管理模式依然停留在几年前的增量时代，依然还在围绕招聘、人事等传统内容展开，也有很多企业的人力资源部门认为这几年人力资源工作明显有焦虑感，感觉用原有的管理方式、手段应对人力资源的新形势新环境很吃力，也很无力。结合大家反映的真实感受总结出五个方面的管理瓶颈和挑战。

第一，业务与人力资源矛盾突出。设计企业传统的人力资源基本定位为职能管理，人力资源部也定位于二线部门，多年来的运作习惯导致人力资源与业务体系脱节明显，缺乏对市场竞争加剧和业务转型需求直接的敏锐度，也就难以及时对企业自身的人力资源结构、数量、质量、潜能进行分析和规划，造成人才供应链难以快速适应需求变化。比如部分设计企业在制定人力资源规划的时候，还在简单地用目标产值除以人均产值预测人员数量，但实际上这种预测的前提环境都已经发生了巨大变化。

第二，人员培养断层。随着人才结构变化，设计企业原本以应届生培养机制为主的模式（集中培训+师傅带徒弟）已经难以适应业务发展要求；中青年业务骨干

（35～45岁）职业发展的"天花板"愈加明显（毕竟行政职务不可能无限扩充），年轻员工的发展机会越来越少。从人力资源管理的角度，尤其针对后备骨干人才，普遍缺乏有效的人才辅导机制和人才培养模式，无法形成良好的人才传承和能力动态升级。

第三，人力资源能效（简称人效）管理薄弱。随着业务结构的变化，很多设计企业员工能力的动态发展开始滞后于业务转型需要。传统设计业务用人均产值、人均营收等数据还可以基本反映人员能效；但新型业务就难以简单用人均产值等指标进行衡量，新型业务的人力资源投入时常处于纠结状态；职能人员也缺乏能效衡量标准，很多设计企业对于职能人员岗位"三定"（定岗、定责、定编）的迫切度也比较高。

第四，管理技术滞后。随着数字技术发展，数字化转型已经成为设计企业发展的核心命题之一，但是大部分设计企业的数字化建设主要投入在以BIM为主的业务数字化，实际上人力资源管理数字化在很多行业已经非常普遍，而大部分设计企业的人力资源工作还处于线下表格化、简单的流程在线化阶段，大量的事务性工作依靠重复的人力投入。比如基本的员工职业全周期数据画像，包括个人基本信息、个人发展数据、个人工作数据、个人能力数据等，在大部分设计企业都没有实现数字化贯通，更谈不上人力资源的数据化分析与智慧化决策。

第五，管理惯性明显。大部分设计企业的人力资源部门仍以传统的招聘、薪酬、人事等事务性工作为主，而在职业发展、人才培养、有效激励等人才发展方面的战略性、赋能性工作占比较低，而且因为"部门墙""岗位墙"导致人力资源不同管理环节之间相互割裂，缺乏有效链接，人力资源部门普遍面临工作能力提升的瓶颈。

4.1.3　设计企业人力资源全面转型的五个方面

面对市场竞争新常态、业务发展新要求、人才市场新趋势，工程设计企业迫切需要加快人力资源的全面转型，以人才结构与能力转型为主线，以人才思维理念转型为前提，以人力资源管理模式转型为抓手，以人力资源部门角色转型和人力资源管理数字化转型为基础（图4-1）。

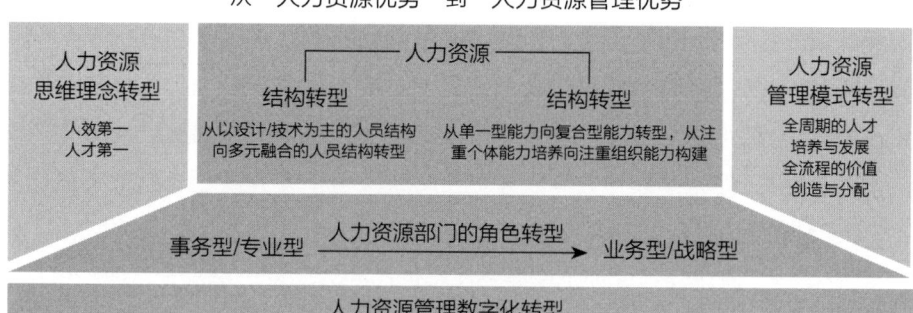

图4-1 设计企业人力资源全面转型模型

人力资源转型的主线——人员结构与能力转型

设计企业的人力资源转型不能为转型而转型，一定要树立业务导向，以赋能业务发展为核心，而业务发展必须要与之相适配的人才结构和人才能力，而且结构与能力的转型是相辅相成、互为促进的关系。

结构转型：设计企业要逐步从设计、技术人员为主的人员结构向设计、技术、工程管理、科研创新、市场经营、专业职能等多元融合的人员结构转型，甚至在某些阶段，人力资源管理要更关注非设计、技术人员的结构变化；另外要从注重人员的职称、注册、年龄等结构要素转向效能配比、能力特质等结构要素，因为职称、注册、年龄是相对于个体性的要素，而效能配比、能力特质等要素更能体现管理的价值。

能力转型：设计企业一方面要持续推动员工尤其是骨干员工逐步从单一型能力向复合型能力转型，要持续塑造多元能力融合的组织环境和激励机制，另一方面要从注重个体能力的培养转向注重组织能力的构建，要从以往一个岗位、一个团队的单打独斗（能人模式）向通过组织优化重塑组织合力（系统模式）转变。如部分设计企业发展总承包业务，开始阶段可以让部分有能力的项目经理扛，一旦总承包业务结构加大，就必须快速建立系统性的流程优化、能力培养机制。

人力资源转型的前提——树立新的人力资源理念与思维

很多设计企业人力资源工作成效不佳，一个很重要的原因是自上而下没有转变为新的人力资源理念，原有人事管理的思维惯性依然存在。设计企业人力资源全面转型首先要树立两个"一"的理念。

人才唯一：设计企业已经过了靠人头冲规模的阶段，所以原有的批量招聘、批量培训，进入部门之后就自主生长的方式已经过时，需要树立"人才唯一"的理念，要锚定关键人才（20%～30%），将关键人才的培养发展激励作为人力资源工作的重点牵引，因为这部分关键人才对于传统业务的稳定输出、新业务的创新探索、管理体系的升级发挥的价值是主导性的。

人效第一：前述谈到设计企业要关注整体性的劳动生产率提升，而不仅是关注设计人员的人均产值，这既是国有设计企业应对工资总额增长的必要因素，也是设计企业谋求高质量发展的必要因素，需要逐步建立整体性的人力资源效能评价标准体系，尤其是针对职能人员和非设计人员的人效标准。

人力资源转型的抓手——推动人力资源管理模式转型

在人力资源全面转型背景下，设计企业的人力资源管理要从原有的以薪酬分配为核心，以产值、薪酬分配作为驱动员工发展的一元驱动模式，转变为全周期的人才培养与发展、全流程的价值创造、评估、分配的双驱动模式，真正激发人才效能，具体如下。

一是建立全周期的人才培养与发展机制：适应业务发展要求和人员职业成长诉求，重构人才从招引到培养、发展、继任的全生命周期管理模式，建立阶梯式的人才队伍、动态化的人才管理、全周期的人才培养模式，促进人才能力的螺旋式上升；并且要注重健全岗位管理机制，逐步从岗位"三定"（定岗、定责、定编）升级为岗位"六定"（定岗、定责、定编、定级、定价、定人），建立动态化岗位体系，促进人员与岗位匹配。

二是重塑全流程的价值创造、评估、分配机制：逐步优化传统简单以产值为核心的薪酬激励与绩效体系，建立与经济效益强联动、与个人价值创造强挂钩的薪酬分配机制，激发员工动能，并且建立与战略目标强关联、考核结果强应用的绩效考核机制，逐步倒逼人员效能的发挥。比如近年来天强为部分设计企业服务的职能部门市场化机制建设。

人力资源转型的基础

一是人力资源部门要加速推进角色与能力转型。面对业务发展新环境和人员发展新需求，作为推进人力资源转型的重要主体，设计企业的人力资源部门要加快从事务型、专业型转型为业务型、赋能型。

纵观设计企业人力资源部门的发展，可以分为四个阶段。

1.0事务型阶段：这可能是大部分HR（人力资源从业者）最熟悉的一个阶段，即HR花费大量精力从事一些基础性事务的处理。

2.0专业型阶段：在这个阶段中，HR基于专业分工，对某一块具体的人力资源业务做更精细化的管理。

3.0业务型阶段：HR能够深入地参与或指导业务单元的组织运作和人力资源管理，在需求端真正成为业务伙伴，全面赋能业务单元经营生产。

4.0赋能型阶段：HR精力得到更进一步释放，可以推动一些有价值的业务，真正成为组织的战略核心，引领组织变革和转型。

二是要积极探索人力资源管理的数字化转型。设计企业人力资源管理数字化转型目的是利用数字技术来破解人力资源管理活动中存在的难题，重新定义和设计人力资源管理的业务场景和管理流程，并以数据为基础来完善内部系统和外部环境的互联互通，为企业持续的转型、创新和增长提供支持。核心是通过大数据的挖掘和关联来贯穿员工的"选、用、育、留、考、酬"全过程，助力设计企业的管理层、职能层与执行层之间的人力资源管理链路彻底打通，进而激发人力资源全生命周期的活力，进一步提升员工的认同感、归属感和责任感等。

建议设计企业人力资源管理要加快从表格化、信息化阶段快速向数字化阶段转变，并保持对智慧化阶段的敏感度。

1.0表格化阶段：标志性的工具是Excel，即在人力资源管理中，从手工记录保存原始资料过渡到用Excel去做数据存储和简单计算。目前大部分中小型设计企业依然停留在这个阶段。

2.0信息化阶段：将人力资源管理中部分核心业务和流程（如人事档案、薪酬管理等）转移到线上，实现自动化处理，逐步推动人力资源管理效率提升。目前处于这个阶段的设计企业数量较多。

3.0数字化阶段：开始通过数字化技术把人力资源全周期发展、全流程管理实现线上化，并且打通人力资源、业务运营、财务等多维数据，基本实现数据的内外串联，数据开始赋能人力资源发展，人力资源开始真正赋能业务发展。目前部分标杆型设计企业已经完成或正在推动数字化赋能人力资源建设。

4.0智慧化阶段：是在数字化基础之上基于AI等智能技术的成熟应用，实现深度学习、智能分析，逐渐具备趋势预测和智慧决策的能力。目前设计企业几乎还没有发展到此阶段。

4.2
树立人效管理理念

所谓人效，是指经营贡献与公司、生产所（院）、部门、团队、个体等不同层面的人力资源相联系，计算出不同人力的投入是否产出了相应的效果，简单来讲，就是人力资源的投入产出比。

设计企业的人效不能简单等同于"人均产值"。首先，人均产值在不同企业的内涵定义是不一样的；其次，仅把人均产值作为衡量设计企业人效的单一指标是不够成熟的，如一家刚设立的分支机构，前两年就难以用人均产值衡量公司人效。按照"产出/投入"的方式、设计企业的人力资源效能可以导出若干衡量指标，如"利润总额指标÷人工成本总额=人工成本利润率"。人工成本利润率越高，表明单位人工成本取得的经济效益越好，人工成本的相对水平越低。设计企业需要根据自身发展阶段和面临的市场环境，动态地选择合适的人效指标。

树立人效理念的最大价值在于建立起人才本身与业务发展的挂钩关系，因为人才本身是没有价值的，为业务创造价值和效益的人才才有价值。因此，设计企业的人才管理需要将提升人力资源效能作为出发点，否则人才管理就会走过场，很多人才管理的工作看起来很精彩，但是没有发挥作用，并且无法衡量。

人效提升绝不应该仅从降低成本角度去考量，裁员、缩减研发成本等措施可以在短期内迅速提升人效，但犹如饮鸩止渴。一旦裁员，整个公司人心惶惶，企业的战斗力也是会下降的；缩减研发成本，消减公司竞争力，尤其在经济衰退环境中，技术创新是成功突围的利器。因为降本增效最核心的，其实是增效，即提升人效。

4.2.1 设计企业的核心人效指标

人效核心要素是人力资源投入与产出，人力资源投入包括薪酬（或人工成本）、人数；人力资源产出包括营业收入、利润；这四个投入产出要素两两组合构成人效指标库（图4-2）。人效从人力配置、人均水平及投入产出水平系列指标衡量企业人效水平（图4-3）。

人效是个综合概念，受业务层面、人力资源管理层面等诸多因素制约，战略方向、组织编制规划、领导管理水平、人岗匹配度、流程机制的设置等要素均可作用于人效水平。设计企业在进行人效提升路线规划时，需要"大处着眼，小处着手"，一方面控总量，控制人员总量和工资总额；另一方面提效率，提高劳动生产率和人均水平。

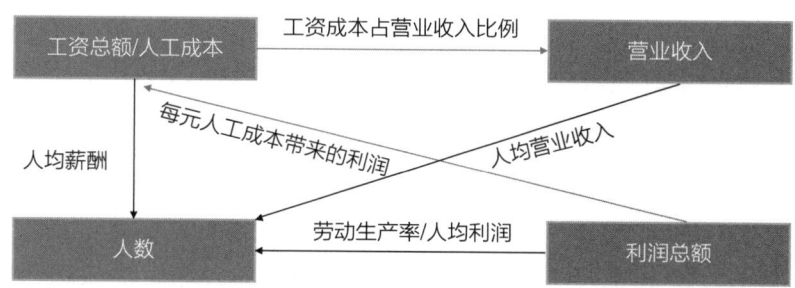

图4-2 工资总额/人工成本、人数、营业收入及利润总额之间的动态关系

分析维度	人效指标	指标公式
人力配置	结构配置	职能人员与生产人员结构占比
人均水平	人均薪酬	人均薪酬=工资总额/员工平均人数，工资总额包括：工资、奖金、津贴和补贴
	人均利润	人均利润=利润总额/员工平均人数
	人均营业收入	人均营业收入=总营业收入/员工平均人数
投入产出水平	人事费用率	人事费用率=人工成本/营业收入×100%，人工成本占营业收入的比例
	人工成本利润率	人工成本利润率=利润总额/人工成本总额×100%，每元人工成本带来的利润总额贡献

图4-3 人效指标库

4.2.2　通过人效控制人员编制和工资总额

一是将人效应用于人员编制控制方面。很多设计企业的领导都会关心这个问题：如何统一各院所的人员配置标准？制定院所人员配置标准就需要参考行业的人效指标。

利用人效来做人员编制管控是比较常见的做法，其基本原理是根据企业的经营目标结合人效，如人均营业收入、人均利润来预测人数。优点在于培养全员的经营意识，关注企业最终效益。难点在于人效的制定要科学合理，既可实现又具有牵引性。不足之处在于企业效益往往并非受人员数量这一单一因素影响，以效益预测的人数通常变动较大，难以形成对人员编制的准确预测和控制。

根据所选取人效指标的不同，包括以下几种方式：

①基于利润进行人员编制控制：人员编制=利润目标/人均利润目标；

②基于营业收入进行人员编制控制：人员编制=营收目标/人均营收目标；

③基于费用进行预测：人员编制=人员费用目标/人均费用目标。

二是将人效应用于工资总额控制方面。很多设计企业在设计工资总额管控方案时，通常会遇到这样一个问题：按照工效联动机制核定的工资总额是个结果性数据，如果核定工资总额与企业实际需要的工资总额有巨大差距，该如何执行？

很少有设计企业能够完全按照工效机制核定的工资总额执行，效益好的时候，工资特别高，员工也比较满意；效益不好的时候，工资特别低，员工都纷纷离职到其他设计企业找工作，引发一系列问题。这就涉及要通过年度工资总额预算来平衡年度效益、市场薪酬水平与员工薪酬水平的问题。工资总额预算是通过预算对工资总额进行过程管理，可以通过季度、半年度及跨年度工资总额发放情况及时调整，使实际发放工资总额最终符合核定的工资总额。

工资总额预算通常有自上而下和自下而上两种方式相结合。自上而下是根据投入产出水平类人效指标，工资营收率（工资总额/营业收入）、工资利润率（利润总额/工资总额）依据市场平均水平，核定预算薪酬总额。自下而上是根据各组织的经营计划、岗位设置、定员标准来核定预算薪酬总额。

市场化企业常用工资总额与效益联动机制：工资总额=工资总额基数×效益联动系数×效率调节系数。其中效益联动系数一般与利润总额、利润增加值、利润增长率进行关联；效率调节系数通常引入人均利润、人均营收、工资利润率等人效指标对工资总额进行调节，因此，需要进一步关注人工成本管理。

4.2.3 提高人效的方法

如果说以上利用人效控制人员编制和工资总额还是技术问题，那么真正提升人效则需要企业上升到战略层面来解决。借助人效管理"TOP"模型，即从数字化驱动、组织效能提升及业务流程优化三个方面，为设计企业的人效管理落地提供思路指引（图4-4）。

一是搭建数字底座，推动技术革新。在数字化时代，任何行业、任何岗位，都可以打破过去的流程机制，用数字化重做一遍。在行业层面，大数据分析、云计算、物联网、无人驾驶、BIM、AI等技术在智慧城市、智慧交通、智慧建筑等方面得到广泛应用，数字化技术对工程勘察行业造成颠覆性影响，为提升行业人效提供了技术基础。在岗位层面，数字化技术可以应用于营销、人力资源等各类岗位。在日常管理场景中，涉及大量表单录入等工作，如果能通过流程数字化以及系统优化方式提升人效，将节省大量人力成本。

二是优化业务流程，提升运转效率。企业需要从中找到价值创造点，去除业务流程中的冗余部分，通过工作再分配、流程再造、设计新流程、外包非核心业务等方式，将杂乱的流程变得清晰，提升组织内部的运营效率，降低无效成本，提升客户价值。合理顺畅的业务流程可以保障企业持续创造价值。短期层面，企业可以对于业务流程全景展开诊断，识别并剔除低效率、低价值的业务流程；中长期层面，企业可以持续开展业务流程的再造，基于客户画像诊断并设计业务全流程。

人效模型	T Technology-driven 数字化驱动	O Organization Refinement 组织效能提升	P Business Process Optimization 业务流程优化
短期	• 数字化劳动力（新兴技术工具，如RPA、AGV等） • 人效对标显差分析 • 数据分析/指标设计	• 组织结构集约化整合 • 管理层级与幅宽调整	• 业务流程全景诊断 • 低效率、低价值流程环节 • 识别与剔除
中长期	• 系统架构重构，业财一体化 • 人工智能分析工具	• 雇佣模式改善 • 战略性人才规划 • 人员激励机制优化	• 业务流程再造和断点打通 • 客户画像诊断和旅程设计

图4-4 人效提升"TOP"模型

三是提升组织效能，发挥人才价值。如果企业能够消除臃肿的组织结构，精益人员梯队，压缩管理层级，可以挖掘出很大的人效提升空间。

此外，企业还需要根据当下所面临的问题及时调整组织架构。例如苏交科集团自上市后持续对下属机构实行组织变革，由集团总额、各区域中心、业务院、子公司共同整合区域资源，加强营销协同，提升业务专精能力和产品品质，打造"一个苏交科"的品牌，既发挥苏交科集团总体品牌优势，又激活下属子公司，这是典型的通过提升组织效能来提升人效。

建立灵活的激励机制，合理分配薪酬、股权、荣誉、职权调动等激励资源，可以让员工在平台上创造更多价值。常见的薪酬激励理念包括"345薪酬"理念，即给3个人发4个人的薪酬，创造出5个人的价值，企业可以采取"345薪酬"等管理策略，建立以能力、业绩付薪为主，职位付薪为辅的宽带薪酬，在此基础上，通过领先的薪酬水平策略、高固定低浮动的结构策略，实行向价值创造者倾斜的支付策略，提升人效、做强企业。

4.3

推进员工能力转型

4.3.1　新时期员工需要构建新型能力

在设计企业从规模扩张阶段进入价值耕耘阶段的背景下，专业化、复合型、数字化成为新阶段下设计企业提升员工能力方向的关键词。

何为专业化？专业化是随着行业业务模式创新需求不断加速，总承包、全过程咨询项目的兴起，设计企业员工越来越需要覆盖全产业链各个环节的专业知识储备，对项目全过程具有通识的能力。

何为复合型？复合型是在市场对设计企业的服务响应速度提出更高要求的背景

下，设计企业员工要从一个纯粹的专业技术角色转变到具有客户需求理解与响应、提出解决方案的复合型角色。

何为数字化？数字化是围绕智慧城市大主题、融合数字化应用技术的各种新型建设场景下，设计人员应具备的数字化方案解决能力，这便要求设计人员要构建泛信息技术的知识体系。

4.3.2　推进员工能力转型的策略

一是引进端：市场上有工程产业链专业通识、前后台复合能力的人才总体短缺，为有效推进所需人才的引进，首先要瞄准更有效的引进渠道，如内部推荐、猎头推荐等；其次是采用"外引+内培"并行的模式，即从产业链上下游引进专业互补的人才，促进其与原有人员的专业整合，培养多专业人才。对于数字化人才的引进，要作为一项系统性工程，自上而下地搭建团队，明确关键带头人的人才画像，针对性地引进符合公司业务发展需要的人才。

二是培育端：很多设计企业都遇到引进人才与企业文化不相容、"空降"人才易流失的现象，因此人才培育工作更为重要。针对专业化、复合型人才的内部培育，应先在针对性培育之前对人才进行盘点，通过能力定义、分级与测评，梳理出专业能力强或具有复合型特质的人才，纳入培育的核心人才库。

总体来看，设计企业的人员能力可分为专业、管理、创新三种，在某项能力上具有纵深深度的人员，可沿着该方向培育发展；兼具多种能力的人员，可往技术和管理、技术和研发、管理和研发三个复合型方向培养发展，不同方向下各培养手段的权重占比应有针对性地倾斜或分布（表4-1）。

不同方向设计人员培养手段占比　　　　　　　　　　表4-1

培养手段 ＼ 培养方向	技术和管理	技术和研发	管理和研发
授权+参与重要项目进行锻炼	70%	20%	30%
参与科研课题研究	可考虑	50%	30%
师徒制、导师制的指导	20%	10%	10%
在项目管理与职能管理之间轮岗	可考虑	—	10%
提供内训和外训机会	10%	20%	20%

对于数字化能力的培育，一方面要加强数字化基础知识的培训、数字化工具的全面推广运用，另一方面通过项目实践，促进引入的数字技术队伍与工程技术队伍的双向融合，打通技术壁垒。

同时，人才发展的配套机制应进一步完善。首先是建立跨序列发展机制，明确序列间的横向对应关系，为具有复合化发展意向的员工提供多方向的发展通道。其次是形成具有激励性的用人机制，对于在公司管理、项目管理、专业管理、研发管理等各种管理条线中承担多种职责的岗位，明确岗位的复合式职责，经过复合式职责岗位锻炼的人才可进入公司后备人才梯队，优先选拔。此外，随着数字化业务的发展和人才梯队的建设，可增设数字化序列，明确数字化人员的发展路径，建立数字化业务部门与工程设计部门的轮岗交流机制、联合培养机制等。

三是激励端：完善人才激励政策，激发员工提升自身能力的内在动力。在内部分配上要优先向高价值创造的序列倾斜，对于复合式职责岗位、战略关键岗位等，设计更灵活的薪酬模式，如对数字化业务的带头人，探索年薪制和目标责任制相结合的薪酬结构；增加多种针对性、专项性的薪酬绩效激励政策，鼓励员工拓展复合职能。对于国有企业，一方面，积极探索员工持股、股权激励、项目收益分红、岗位分红、超额利润分享等中长期激励机制，实现骨干员工利益与公司发展挂钩，以增强对高价值人才的有效激励；另一方面，善用非物质激励，给予有潜能的员工更多的信任与授权，为其创造更多参加重大项目、创新型项目的机会，加大团队和个人的荣誉激励，以满足员工多维度、多层次的需求。

4.4
优化人才培养模式

面对员工能力转型的全方位诉求，设计企业要转变原来人才培养的"放养模式"，逐步构建全周期的人才孵化器，尤其针对支撑业务转型的重点人才群体。

4.4.1 明确人才能力标准与画像

人才标准，在设计企业人才工作中极其关键但又容易被忽略或误解。作为知识密集型行业，设计企业的人才大多为设计师等专业技术人才，对人才标准的关注也因此主要集中在硬性指标上，如专业教育背景、专业职称、技术经验等，对更软性的因素比如能力、价值观、驱动力、性格等因素缺乏关注，或是有心关注但缺乏合理的方法、工具。

科学的人才标准，应该与组织战略高度匹配，与业务开展密切挂钩，并随着战略和业务调整及时更新迭代。当下常用的人才标准形式多种多样，如能力模型、人才画像、任职资格等。不同形式的人才标准所关注的维度不同，比如能力模型主要关注人才的能力素质，而人才画像则覆盖显性的经验、条件和更深层的能力素质、价值观、驱动力等（图4-5）。

除了为单一的岗位或人群建标准，有条件的设计企业还可将标准与岗位体系相结合形成人才标准体系，实现更系统化的人才标准覆盖，让员工在其发展通道中有清晰具体的努力方向。

学历：
全日制本科及以上
资质要求：
中级职称及以上资格
5年以上设计团队管理的经验
从业经验：
有8年以上工程设计行业从业经验

基本条件

关键历练

管理任务类：
有A个X万平方米规模以上项目的项目负责人经历
管理团队类：
有成功组建、打造高绩效团队（人均产值达到Y万）的经历
管理人际类：
有成功处理过组织内部门、项目间纠纷的经历

系统思维
梯队建设
协同合作
市场洞察
管理控制
统筹执行
商业睿智
创新突破

性格特质：
内驱力高，抗压性、适应性强，决策力与洞察力优秀
激励因素：
积极性，竞争与权力导向

个性特征

能力素质

图4-5 设计企业业务中层人才画像示例

4.4.2　人才盘点为组织"减脂增肌"

有过健身经历的朋友都知道，健身并不是简单地为了变瘦，而是减去冗余脂肪，增加肌肉力量，让身体从虚胖转变为精壮，从而获得更健康的体魄。我们不妨借用这个概念来理解组织的优化，"减脂"即为减少冗余人员，让组织更轻盈；"增肌"即为提升员工尤其是关键员工的能力，让组织更强壮。在已建立人才标准的前提下进行人才盘点，摸清现有人才哪些是"脂肪"，哪些是"肌肉"，淘汰无改善可能的"脂肪"，对"肌肉"委以重任、加强培养。

需要重点强调的是：盘点主要为摸清组织人才现状，以便进行针对性的提升、调整和搭配，并不是简单的优劣排名，更不直接意味着人员去留。在人才盘点结束后，可对盘点对象进行一对一的反馈，帮助其正确认识自身优劣势，从而在今后补齐短板或扬长避短；也可以进行团队分析，帮助团队更好地结合团队成员优势以形成合力（图4-6）。

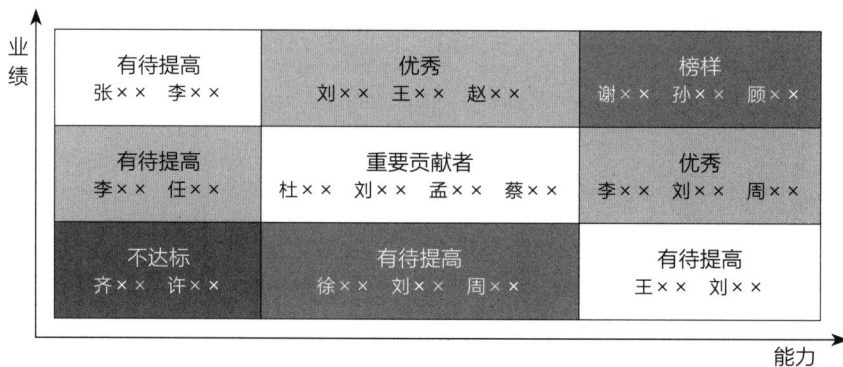

图4-6　人才盘点九宫格示例

4.4.3　创新性开展多元化人才培养计划

设计企业要基于不同群体的能力需求特点设计人才培养项目，结合混合式学习、微学习等多种新型学习方式，建立体系化、工程化、周期化的培养计划（图4-7）。多数设计企业目前还停留在授课培训的认知阶段，培训效果不佳、成果转化率低，其原因在于没有采用专项培养的项目方式。

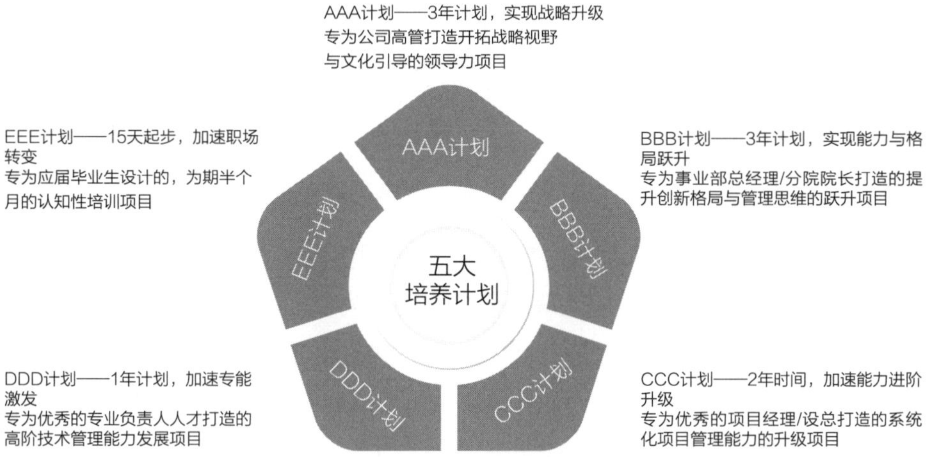
AAA计划——3年计划，实现战略升级
专为公司高管打造开拓战略视野
与文化引导的领导力项目
EEE计划——15天起步，加速职场转变
专为应届毕业生设计的，为期半个月的认知性培训项目
BBB计划——3年计划，实现能力与格局跃升
专为事业部总经理/分院院长打造的提升创新格局与管理思维的跃升项目
AAA计划
EEE计划
BBB计划
五大
培养计划
DDD计划
CCC计划
DDD计划——1年计划，加速专能激发
专为优秀的专业负责人人才打造的高阶技术管理能力发展项目
CCC计划——2年时间，加速能力进阶升级
专为优秀的项目经理/设总打造的系统化项目管理能力的升级项目

图4-7　某设计企业五大专项人才发展计划

重点人才经过孵化培养后，需要同步对其成长成果进行评估，一方面可以通过人才三报表（人才资本负债表、人力资本投入与产出利润表、人才流量表）进行整体评估；另一方面可以借助测评工具，以能力画像为标准，基于关键情景，通过"行为锚定法"等工具进行个人能效的量化评估。

4.4.4　关注新生代员工

设计企业的员工主体已经开始是90、95甚至00后，这是一群适应能力、学习能力都很强但辩证及逻辑能力偏弱的群体，他们拥有着自由平等的价值观，追求生活与工作平衡的生活状态。设计企业需要良好地引导、培育且管理新生代员工群。

一是选对新生代。很多设计企业基本都是领导、面试官通过显性资料（如学历、经验、证书等）和面试表现拍板决定，缺乏考虑隐性的素质，如性格特征、逻辑能力、发展潜力等。同时，我们也发现，许多企业尚未建立起客观、定量的选聘机制，以确保面试者与岗位的高度适配。鉴于此，建议在人才招聘过程中既要注重候选人的能力和潜力（冰山上的部分），也要关注候选人的价值观和原则（冰山下的部分），即以冰山上"扩宽喇叭"、冰山下"严守底线"的方式招聘人才。

二是育好新生代。新生代群体面对日趋激烈的竞争环境，对工作偏好表现出既维稳又积极的态度。越来越多的新生代都趋于寻找"铁饭碗"工作，不仅稳定，也可以保证工作与生活的平衡。除此之外，大部分新生代群体更倾向于高收益、高自由度的工作，像是"销售岗"或是"创业"可匹配他们的需求。这些岗位都有一个共同点便是"发挥主观能动性"。由此可见，新生代人群更注重自我价值的快速实现。

对于设计企业来说，其员工大多为受过良好高等教育的有工程背景专业技术人员，人才结构相对单一。这种知识型结构员工具有强烈的自我成长诉求。大部分设计企业都采用"师带徒"的模式帮助新员工快速成长。诚然，这是一种很好的方式，但这种模式在不少设计企业已沦为形式，主要原因在于没有建立适配的机制来监督落实。在项目进度压力下，许多员工不得不牺牲宝贵的学习时间；同时，公司注重产值，未能为员工提供足够的学习和发展空间，加剧了"师带徒"模式的形式化。

三是留住新生代。首先，设计企业须结合自身发展战略持续优化现有薪酬福利体系，激发员工的工作主动性和积极性。对于新生代员工，他们尤为关注个人的薪酬福利待遇，因此，优化薪酬福利体系是稳定员工的重要手段之一。其次，塑造积极向上的企业文化，这有助于新生代员工对公司产生强烈的认同感。需要注意的是，文化不仅仅停留在制度及口头上，应通过活动、团建等方式倡导出来，其中领导层的态度是文化构建的关键因素。再次，为了增强员工的凝聚力、明确共同目标并建立良好的沟通渠道，企业需要注重沟通与反馈机制的建设。通过良好的沟通，有助于化解观念的冲突，让领导者更了解员工并把他们置于合适的岗位；与此同时，有好的沟通渠道必然有好的反馈渠道，这使得员工声音有出口，从而降低其离职倾向，确保企业人才队伍的稳定与发展。

每个年代都有不同的文化，每个时代的青年都有他们的迷茫与热爱，随着新生代员工逐渐在各个岗位成为公司的主力军，人力资源的管理者应当意识到这一趋势的必然性和对公司带来的潜在影响。为了应对这一变化趋势，一些企业正在摸索变革举措，其核心主旨是关注员工的价值主张，加强与员工的对话，找到满足员工和组织需求的最佳契合点。这一过程需要公司领导层及人力资源团队不断地改革和创新，从而提升企业的核心竞争力，推动企业实现更为稳健和可持续的发展。

4.5
重塑薪酬激励体系

设计行业正在从高速发展向高质量发展转变，过去企业生存环境属于"你多我少"，而现在变为"你有我无"。因此，行业原有的发展逻辑发生变化，即从存量中找增量，从增量中找市场。行业更加关注增量市场的价值创造。换而言之，薪酬分配导向逐步从存量市场的价值创造主体向增量市场的价值创造主体倾斜，设计企业需要构建与业务发展逻辑相匹配的薪酬分配模式，形成薪酬分配机制，倒逼企业业务转型的导向。

4.5.1　建立价值导向的薪酬分配模式

（1）职能管理部门构建与价值体系相匹配的薪酬一级分配模式

设计企业的职能管理部门薪酬一级分配更多基于业务部门平均薪酬的一定比例来确定，但事实上职能部门更多定位于事务性工作，价值体系与薪酬一级分配的逻辑关系是混乱的。具体而言，事务性工作对业务部门的业务发展赋能非常有限，而职能部门的薪酬一级分配却需要基于自身事务性工作完成情况，与业务部门建立逻辑关系，显然不尽合理。因此，在新形势下，职能部门需要构建与价值体系相匹配的薪酬一级分配模式。企业需要以业务价值赋能为前提，明确各个职能部门的功能价值定位，并对各个职能部门进行价值评估，通过外部薪酬对标、内部横向薪酬对比的方式，结合部门定岗定编结果、当年度本部门绩效考核结果、业务部门当年度业绩完成情况等因素，形成各个职能部门的薪酬一级分配总额。

（2）设计业务部门构建"从上至下"的薪酬一级分配逻辑

以往设计部门更多是基于部门产值完成情况，与各个设计业务部门间的价值创造贡献关联度有限。而在新形势下，首先，设计业务部门需要构建科学合理、"从上至下"的薪酬一级分配逻辑，包括根据设计业务部门的价值贡献，结合当年度公司工资总额，划分不同板块（通常包括职能板块、设计业务板块、非设计业务板块、子公司等）的薪酬一级分配总额。其次，根据不同设计业务部门间的价值贡献、业务类别、业务发展阶段等因素，结合设计业务板块的薪酬一级分配总额，明确各个设计业务部门的薪酬一级分配总额。

案　例

某省级设计企业根据业务部门的业务发展阶段、当年度业绩完成情况、上年度薪酬基数，建立差异化的薪酬一级分配模式。薪酬一级分配公式如下：

孵化业务=上年度本部门薪酬基数×（1+薪酬增减幅）×本部门员工人数，其中，薪酬增减幅比例与部门绩效考核结果挂钩

$$成熟业务部门薪酬 = \frac{上一年度本部门薪酬基数 \times (1+效益总额增减幅)}{\sum [部门上一年度薪酬基数 \times (1+效益总额增减幅)]} \times (业务板块薪酬总额 - 孵化业务部门薪酬总额)$$

其中效益总额增减幅与当年度（相较于上一年度）利润增减幅、营业收入增减幅、劳动生产率增减幅挂钩。

此设计企业在薪酬改革前，业务部门人员一直采用产值计提薪酬的模式，无薪酬一级分配的概念。通过本次改革，该企业构建基于公司工资总额为前提，将成熟业务部门薪酬一级分配模式充分与公司工资总额决定机制相挂钩。同时，将本部门上年度薪酬总额作为决定本年度薪酬总额的基数，实现薪酬改革落地可操作。

（3）非设计业务部门构建基于差异化价值的薪酬一级分配模式

非设计业务部门主要指国有设计企业为寻求增量业务市场或存量业务的增量市

场而设立的部门，其特点在于业务发展逻辑与设计业务不一致，进而其薪酬一级分配逻辑亦有所差异。新形势下，非设计业务部门需要构建以不同发展阶段为前提、差异化的薪酬一级分配模式。

具体而言，业务孵化阶段以薪酬"定额"为主，但是需要明确年度重点任务的完成情况，虽可能不以财务类指标作为衡量薪酬一级分配的主要因素，但同样需要突出价值贡献，主要侧重业务影响力的打造、业务发展成效等内容。业务发展阶段，构建财务指标完成情况与薪酬一级分配间的有效联系，前期财务指标的设置以营业收入为主，逐步向利润过渡，符合工资总额决定机制逐步向利润倾斜的导向。而业务成熟阶段，不仅要关注财务指标与短期薪酬激励，还需要逐步构建包括以科研类业务成果转化、项目超额利润分享、优质项目产业化的项目跟投等中长期薪酬一级分配的激励机制。

案 例

某省级设计企业构建"分步走"的薪酬一级分配模式

业务孵化期：根据本部门当年度人数、岗位级别、薪酬水平内外部对标等要素，结合当年度重点任务的完成情况，作为当年度本部门的薪酬一级分配模式。

业务发展期：以上年度本部门薪酬总额为基数，当年度财务指标完成情况为调节因素，作为当年度本部门的薪酬一级分配模式。

业务成熟期：除与业务发展期相似的短期薪酬一级分配模式以外，构建科技成果转化分红机制，依据不同类型的项目特点，区分技术、市场、支撑服务在科技成果产出和转化过程中的价值贡献大小，将技术团队、转化团队、支撑团队按团队价值进行薪酬一级分配切包。

此设计企业在薪酬改革前，非设计业务部门主要采用年薪制计提薪酬的模式，部门薪酬一级分配总包与业绩挂钩因素较弱，造成薪酬一级分配无法发挥业务发展的驱动作用。通过本次改革，首先强调不同阶段业绩完成情况与薪酬一级分配总包的"强挂钩性"；其次，通过设置差异化的薪酬一级分配模式，引导不同业务发展阶段的工作重心。

4.5.2　建立差异化的薪酬激励机制

作为知识密集型行业，设计企业的第一资源是人才，能否留住企业的核心人才资源，是保持企业持续成长和成功转型的关键。因此，员工对薪酬保障性的要求和企业为了促进营收增长采取的薪酬激励方式之间的平衡成为重要议题。随着设计行业竞争加剧，设计企业普遍面临转型压力，营收压力倍增，宏观层面的压力传导至人才层面，在行业较为普遍的低固浮比（固定工资占总薪酬的比例较低）薪酬模式下表现出显著的人才流动性增加，核心原因是人才对收入波动的风险厌恶。

薪酬激励领域存在着三个显著因素影响着薪酬模式的制定，即稳定性、公平性和易管性。目前设计企业针对员工的付酬方式与企业效益不同程度挂钩，分为三类。

一是高弹性薪酬模式，即薪酬水平与企业效益高度挂钩，绩效薪酬是薪酬结构的主要组成部分，基本薪酬等组成部分处于非常次要的地位，所占的比例非常低。该种薪酬模式具有很强的激励性，员工能获得多少薪酬主要依赖于工作绩效的好坏。例如，目前行业企业针对设计生产人员薪酬普遍采用的低固定高提成形式，就是高弹性薪酬模式。

二是高稳定薪酬模式，即薪酬水平与企业效益不紧密挂钩，基本薪酬是薪酬结构的主要组成部分，绩效薪酬等处于非常次要的地位，所占的比例非常低。这种薪酬模式具有很强的稳定性，员工的收入非常稳定。例如：某些相对普通的文员岗位经常提到的"13薪""14薪"，就是高稳定性薪酬模式。

三是调和型薪酬模式，即薪酬水平与企业效益挂钩的程度视岗位职责的变化而变化，虽然对员工既有激励性，又有安全感，但前提是企业必须制定科学合理的薪酬系统，否则将会引起混乱，给企业带来更大的弊端。例如：行业企业为了匹配上市，会计制度转换为权责发生制，相应的薪酬也采用相对复杂、提前确认成本的工时法薪酬制度，就是调和型薪酬模式。

以上三种模式根据"不可能三角"模型有不同表现（图4-8）。

高弹性薪酬模式体现按劳分配的原则，实现薪酬的激励效果，从而提高员工的工作积极性。其易于操作、方便管理以及直观激励的特点被许多设计企业所采用，在行业"野蛮生长"的阶段体现了其历史优越性。但曾经高速增长的市场规模遮掩

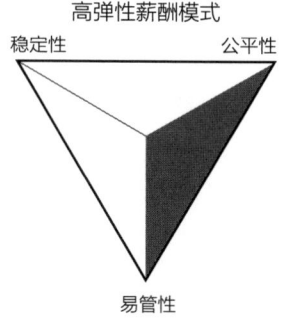

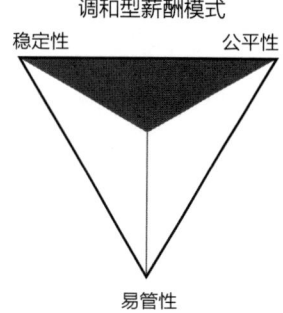

图4-8　设计企业三种薪酬模式分析

了其潜在的风险，在如今竞争激烈时代，其历史局限性也逐步显现：比如各专业发展不均衡，内部薪酬分配差异度较大，整体协同与配合难度较大等矛盾都逐步凸显。

高稳定薪酬模式则很难坚持公平公正与多劳多得的原则，员工收入非常稳定，几乎不用努力就能获得全额的薪酬。这种模式下的薪酬能够给员工带来很强的安全感，维持企业结构稳定，骨干留存率高，员工忠诚度强，在非充分市场竞争时期起到了为企业稳定人心、为员工创造良好奋斗环境的积极作用。然而，其缺点也十分明显。一方面，企业可能由于营收下降、现金流受限而无法承担相应的人员成本，使企业无法适应当前充分竞争的"红海市场"；另一方面，员工极容易滋生懒惰情绪，难以激发自身的主观能动性，更进一步的是让"平均主义"氛围在企业中蔓延，导致员工集体产生消极的情绪。

调和型薪酬模式通过调整固浮比实现在体现激励为主的薪酬模型和体现稳定为主的薪酬模型之间转变。这种模式下的薪酬，虽然对员工既有激励性又有安全感，但前提是企业必须具备根据不同的现实情况动态平衡薪酬分配的能力，制定更为科学的薪酬系统。若企业管理水平无法支撑执行落地或更新调整，则可能会引发更大混乱。

无论高弹性薪酬模式、高稳定薪酬模式还是调和型薪酬模式，都最多实现稳定性、公平性和易管性中的两者。高弹性薪酬模式放弃稳定性，高稳定薪酬模式放弃公平性，而调和型薪酬模式则需要极高的管理能力。

基于薪酬"不可能三角"模型，同时结合业内众多设计企业薪酬激励实践经验，可以借鉴参考三种平衡型薪酬模式。

（1）控现金型平衡模式

基于高弹性薪酬模式，控现金型平衡模式核心在于牺牲部分易管性，向稳定性倾斜。其典型为基于绩效预期的月度预发奖金模式，即依照个人或部门预期产值提前预支部分奖金以充实月度收入。

企业层面，此模式尊重设计企业传统高弹性薪酬模式的历史路径，坚持"多劳多得"原则，企业能以较小代价推进薪酬改革，获得更低的人员流动率以及相对清晰的现金流状况。员工层面，相对稳定的收入水平有助于提升员工忠诚度，减少骨干员工因环比收入极值差距带来的不稳定性风险，例如房、车贷款等。此模式的核心重难点在于科学、合理地制定不同个人或部门的预期产值标准，若制定的标准过高或过低，员工积极性与主观能动性都不能被充分激发，将损害公司未来发展潜力。例如，较多设计企业采用的预发奖金制度，属于控现金型平衡模式（图4-9）。

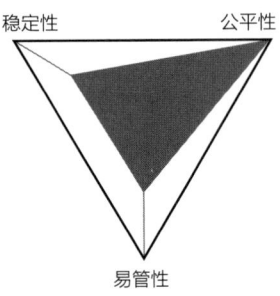

图4-9　控现金型平衡模式

（2）补模式型平衡模式

基于高稳定薪酬模式，补模式型平衡模式核心在于牺牲部分易管性，向公平性倾斜。其典型为基于岗位价值的固定薪酬模式，如大型会计师事务所和互联网公司，依照岗位价值定薪，部分奖金以月薪为基数，乘以一定系数发放。

企业层面，此模式强调人岗匹配，具备强大的结构稳定性，在维持骨干员工低流动率的状况下进行岗位改革，获得更高的人效以及相对稳定的现金流状况。员工层面，高稳定薪酬模式易产生的消极现象可以从横、纵两个方向激励，即以月薪为基数的奖金和差异化的岗位薪酬。此模式的核心重难点在于透明、客观的岗位设置，若岗位价值不能得到有效实现，则会抑制企业整体活力。例如，目前我国国有企业推行的企业负责人薪酬，采用"基本年薪+绩效年薪+任期激励"的三元结构薪酬，就是补模式型平衡模式（图4-10）。

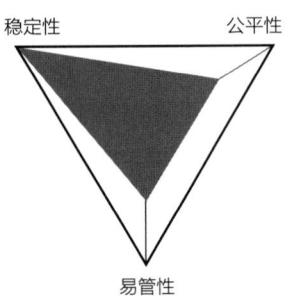

图4-10　补模式型平衡模式

（3）重统筹型平衡模式

基于调和型薪酬模式，重统筹型平衡模式核心在于合理降低管理难度。其典型模式为基于管理颗粒度的多级分配模式，即在基本薪酬外，通过一级分配平衡部门发展水平，下放部分分配权限，给予各部门层级自由度，根据自身情况灵活调整，依照管理层级对部分浮动薪酬进行逐级分配。

企业层面，此模式重统筹管理，有利于调整部门协调发展，保持企业发展活力。员工层面，兼具维持骨干员工稳定性与保障不同能力公平性的特点。此模式的核心重难点在于对各层级领导者管理能力的挑战。若各层级领导者滥用或弃用其二级分配的自由，以亲疏远近为分配标准或奉平均主义为圭臬，则企业将丧失对基层的领导，陷入无止境的内耗。例如，目前部分头部设计企业，通过一级二级分配的纵向分层设计，组合、平衡不同板块薪酬需要的薪酬模式，就是重统筹型平衡模式（图4-11）。

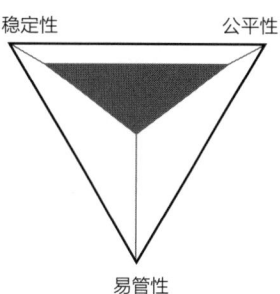

图4-11　重统筹型平衡模式

综上所述，设计企业在制定薪酬模式的过程中必须打破"既要又要"的二元思维，需要结合外部环境周期、自身企业的成长所处阶段与内部实际情况，站在更高维度以"既要又要还要"的多元思维平衡稳定性、公平性与易管性，选择适合自身的薪酬模式。

4.5.3　探索中长期激励机制

许多有高发展诉求的企业都将中长期激励机制作为短期激励机制的有效补充。据国务院国资委官网信息，截至2022年，20%的"科改示范企业"，91%的"双改企业"，包括52%的上市公司都在不同程度地使用中长期激励的手段，特别是上市公司中的民营企业超过90%都在使用中长期激励。为什么这么多上市企业选择中长期激励机制，从场景化的角度来分析，可以总结为四种类型的需求：新增长的需求、新业务的需求、新项目的需求、引进和培育新人才的需求，具体如下。

一是新增长需求：设计企业有新增长的需求，可以优先考虑超额利润分享。企业生命周期三个阶段都有强烈的增长需求。在初创期，企业资源有限，需要高增长来吸引和稳定骨干员工；在成长期，特别是企业近两三年有一些里程碑式的工作，比如有上市申报计划或者申请设计综合甲级资质的考虑，企业需要稳定体量并提高利润；在成熟期到衰退期，企业急需现金流等情况，可以考虑使用超额利润分享机制。

二是新业务需求：很多设计企业推进业务转型布局第二增长曲线。为推动这一战略布局，股权层面的激励措施值得考虑。通过让企业高管团队和核心骨干员工持有公司股权，引导其关注、参与公司长期发展，也让员工分享公司成长价值。如部分设计企业承载数字化转型任务的子公司实施员工股权激励。

三是新项目需求：当设计企业面临新项目需求时，可优先考虑实施项目跟投、项目收益分红。科技研发一直是设计企业管理的难点和创新瓶颈。比如纳入"科改示范行动"的设计企业科研投入中位数为10%，即企业营收1亿元时，将投入1000万元用于科技研发。然而，如何将投资转化为企业真正的经济效益，而不仅仅是一些锦上添花的专利和奖项？可以考虑采用项目跟投机制。以科研项目为跟投标的进行激励，既可以激发研发团队持续投入创新，也可以引导他们关注研发的经济效益。这样的机制有助于推动科技研发与经济效益的紧密结合，为企业创造更大的价值。

四是新人才需求：设计企业要引进或培养新型人才，可以优先考虑岗位分红。一个值得关注的现象是，尽管许多设计企业意识到传统设计业务的产能过剩，但仍然延续"产值导向"的薪酬分配模式，这种做法是否与企业的实际需求相矛盾？事实上，企业现在需要的不是单纯具备出图能力的设计师，而是具备更宏大视野、高端站位和能够引领业主思维的"设计大师"。同时，企业也需要综合型经营人才，他们能够纵览工程全产业链条、统筹企业整体经营，用业主听得懂的语言推荐前端策划规划理念和后端运营运维方案。另外，企业还需要"坐得下去""站得起来"的科研人才，他们既能沉心搞科研，也能站在生产经营的角度将科研成果转化为企业经营成果。然而，短期激励很难兼顾到这种多元化的人才需求。因此，可以考虑将岗位分红作为短期激励的有效补充。根据不同岗位的特点和贡献，给予相应的分红激励，可以更好地吸引、留住和激励新型人才，推动企业的持续发展。

中长期激励不单是一个激励机制，还要与企业战略、业务、组织和企业文化相结合。中长期激励通过明确服务战略，平衡传统业务和创新业务的需求，平衡组织的演变基础和股权结构，增强公司治理以及文化因素来实现，同时兼顾公平和效率。

案例

苏交科的人才多元化激励体系

苏交科集团股份有限公司（简称苏交科）是基础设施领域综合解决方案提供商，始终致力于提供创新性、引领性解决方案，打造国际化科技企业集团，实现高质量可持续发展。2012年，苏交科首次公开发行A股股票并在深圳证券交易所正式挂牌上市。

良好的分配政策和激励机制能够增强员工工作的积极性、点燃人才的激情。近年来，苏交科在绩效评价机制、薪酬机制等方面进行了创新探索。一是探索基于项目制的全员绩效评价及奖酬薪金给付机制；二是探索长期与短期相结合的激励机制；三是探索"产学研"的相互促进。

激励机制的实施不仅为了激发员工的创造力，更是为了构建一个激励机制与"产学研"相互促进的良好环境。苏交科致力于通过合理的激励机制，让每个员工都能在"蛋糕"的分配中获得公平的回报，以此激励他们不断创新、提升技能。这样的激励机制为未来的可持续发展提供了有力支撑。

除了合理的薪酬分配机制之外，打造一个活跃的创业生态系统也至关重要。苏交科建立的平台涵盖了控股型并购企业、员工创业企业、风险投资企业以及初创型企业。这些企业都注重股权开放，从控股10%到100%都有可能。针对不同控股比例的企业，平台提供的赋能是一样的，苏交科重视整个企业生态系统的赋能。正是通过股权开放和平台赋能，苏交科为员工提供了多样化的创业生态，使之能够充分发挥自己的才能和创造力。

4.6
升级绩效管理体系

绩效体系是企业发展的指挥棒，有些设计企业领导者默认各级人员与公司业绩指标方向一致，只需要布置工作、简单沟通，就可以在年终实现公司的业绩指标。然而，人是复杂的"社会人"，公司各部门也是由复杂的"社会人"构成的。在很多设计企业中，生产部门业绩指标更关注的是个人产值的创造和分配，并不会主动站在公司的高度上权衡利弊，所以企业的战略绩效往往很难传导到业务部门和骨干群体。公司与部门（或子公司）业绩指标难以实现"上下同欲"。

4.6.1　绩效管理要实现"上下同欲"

为什么一些部门与公司难以实现"上下同欲"？

一是没有建立共同愿景。想要"上下同欲"，关键在于"同欲"，即公司上下需要有共同的愿景、共同的目标、共同的大局意识，这就牵涉企业文化的层面。有的设计企业没有很好地将企业高质量快速发展的目标与企业文化有机融合，或者认为企业文化只是"画饼"。殊不知企业文化的核心正是精神层的引导，也是企业员工"同心动力"的前提条件。没有为企业上下建立共同愿景，即使部门想与企业"上下同欲"，也不知道该向什么目标努力，只能通过个人的理解向个人所认知的愿景努力，便做不到企业与部门"一盘棋"。

二是缺乏合理机制设计。有了共同的目标，却没有匹配的机制，就相当于砍树没有斧子；企业的机制与愿景脱节，就相当于砍树带成了菜刀。有些设计企业长时间使用一套固定的机制，为了维持稳定，对其是否科学合理没有深入探究过。科学合理的管理机制设计，应该是让员工对机制本身保持信任，而不是将信任寄托于某位分管领导的分配操作。在行业价值链向微笑曲线变迁的新态势下，单一依靠"产值"来衡量工作价值和贡献，难以满足企业高质量发展的需要。于是，受到公司"单一因素考核"机制的引导，无论企业高层如何强调安全、质量、协作、服务的重要性，与基层息息相关的仍然只有产值，员工自然只"低头拉车"，不会"抬头看路"。

三是绩效兑现难以落实。很多设计企业都存在着一个共性问题：只重视绩效结果，不注重绩效兑现。企业绩效管理的终极目标是要实现"业务部门业绩指标与公司业绩指标'上下同欲'，员工与公司共担经营压力，共享公司发展成果"。也就是说，企业绩效管理不仅要考核，也要"刚性"兑现。然而，企业因为各种主客观原因，导致无论是员工激励还是优胜劣汰，都很难实现刚性兑现，甚至于绩效考核结果的强制排名，也在一定程度上不能实现，如何兑现就成为"雾里看花"。

设计企业要实现"上下同欲"的绩效体系，真正需要深化解决的问题还有很多，部门和个人业绩指标究竟如何与公司业绩指标"上下同欲"？可以从以下三个关键节点入手。

一是树立明确的"奋斗方向"。将目前发展现状当作企业的一个历史阶段，将"十四五"规划或者其他高层远期规划作为企业下一个发展阶段，那么在这个新的发展阶段下，就需要根据新的行业形势和企业目标更新企业使命和理念，共识"我们"奋斗的方向。比如，有些设计企业希望在新的五年中业务部门能够产值翻倍，或者希望获得综合甲级资质，那么企业在撰写年度规划或者中短期规划的时候，就可以把这些共识性的目标分解成具体部门的工作，在规划里加以指导。

另外，员工共识会也是一种实现"上下同欲"的手段。在共识会上，员工各抒己见，共同为实现企业目标建言献策，这种参与感会让员工明白企业的发展与自己休戚与共，在潜移默化的过程中，将共同的目标深植于员工内心深处，调动员工的主观能动性，真正实现"心往一处想，劲往一处使"。

二是形成科学的管理模式。科学的管理模式，首先就要求企业改变过往的认知和定位，因为管理是一个系统性工程，它不能独立存在也不能独立运行。比如，很多企业学习OKR（Objectives and Key Results，即目标与关键成果法）的指标管理方式，可往往本质上还是KPI（Key Performance Indicator，即关键绩效指标）考核。因为OKR中企业员工之所以能够实现"Z理论"①，企业需要畅通的管理机制，

---

① Z理论：通过系列管理操作，取得管理者与职工在目标和利益上的一致，创建紧密的信任关系。

在机制中基层管理者享有充分的权利，中层管理者能够起到承上启下的作用。

所以，建立一套科学的管理模式，先要建设完整、先进、符合行业大环境和公司实际的管理机制，再利用多元化的科学管理方式，深入思考如何将公司高层积聚的经营压力有效分解，最后实现员工"为自己工作"，体现"奋斗者文化"。例如，二级分配业务部门的工资包可尝试与公司效益指标有机挂钩，通过岗位分红权、超额利润分享、股权激励、项目跟投等中长期激励方式，将部门业绩指标的关注方向与公司业绩指标的战略方向统一。员工在公司的努力实现了个人的目标，形成的部门业绩达成了公司的期望。在这样的模式下，虽风险共担，但利益共享，顺其自然地实现预期的业绩指标。

机制建设健全，员工就有了动力来源。接下来可以尝试引入多元化管理方式和平台化管理思维，比如，经理层任期制与契约化、民营企业工资总额管理及项目组工作模式等新方法，搭配完整的岗位职级体系和宽幅薪酬模式，以平台化的思维为员工创造能够充分施展拳脚的空间。让员工能够充分感知到"明天的大蛋糕有我的一份"，这样才能激发员工内在动力，有效实现"上下同欲"的目标。

三是实践有效的"绩效闭环"。对于有共识也完成建设机制的企业，无法实现"上下同欲"就需要探讨"绩效闭环"是否有效。想要实现有效的"绩效闭环"，需要注意两个关键点：沟通与反馈、刚性落实。

沟通与反馈常常是绩效管理最易被忽视的薄弱环节，这一阶段不仅出现在绩效考核结果的反馈过程，也存在于中期绩效计划调整的过程中。由于各企业在改革中不断尝试市场化导向的薪酬分配机制，寻求多元化价值认同，企业为部门制定的业绩指标就需要更加细化。企业可以根据当年度中期目标达成和下半年度重点工作导向，适度调整绩效计划，帮助企业部门共识多元化价值，形成更广泛的凝聚力，实现"上下同欲"。

绩效管理的本质，实际上是为了帮助员工实现个人成长、帮助企业实现绩效达成。所以在绩效结果运用中，刚性落实就是为了让员工对制度的"奖罚分明"有信心，用信任取代监督，以启发与诱导代替命令与服从。绩效结果呈现后，业务部门主管和人力资源管理部门就必须承担起对应责任。如果涉及人员的岗位职级、薪酬调整，务必公平公正公开，真正做到"能者上，庸者下"。在企业里形成自觉对标、主动提升的诱导氛围，实现员工个人成长目标与部门绩效目标的一致性认可，进一步实现业务部门与公司业绩指标的"上下同欲"。

4.6.2　通过绩效管理实现优胜劣汰

对于考核结果排名靠后或者考核分数较低的员工可以从知识、能力、态度等角度具体分析哪方面表现不佳。针对知识储备不足、工作技能较弱、工作兴趣不同但工作意愿较强的员工，可以结合岗位需求针对性地进行培训，或者根据员工意愿调整岗位。对于单纯工作意愿不足、工作态度不佳的员工往往是因为工作缺乏挑战、没有成就感，导致工作意愿越来越低、工作效率越来越差，针对这部分员工可以适当增加工作挑战，倒逼其进行自我成长和工作意愿提升。对于既无工作能力也无工作意愿的员工，可以考虑解除劳动关系，从而构建正向积极的工作环境，有效提升劳动生产率。

由此可见，合理的退出方式，既要给员工努力的空间，也要有利于增强员工的危机意识和紧迫感。目前通常的退出方式包含岗位调整、待岗培训、内部创业、解除劳动关系等。总的来说，构建岗位胜任力模型、明确岗位考核标准、严格执行考核过程、刚性兑现考核结果、建立灵活的退出方式是实现员工市场化退出机制的保障。

然而，除了机制保障外，文化的引领是员工市场化退出能够有效实现的基础。很多设计企业都建立了基本的离职管理制度，规范了离职的程序，部分企业针对绩效表现排在末位的员工也进行了相应的调岗、待岗培训等规定，但实际执行起来效果不佳，很难落地。其深层次的原因就在于文化引领不够，员工缺乏竞争意识，工作士气长期得不到提振，加之绩效考核结果沟通不够，员工对这种退出方式缺少理解和支持，导致实际执行时很难落地。要真正实现员工的优胜劣汰，就必须要在企业内部建立起以契约精神、竞争精神为核心的企业文化，形成良性的竞争氛围、透明的竞争机制，让消极、无能、懒惰的负面情绪"无处藏身"，为市场化机制的建立提供肥沃土壤。

5 → 数字化转型

　　数字经济已成为推动经济发展的重要动能，数字化转型作为数字经济发展的重要着力点，已成为各行各业应对严峻的经营环境重塑业务模式、持续有效高质量增长的关键。当前，工程勘察设计行业内多数企业都在以数字化转型规划为引领，探索以数字化技术催生新产品、新业态、新模式和新管理，再造发展新动能，然而设计企业的数字化转型并非易事。

　　设计行业本身具有产品形式个性化和多样性、生产地点不固定、机械化程度低，人员多变、管理模式多样、管理灵活度高等特点。行业管理颗粒度粗糙，整体管理效率低下，使得信息化手段难以推进。同时，一方面，纵向角度的投资、设计、施工、监理、运营、维保等各单元之间的数字鸿沟较大；另一方面，行业间（建筑、市政、交通、水利等）规范标准不统一造成横向壁垒。多种问题叠加下，导致产业数字化的"碎片化"与"系统性"矛盾十分突出。

具体到设计行业企业，从天强服务的企业数字化转型工作来看，痛点和堵点普遍存在于：数字化转型目标不清晰、价值效益不易显现；技术导向型的数字化模式难以适应发展要求；数据要素的驱动作用尚未充分发挥；数字化组织能力存在明显差距；数字化设计软件的集成与应用能效低。

这不是一次简单的技术转型，而是一场系统性、全方位的战略变革。前途是光明的，过程是曲折的，愈进愈难而又非进不可。不管是大型还是中小型设计企业，都需要理性认知数字化转型的漫长阶段，客观把握投入产出预期，至少以3～5年为一个周期进行目标设定、路径设计、阶段审视评估等，从而实现螺旋式上升。

5.1

认知参差不齐，转型两极分化

5.1.1　设计企业数字化转型现状

数字化转型已经成为国家战略、城市战略，也已成为工程勘察设计行业转型升级的重要方向。对于设计企业而言，数字化转型目前整体上仍处于初步发展阶段。

从数字化转型整体进程来看，设计企业转型速度大幅提升，以加速趋势向数字化布局全面深入的阶段集中，在数字化管理、服务、业务方面都有所进展。处于初级信息管理系统阶段企业的比重大幅下降，其中，民营企业数字化转型进程整体优于国有企业。

从数字化转型的认知来看，设计企业对数字化转型的认知主要包含数字化生产服务方式、数字化管理系统和数字化业务模式，整体认知水平逐步提升，尤其对数字化生产和数字化业务认知程度有所加深。认知转变进一步体现了设计企业数字化转型的目的，是通过数字化技术推动企业的生产服务方式转变和业务模式升级。

从数字化转型的重难点问题来看，最大的问题在于公司内部对数字化的理解和认知水平参差不齐，其次是缺乏支撑数字化的组织架构、文化保障和相关的专业人才（图5-1）。

从设计企业数字化管理系统建设情况来看，管理信息化关注的重点保持较高延续性，主要存在问题仍未得到有效解决。OA（自动化办公）协同办公系统、财务信息管理系统、项目管理系统分列设计企业数字化管理体系建设的前三位。管理信息化主要存在问题体现在数据孤岛突出、系统覆盖面不足、系统使用效果不理想等方面（图5-2）。

从数字化生产与应用来看，设计企业的数字化生产基本处于二维设计为主，

72.3%
内部认知水平参差不齐

61.6%
组织架构和人才缺失

56.3%
顶层战略策划欠缺

40.2%
资源信息不对称

36.6%
过于强调技术思维

31.3%
内部利益纠葛

30.4%
客户接受度不高

28.6%
缺乏经费

21.4%
数据隐私

图5-1 设计企业数字化转型重难点问题

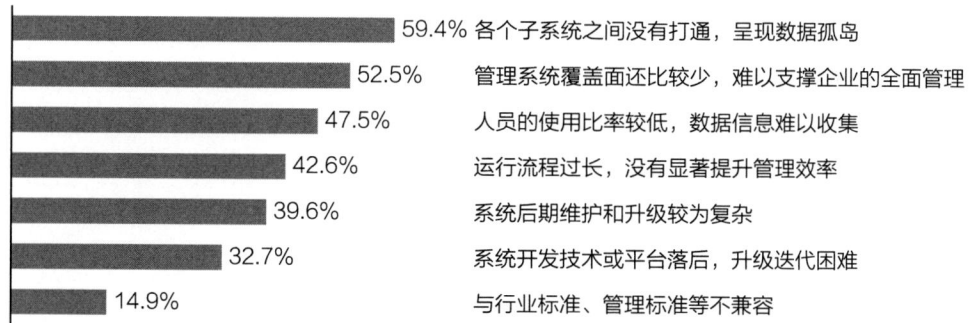

59.4% 各个子系统之间没有打通，呈现数据孤岛

52.5% 管理系统覆盖面还比较少，难以支撑企业的全面管理

47.5% 人员的使用比率较低，数据信息难以收集

42.6% 运行流程过长，没有显著提升管理效率

39.6% 系统后期维护和升级较为复杂

32.7% 系统开发技术或平台落后，升级迭代困难

14.9% 与行业标准、管理标准等不兼容

图5-2 数字化管理系统建设面临的问题

BIM整体仍处于初级示范应用阶段，主要发挥可视化、虚拟建造、碰撞检查等功能，真正实现BIM正向设计的企业仅占到行业5%左右。其中，建筑设计类、市政交通类企业处于三维模型为主、二维设计图纸为辅阶段的占比相对较高（图5-3）。

从"BIM+"的数字化服务应用情况来看，主要集中在BIM咨询领域，其次应用于"BIM+全过程工程咨询"和"BIM+工程总承包"的设计企业逐步增多。具体而言，各细分领域设计企业有所差异。资质综合甲级（简称综甲）类企业的

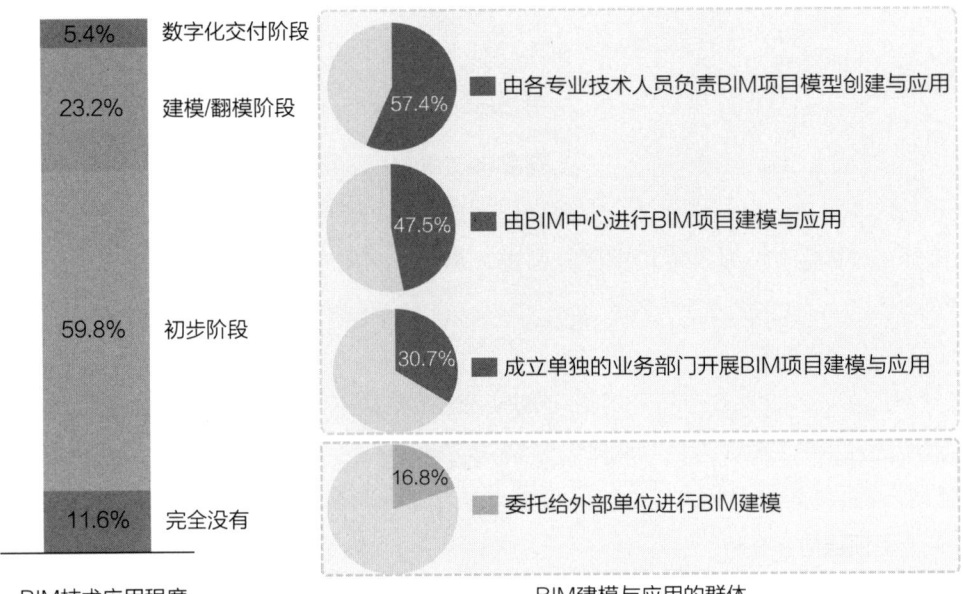

图5-3　数字化生产与应用情况

"BIM+"主要体现在"BIM+施工管理平台建设""BIM+数字化运维管理平台建设";建筑设计类企业的"BIM+"主要体现在BIM咨询领域、"BIM+全过程工程咨询领域""BIM+施工图审核平台"的建设;市政交通类企业的"BIM+"主要体现在"BIM+工程总承包管理"领域;勘测类企业的"BIM+"主要体现在"BIM+GIS数字资产管理"领域。

从数字化生产与服务应用的阻力来看,市场需求、技术标准以及投入产出是主要因素,市场需求主要是指客户不愿意为BIM成果买单,投入产出主要是指持续的资金投入难以在短期内看到经济效益。

从数字化创新业务来看,不同性质企业围绕相关业务领域和模式均在开展探索,国有企业占据了数字化业务模式创新的主导地位,重点投入在智慧城市、智慧建筑、智慧交通等领域;民营企业的数字化资源主要投入在智慧工地、智慧建筑、智慧园区等方面。数字化业务创新过程中面临的重难点问题在不同性质企业之间普遍存在,主要包括:无法有效实现数字化业务变现、无法准确定位客户数字化需求、缺少有效的内部激励机制与人才配置、没有建立数字化业务开展保障机制等问题。

从数字化转型的组织方式来看,设计企业对于数字化转型的组织机制重视程度有所提升，国有企业的数字化组织保障能力明显优于民营企业，而综甲类和市政交通类设计企业的数字化组织保障能力整体优于建筑类和工业类设计企业。

从数字化人才队伍建设来看呈现出重引入、轻培养的特点，数字化管理人才投入相对匮乏，但需求较为旺盛，主要需求是以数字化系统构架师、解决方案和系统开发人才为主。另外，设计企业数字化人才培养的长期行为有待加强，大多数企业都开展了数字化人才的专门招聘与引进、组建数字化专业团队、开展数字化存量人才的深度培养，但围绕数字化人才职业发展、中长期激励、创业孵化等长期培育途径和举措相对较少（图5-4）。

从数字化转型实施重点来看，未来一段时间管理系统和数字生产服务依然是设计企业数字化建设的优先选项，但规模越大的设计企业，越均衡地关注数字化管理系统建设、数字化技术平台搭建以及数字化业务模式创新等工作。另外，制定数字化转型顶层方案的企业占比提升，设计企业对于数字化转型的顶层思考愈加深入和成熟（图5-5）。

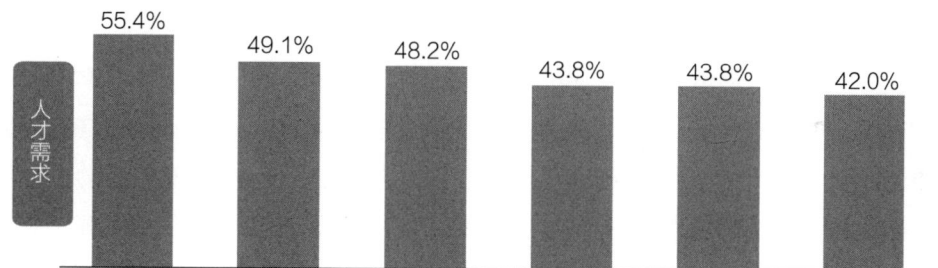

图5-4　数字化人才需求情况

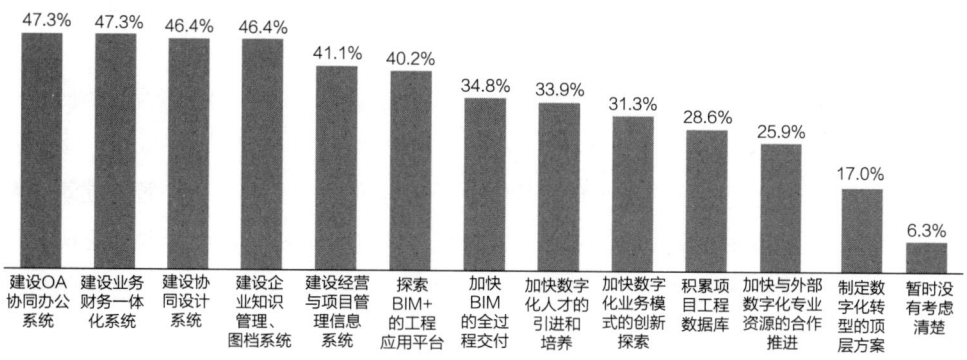

图5-5　数字化转型实施重点

从数字化转型资金投入与回报预期来看，设计企业数字化转型投入呈现上升趋势，未来2~3年投入300万元以上的企业达到40%以上，这表明设计企业数字化转型推进呈现加速趋势。但不同属性企业的投入呈现出较为明显的差异，国有企业的数字化转型投入远超民营企业，综甲类、市政交通类设计企业数字化转型投入相对领先其他类型设计企业。

设计企业对数字化转型投入回报预期逐步趋于理性，三分之一的设计企业认为回报周期预计在3~5年，但实际上这个预期周期依然较短，从行业数字化转型领先企业的实践来看，可能需要5~8年。

5.1.2　设计企业数字化转型特征

（1）设计企业数字化转型认知提升。行业内多数企业对数字化转型的核心目标、主要内容与关键问题等认知和理解程度不断加深，但内部尤其是中高层对数字化转型的认知水平依然是制约企业数字化转型推进的最重要因素，直接造成企业对数字化转型的整体规划和部署很难有效地推动实施。

（2）数字化转型主要驱动力为外部因素。数字化转型驱动力主要来自客户需求的不断升级、社会经济环境的巨大变化、竞争对手的持续压力以及解决自身经营管理困境等方面。大多数设计企业均表示客户需求与社会环境是数字化转型的主要驱动因素，内部诉求的紧迫感并不明显。相对而言，建筑类和综甲类企业受客户需求驱动占比明显较高。

（3）先行企业的数字化转型逐步进入良性循环。头部设计企业的数字化转型已经从最初的探索尝试阶段发展到数字化驱动运营阶段，数字化转型效果显著。部分先行企业借助数字化转型，挖掘企业的数据资产价值，发现新的业务价值点，助力产品和服务创新，衍生出全新的数字化业务和商业模式，使数字化持续为企业业绩作出贡献，实现良性循环。

（4）数字化创新业务的商业模式整体处于探索阶段。设计企业数字化转型整体方向与核心建设领域较为分散，尚未形成较统一的场景认知，各企业主要依靠自身视野与力量探索数字化创新服务的价值实现路径，未来需要进一步通过联盟合作等形式共同构建行业数字化转型的生态系统。

（5）数字化人才需求缺口巨大，人才培养任重道远。人才困境是设计企业数字化转型中的一个重大挑战，巨大的数字化人才缺口，加之弱于互联网行业的吸引力，使得设计企业在数字化转型过程中普遍面临着"找不到、招不起、留不住"数字化人才的困境。如何搭建数字化人才招聘和人才引进后的事业平台、如何设计数字化人才的激励评价机制等需要认真思考。

（6）数字化转型呈现两极分化，数字鸿沟逐步显现。中小型设计企业数字化转型工作进度分化明显，一批中小型设计企业借助"船小好调头"的优势，已经在数字化管理、服务与业务建设方面取得较明显效果，但大部分中小型设计企业尚未开展任何形式的数字化体系建设；大中型设计企业数字化转型工作推进重点与速度不一，整体呈现出多样化特征。基于态势判断，初步预测"十四五"规划期过后行业就会出现数字鸿沟。

5.2
设计企业数字化转型面临诸多瓶颈

工程勘察设计行业条块分割的特点，带来了行业细分领域和地域之间的割裂，对行业的整体发展和企业运营产生一定的影响，也限制了资源的自由流动和市场的统一性。同时，工程建设过程中，上下游产业链长、参建方众多、投资周期长造成产业链每一个环节形成的数据和信息难以跟随项目推进而流动，形成不易交互的信息孤岛。这种"分散的市场、分散的生产、分散的管理"的产业和行业特点增加了数字化转型的障碍。

除了工程建设行业本身的挑战之外，建筑全流程工业化、数字化、智能化水平较低也是一大问题。虽然BIM、人工智能、大数据等技术方兴未艾，但技术协同性不高，基于大数据应用的标准体系没有建立，造成既有系统数据孤岛现象严重，难以有效满足系统性需求。

5.2.1　设计企业数字化转型的宏观性问题

整体而言，设计企业数字化转型过程中目标普遍不清晰，具有明显的技术导向，数据要素的驱动作用尚未充分发挥，数字化组织能力、数字化人才结构、数字化技术供给侧等尚不健全，数字化价值难以获得客户认可。

（1）数字化转型目标不清晰，价值效益不易显现

数字化转型是长期、持续的试错过程，设计企业需要一套科学、系统的方法体系，尽可能减少试错成本。但当前既无成熟方法论作为指导，又无更多可参考的企业案例。设计企业普遍缺乏清晰的数字化战略目标、实践路径和实施步骤，没有从发展战略的高度进行系统性谋划，内部中高层管理者之间难以达成共识。

目前，大多数设计企业还是聚焦于管理信息化以及二维、三维数字设计，希望通过数字化手段实现提质增效，但尚未产生明显成效，数字化价值效益未充分显现，客户端需求有待激发。客户难以对BIM设计产品给予更多的价值认可，也在某种程度上影响了设计企业数字化转型的信心。

来自某数智公司董事长的声音：数字化转型很难，很重要的一点就是价值。过去业主关注的主要是可视化和工作效率提升，现在业主不仅在意这些，更关注用了数字化成果后的经济价值在哪里，这是数字化赋能内部和赋能外部的重大转变。

（2）技术导向型的数字化模式难以适应发展要求

大部分设计企业数字化推进工作仅围绕现有业务架构和管理架构展开，聚焦现有的设计业务体系和管理流程，缺乏足够的新模式和数字业务运营经验，无法有效支持业务模式创新和跨组织协作创新，难以实现新商业模式的突破。

设计企业不同业务发展的稳健性、复杂性等特征差异，对数字化技术架构要求存在较大不同，企业要在技术先进性、稳定性、经济性之间寻求一个平衡，选择适合的技术和数据架构。

设计企业数字化推进多以技术导向为主，大多依靠外部供应商进行系统实施，缺乏一定的自主开发能力，企业自身难以形成知识沉淀与迭代创新，也无法有效实现产品生命周期、全价值链的贯通。

设计企业长期以来受院所两级经济责任制的影响，企业内部专业壁垒高筑，对

于资源共建共享、跨部门协同协作等开放意识不足，原有利益格局通过数字化手段难以在短时间内打破。

来自某市政类设计企业院长的声音：国家提倡的数字化转型，一定要走出企业完成行业创新。设计企业的数字化转型要思考的是我们要做自身需求的系统，还是兼顾能够走出去的系统。国内很多企业虽然在自己的系统里开发很多软件，但是较为封闭，没有对外开放，生命力就不够。

（3）数据要素的驱动作用尚未充分发挥

设计企业管理信息化平台大多停留在管理在线化阶段，主要满足管理审批等基本需求，不同管理模块大多采取"补丁式"建设，数据孤岛情况突出、系统覆盖面不足、使用效果不理想。

设计企业不同业务单元、不同业务线条受制于传统经济技术责任制，相互间存在明显的数据壁垒，数据开发利用水平和能力不足，企业知识管理体系和平台较为薄弱。

央企或大型设计咨询集团对二级公司缺乏数字化管理手段，集团内部不同设计企业之间的软件标准、数据标准等都无法建立统一规则，造成数字化资源重复投入、数据集成能效低下。

来自某工业设计企业董事长的声音：公司管理信息化在过去十几年的发展过程中已积累了大量数据，虽然目前已经开展数据分析利用工作，但仍有许多数据未得到充分挖掘和利用。加之信息安全标准、信息技术标准、基础设施标准和企业BIM标准等内容都不够完善，数据没有发挥出应有的驱动作用。

（4）数字化组织能力存在明显差距

数字化转型对设计企业全员的思维理念和数字化素养提出了全新要求，大多数设计企业都面临数字化人才紧缺、能力不足、结构失衡的挑战。缺乏既懂设计或工程业务，又了解数字化IT技术的复合型人才，也没有建立数字化人才的培养、发展、激励机制，难以支撑企业数字化转型。

数字化部门的职能大多定位为信息系统的建设、维护和管理部门，或者BIM的翻模套模、BIM培训等职能，属于配套性部门，无法参与企业高层决策，对企业战略级考虑的掌握能力不足。

来自某交通工程公司董事长的声音：我们院在数字化转型应用实践过程中，缺乏既懂工程技术、又熟悉项目管理还理解信息化、数字化的复合型人才。设计企业与工商业企业生产经营的差异，使得企业新一代信息技术与产业融合的能力差距大、难度大，数字化部门的信息技术应用还没有站在企业层面充分发挥理想效果。

（5）数字化技术供给生态尚不健全

设计企业数字化转型的持续推进需要强有力的供给侧服务，既包括软硬件技术产品等"硬"供给，又包括知识方法等"软"供给。目前工程勘察设计行业尚未形成良性运转的数字化转型技术、产品和服务生态。

设计企业的设计软件大多采用国外成熟软件，使得技术产品对国外供应商依赖度高，设计软件国产化率较低，国内技术服务市场仍处于培育期。已建系统和新建系统应该如何选择合适的建设策略（如升级、废除、成熟套件、二次开发等），以匹配企业的业务特征，是企业当前面临的难题。

面对众多需要建设的系统，如何在企业内部达成共识，明确系统建设先后顺序、建设周期、建设预算、各部门在系统建设过程中的工作边界与协同机制等，以保障数字化推进效果。面对众多系统供应商和系统产品，如何筛选符合企业实际需要的数字化产品，如何筛选合适的供应商并选择合适的招标策略，以降低数字化建设的风险。这些都是企业推进数字化进程中需要思考应对的问题。

来自某航务设计企业总经理的声音：生态圈对数字化转型事业的开展十分重要，本身勘察设计行业数字化转型就面临艰巨的挑战，虽然部分行业标杆企业已经作了大量的探索，但如果要把数字化提到一定程度，现在的工作还远远不够，我们最缺少的是走出去的创新精神，没有与ICT（Information and Communications Technology，信息与通信技术）信息化企业产业有效联动，缺乏成熟的数字化产品和服务生态。

5.2.2 设计企业数字化转型的实施性问题

业务数字化和管理数字化是设计企业数字化转型的主体内容，目前面临软件的集成与应用能效低、标准与数据基础较为薄弱等多方面问题。本质上是因为对外没有真正形成数字设计赋能工程全过程的价值，对内没有主动构建数字化治理机制与内部生态、数字化管理覆盖面不足、信息孤岛明显，导致数字化转型出现"投入成本大、内部协同差、价值感知弱"等诸多困境。设计企业业务数字化和管理数字化的发展运作过程中，普遍面临五类问题。

（1）数字化设计软件的集成与应用能效低

软件开发问题。目前行业核心设计平台、设计工具等对国外产品（包括CAD、Revit、PDM等软件）依赖较为明显，本土化程度不高，多为国内大量的二次开发商提供的本土化专业应用软件或本地化软件包。虽然近些年有多家软件企业提供的国产平台以及相关专业级软件应用，但总体上在行业内应用率较低，设计师对转换平台也缺乏动力。

软件协同集成问题。相关设计软件碎片化、零散化现象较为突出，软件综合度与集成度较为低，部分设计软件间接口不畅通，数据传输有障碍，缺乏统一交互协议、标准与接口。

软件选型问题。部分设计软件提供的设计深度、专业性程度不足，还停留在可视化展示阶段，无法有效支撑深化设计至建设施工及运维阶段全周期的二次开发需求。部分设计企业在软件和平台选型方面没有经过长远考虑，平台反复更换，成效不佳。

（2）标准与数据基础较为薄弱

数据标准问题：大多设计企业设计管理规范的标准化程度本身就不高，尤其缺乏针对数字化设计成果交付的统一标准，成果交付大多以业主单位要求为准，难以建立企业标准。

数据传输问题：各专业间设计软件或平台不一，设计成果在不同平台间的传输需要依赖应用层软件提供的各种数据接口，无法实现自动化的流转和无损传输，进而阻碍了设计协同，降低了设计成果价值。

数据共享问题：在传统经济责任制下，很多设计企业业务部门之间组织壁垒明显，导致设计的成果和经验无法在部门间进行有效流动与交流，数据难以共享，无法将数据价值最大程度发挥。

来自某航道设计企业总经理的声音：目前BIM等设计软件种类繁多，各公司的成果数据没有统一的规范，甚至同一家公司的多款不同功能的软件之间都无法保证信息的完全传递，这导致数据模型在应用的过程中有很大困难。

（3）数字化设计尚未赋能工程全过程管理

对于大部分设计企业而言，无论是CAD出图还是BIM出图，实际上仍是在解决"计算"和"画图"的传统问题，没有对工程项目的对象进行数字化分析、数据化存储、过程化处理、实例化表现，无法形成数据驱动力。多数设计企业对于数字化设计的认知，仅仅停留在提升软件平台效率、提升设计成果的层面，没有进一步扩展到数字化设计的工程产业链应用与衍生层面。

多数设计企业的数字化设计还是以三维翻模设计为主，缺少真正意义的三维正向设计，导致在设计过程中的质量管控，专业内、专业间的数据交换与信息共享还无法完全实现。

数字化采购、数字化施工、数字化移交、数字化运维等产业链环节仍没有得到数字化设计的叠加与牵引，客户也就无法对数字化设计产生的价值拥有清晰认知。

来自某工程集团总经理的声音：我们在应用上缺少BIM设计的全过程管理系统，缺乏解决图纸、BIM模型管理的方案，影响了涵盖策划、勘察、设计、采购、施工、运维等总承包项目的全生命周期运行效率，没有把参与建设的各方统一到一个平台，连接人、数据、流程，数字化在工程项目全过程管理的价值没有体现。

（4）数字化治理机制与内部生态不健全

认知问题：设计企业内部的传统业务生产部门大多处于"旁观者"的角度，运用数字化要素提升业务能力、拓展市场的内在动力和主观愿望不强。

机制问题：数字化设计部门与业务部门协同开展数字化设计的工作模式、责任分工、利益分配机制尚未形成。

能力问题：没有设立与数字化设计能力相适应的组织机构，数字化设计大多以设计人员转型居多，具有工程设计与IT复合型能力的人才偏少，导致对于数字化设计平台及软件的二次开发能力欠缺，需求无法得到有效回应。

（5）数字化管理覆盖面不足，信息孤岛明显

系统覆盖不全：大多数设计企业基于流程审批的OA系统基本具备，但是面向业务运营环节的经营、生产、知识、财务等系统的建设较为缓慢，或者仅是满足审批流程的功能，对业务管理无法通过信息化支撑，信息化管理效果大打折扣。

运行效率低下：大部分设计企业管理信息化是基于管理现状进行的在线化处理，原本效率就不高的线下流程简单搬到线上，反而降低了流转速度，并没有改善和提升企业管理效率。

数据孤岛明显：大多数设计企业的管理信息化一般是从OA系统开始逐步建设，从单个模块逐步过渡到集成多模块的管理信息系统。这种补丁式建设造成不同系统间、不同供应商数据没有预留接口，各系统的数据只能内循环，无法集成和发挥智慧决策依据。

应用成效不足：因为使用体验感较差、缺乏宣传、贯彻、推广以及相应的激励约束机制等，员工对管理信息系统的使用效率并不高，或者选择性使用甚至无人使用的状态，不仅造成投入浪费，反而对管理体系优化起到反作用。

来自某建筑设计企业科技信息中心主任的声音：我们院的信息系统建设一直围绕生产管理的需求来进行，呈现出"头痛医头，脚痛医脚"的状况。各个系统建设厂商平台不一致，平台集成实际效果不好，加上我们自身也缺乏开发能力，导致一些需求应对不及时，生产和职能部门总会觉得不太好用，没有起到真正的管理效率提升作用。

5.3
理性认知设计企业数字化转型的漫长阶段

对于设计企业而言，数字化转型更是一个战略系统工程，需要经历较为漫长的阶段，基于数据要素在不同发展阶段发挥的驱动作用不同，数字化转型的价值特征在价值主张、价值获取、价值创造、价值保障和价值认同五个视角中，不同发展阶段有不同的发展状态。根据价值特征的差异性，可以将设计企业的数字化发展分为四个阶段：单点应用阶段、局部优化阶段、体系重构阶段和生态融合阶段（图5-6）。

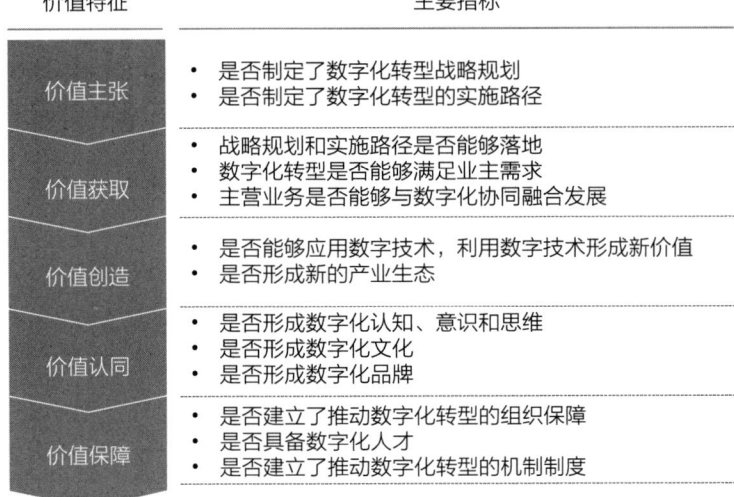

图5-6 数字化转型的价值特征及主要指标

5.3.1 单点应用阶段

目前80%以上的设计企业尚处于数字化转型的单点应用阶段。该阶段的设计企业通过在单一或部分业务中探索业务数字化，形成单一的价值点。主要以实现设计智能化为主，开始推进BIM等数字化技术的试点使用，尚未实现基于数字化的业务创新，数字化业务开始初步尝试涉及。数字化技术主要支持和优化工程设计业务范围内的生产经营管理活动，但尚未有效建成支持工程设计业务实现数字化、柔性化运行的新型能力；部分设计企业完成管理信息化覆盖，并逐步通过数字化技术获取、开发和利用业务数据提升企业管理运营的规范性。总体来说，企业整体数字化处于起步阶段，有少量的数字化人才和组织支撑，但数据仅应用于个人或者部门。

这个阶段的数字化价值特征要素体现在以下几个方面。

价值主张：设计企业的发展战略或者专项规划中明确提出了数字化转型的内容，但是实现数字化转型的目标主要是实现业务范围内关键业务活动的数字化、场景化和灵活性运作，创造关键业务的数字化场景。

价值获取：结合公司战略要求，在业务环节中实施数字化改造，加强运营精细化管理，减少重复提升效率，利用数字化方法实现业务流程化、行为标准化、控制过程化、决策程序化，推动业务规范化建设。

价值创造：主要以应用数字技术手段工具为主，在试点项目中尝试使用BIM技术实现二维和三维的协同设计，技术应用以企业内部应用为主。初步搭建了管理系统的数字化转型平台，能够实现单个部门或者几个部门间的数据流通和融合，已经能够显示出数字化提升管理效率的优势。

价值认同：主要以设计企业的数字化单点应用实践为契机，提升此环节相关人员的数字化基本认知以及对数字化工具和设备的使用能力，数字化素养较为局限。

价值保障：为数字化转型搭建相匹配的组织或引入专业人员，以数字化部门或数字化人员的个体实践为主要驱动，员工在处理具体问题时，考虑尝试或已熟练使用数字化手段优化组织、技术、业务等环节，解决实际问题。但是企业整体的组织体系对数字化转型的认知不够，内部驱动力不足。

5.3.2　局部优化阶段

处于局部优化阶段的设计企业整体数字化处于快速发展阶段，开始强调通过数字化推动业务的集成融合，形成以项目为单位的多环节价值链。以业务一体化为主，核心设计业务已基本完成信息化覆盖，系统间的集成互通也达到一定基础，在数字化工具使用上已经开始进行标准化推广，开始探索场景化为核心的数字化业务，并逐渐开始推进产业链生态体系完善。数字化业务逐渐成为重点发展方向，并逐渐开始推进产业链生态体系完善，逐步积累一定量的数字化人才。将数字场景建设作为重点战略任务，主要的业务部门开始加速数字化转型进程，设立数字化专责部门、数字化专职岗位，数字化技术部门支持业务部门开展数据创新应用，并取得了一定的数字化实践经验。

这个阶段的数字化价值特征要素体现在如下方面。

价值主张：将数字场景建设和关键业务数字化、场景化、柔性化运作作为设计企业的重点战略任务，开始构建数字化业务并作为设计企业的差异化优势，如以BIM技术为核心的智慧建筑、智慧交通、智慧水务等服务，开始重点构建包括成本、效率、质量、价格、服务等竞争优势。数字化内容纳入了部门级年度计划和绩效考核。

价值获取：对数字化业务的流程进行数字化打通，以业主需求为导向，进一步提升数字化业务的增值空间，通过数字化业务从原有设计端拓宽服务价值链，实现线上线下的服务协同，产生可量化的商业价值，为设计企业的业务转型升级提供新模式，发展新业态。

价值创造：设计企业仍然以工具的数字化应用为主，但是工具使用进入标准化阶段，通过设备设施的数字化、智能化改造和应用IT软硬件构建出初级的智慧场景；能够自动采集关键的业务场景中的主要数据，实现支持关键业务的柔性化的数据模型开发。多数部门已经完成数字化转型工作，如财务管理体系、项目管理体系、客户关系管理等，基本能够实现业务财务一体化。

价值认同：通过企业数字化系统集成，使员工的数字化理念进一步加深，逐步增强员工在工作实践中的数字化思维，提升数字化方法解决问题的能力，初步达到人机协作的生产经营状态。

价值保障：设计企业中层或以上领导担任数字化部门的主管领导；建立项目制或事业部制等组织结构，设立数字化专责部门、数字化专职岗位；采用技术赋能型管理方式，建立明确的目标责任制；将数字化员工视为"经济人"，主要采用经济手段和权力来维持员工的效力和服从。

5.3.3 体系重构阶段

目前处于体系重构阶段的设计企业数量较少，只有中国电建集团华东勘测设计研究院有限公司、中冶赛迪集团有限公司等极个别单位。这些企业能够清晰认识到数字化的益处及带来的竞争力，数字化已全面应用于企业级别的业务，能够通过业务模式创新、商业模式创新形成新的价值网络，但仍有一些领域需要提升数字化成熟度。

在战略层面开始统筹推进全面数字化和数字企业建设，建立以专责部门为核心的跨部门组织协调机制，设立数字化岗位和职位序列，完成向敏捷型组织转变，内部呈现良好的数字化创新氛围。以数字资产化为主，逐步完成跨部门、跨层级业务流程优化设计，能够自动采集主营业务领域内的主要业务流程数据辅助管理决策。

BIM技术与其他数字化技术（人工智能、物联网等）开始融合发展，数字化业务成为核心业务，围绕建筑产业的生态链已经建立。

这个阶段的数字化价值特征要素体现在如下几个方面。

价值主张：数字化转型已经成为设计企业组织发展战略的核心内容，主营业务全面数字化和数字化企业建设已经完成，重点构建数据驱动的产品/服务快速迭代、基于工程建设的平台化运营、个性化的业主需求与体验等差异化优势；重点构建企业总体成本、效率质量、运营、业务主体、设计水平等竞争优势；跨产业链、跨价值链的产品创新、业务模式创新以及跨界增值服务等初步形成。

价值获取：根据为业主创造价值和公司自身发展愿景，形成工程建设全生命周期的服务价值链集成，主营业务全方位实现数字化转型，数字化业务和传统业务高度融合发展。

价值创造：设计企业深入应用云计算、大数据、物联网、数字孪生、5G等数字技术，构建工程建设的互联网平台，实现全业务链数据的互联互通，发展研发、设计、生产、制造、运维的云边协同[①]、边边协同[②]的应用模式，形成工程建设的全生命周期管理等能力，动态响应全生命周期研发创新活动的多样化需求，形成平台化的解决方案。

价值认同：进一步夯实企业的数字化素养，形成建设富有创造力的文化。通过虚拟与现实结合的方式提升员工数字化思维，深化"机器服务于人"的理念，达到文化意识与生产力的高度融合促进。

价值保障：决策层领导担任数字化转型工作的主管领导；建立以专责部门为核心的跨部门组织协调机制，设立数字化岗位和职位序列，采用知识驱动型管理方式，开展跨部门、跨环节的协同计划、组织、协调控制、指挥等管理活动；在企业各层面实现岗位优化与专业化整合，构建设计研发质量、生产经营效益等多因素综合评价管理体系，实现灵活快速、持续优化的敏捷型组织架构，推进向平台型企业的转型。将员工视为"社会人"，用数字化技术手段发挥员工主观能动性。

---

① 云边协同：一种新兴的计算模式，结合了云计算的强大数据处理能力和边缘计算的低延迟、高实时性特点。

② 边边结合：指边缘计算环境中，不同边缘节点之间的协作和通信。

案 例

中国电建华东院打造行业转型标杆

中国电建集团华东勘测设计研究院有限公司（简称华东院）成立于1954年，是中国电力建设集团的特级企业。自2003年开启数字化转型以来，华东院实现了快速发展，营业收入从2010年的18亿元增至2020年末的500亿元，其中数字化项目合同金额达到近20亿元，数字化集成交付项目达到600多个，经营发展取得质和量的突破，已成为勘察设计行业数字化转型的灯塔企业。

2003~2009年：起步阶段。2003年，华东院从水电业务开始，逐步从二维走向三维协同设计。水电业务作为当时华东院核心业务，项目具有复杂程度高、不可复制性的工程设计方案和建设方案等特点，大型水电站对于三维协同设计的需求庞大而急迫。

2009~2014年：探索阶段。2009年，经历了一定的技术积累和产品研发，华东院开始从水电设计业务扩展到全专业的数字化转型。

2014~2020年：提升阶段。2014年，华东院领先于同行提出"公共信息模型（CIM）"概念，完善了CIM理论体系。2016年华东院在国内首次将CIM应用于城市实践——深圳前海和河北雄安，占领了CIM市场应用制高点。

2020年至今：聚合阶段。2020年后，华东院注重多领域开发，多点开发，包括流域级的数字化平台（如钱塘江流域防洪减灾数字化平台）、城市级的数字化平台（如省域空间治理数字化平台）、大型发电项目（如O-Wind海上风电平台）等，CIM平台及其子应用系统在浙江省未来社区60个试点项目上全面应用落地实施，得到了各级政府和试点建设单位的肯定，华东院的智慧化业务呈现出了全面开花的良好态势。

5.3.4 生态融合阶段

目前国内工程勘察设计行业仍然欠缺该阶段的数字化转型企业。处于生态融合阶段的企业将数字化转型作为核心战略推进，数字资产成为设计企业最核心的价值，通过数字资产的集聚、商业模式的变革形成数字化企业的领军者和颠覆者。以平台级或生态级数字化为主，企业能够依靠数字化平台深度实现在线跟踪、过程管控和动态优化，全面实现数字化正向设计与交付，数字化业务成为业务整体发展的核心引擎，并且能够基于云平台实现内外部资源、知识、能力的平台化、社会化协同和按需动态配置。

具备支持网络化协同和社会化协作的平台级能力，建立了数据驱动的平台组织结构，设置覆盖企业全员、全过程的数字化转型职能职责及沟通协调机制，具备成熟的系统及业务战略，业务活动中的数字化成熟度高。

能够依托BIM、物联网、云计算等数字技术打造数字建造创新平台，打通数字空间与物理空间，提升建筑产业的数字化水平；能够利用数字化技术手段，改变建筑产业较为落后的生产方式和传统粗放的管理模式，向绿色化、工业化、智能化方向发展，用数据驱动产业转型升级。

这个阶段的数字化价值特征要素体现在如下方面。

价值主张：制定以原始创新、共生进化生态系统为目标的数字化转型战略规划，建立生态合作伙伴间的数字化转型规划认知协同机制，构建和形成智能驱动的生态化运营。

价值获取：以场景化解决方案为撬点，通过对行业的深刻洞察提炼行业共性，形成基于痛点需求的全局颠覆性创新业务模式，实现以业主需求为中心的3D正向设计，产业链上下游弹性协同，生态价值不断延伸。

价值创造：充分释放大数据、云计算、物联网、人工智能等新一代信息技术的基础赋能作用，实现人、物、信息的全方位多层次的互联互通。持续匹配的算力提升了数据之间的贯通性、场景之间的连通性以及价值的互通性，实现实时高位决策，进而打破行业的传统边界。

价值认同：建立环境友好生产、社会和谐共生的绿色健康生态，构建企业友善的员工关系、鼓励个人价值与企业价值的共同实现，拥抱不确定性，以数字素养为基础，打造以人为本、开放合作的企业文化精神。

价值保障：重塑企业转型战略，通过构建敏捷型、扁平化的组织结构，实现分布式管理，平台赋能统筹配置优势资源，形成个体及团队自驱动、自组织的管理生态，以支持快速精准的决策方式。该阶段以企业全部员工自发积极拥抱数字化为主要驱动，发挥每一位员工的数字化转型能动性，每一位员工都将成为企业价值文化的践行者与传播者，企业形态与属性将被重新定义。将员工视为"合伙人"，支持员工与组织形成合作共生的生态关系。

单点应用、局部优化、体系重构和生态融合四个阶段（又称"四步走"）体现出设计企业数字化转型是一个"由点到线、聚线成面、面动成体"的发展路径和实现过程。设计企业需要深刻认识到，"四步走"的发展路径并非单一或线性，在"四步走"的同时辅助其他手段，如做设计智能化的同时，涉及业务一体化，同时涉及数字资产化。在数字化转型过程中，仅仅考虑战略的明确、组织的适应、技术的刷新是远远不够的，还需要落地数字化产品，使其真正能为企业创造商业价值。但落地也不是一蹴而就的，需要结合自身转型遇到的核心诉求和痛点，与业主需求紧密结合，并在实现和推广过程中不断试错，结合业务活动继续运营和迭代优化，才能够真正融入业务环境，由此产生真正的价值效益（图5-7）。

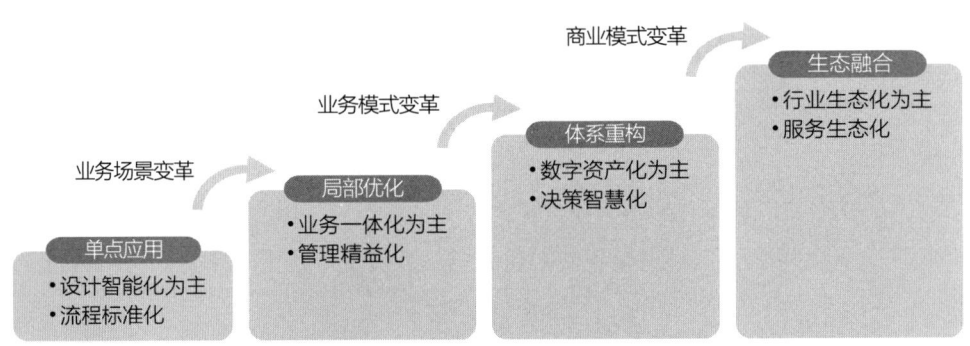

图5-7　数字化转型四个发展阶段

5.4
设计企业数字化转型要坚持价值创造为主线

设计企业数字化转型过程中一个重要限制因素在于数字化的认知差异较大，大部分企业没有真正对数字化的价值进行深度挖掘，很容易掉入"技术陷阱"或呈现跟风状态。根据天强调研，设计企业认为数字化转型的最大问题在于公司内部对数字化的理解和认知水平参差不齐，其次是缺乏支撑数字化的组织架构、文化保障和相关的专业人才。

设计企业推进数字化转型首先要明晰数字化价值，数字化价值总结为三个层级的价值提升：数字化赋能、数字化使能以及数字化升能（图5-8）。

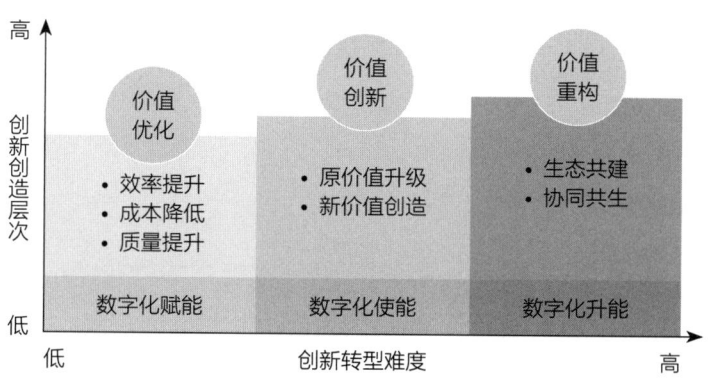

图5-8　设计企业数字化价值创造的三个层次

5.4.1 数字化赋能——价值体系优化

数字化赋能作为设计企业数字化转型的初级价值体现，其内涵在于赋能传统存量的设计业务以及管理优化，主要集中在企业内部的价值链，主要通过利用BIM或AI等技术，获取效率提高、成本降低、质量提高等方面价值效益，在企业经营中体现出更好的设计服务质量、更快的服务响应速度、更高的客户满意度，实现生产运营的优化。具体体现在三个方面。

（1）效率提高

主要表现为推动设计企业内部的数据流通，减少信息不对称，提升资源优化配置效率，利用BIM等数字化技术实现设计方案比选，进行净高分析等，促进各专业的协同设计，消除各专业间设计表达的信息不对称，提高设计沟通效率，为设计交底、施工深化设计提供准确依据。

（2）成本减少

生产成本减少：通过数字化技术、数字化管理手段等多种方式进行建筑性能分析、工程算量分析等，减少设计返工、降低人工损耗，在保证使用功能的前提下减少工程量，可以最大限度地对成本进行控制。

管理成本降低：通过数字化管理手段、数字化信息化平台等方式提高资源配置效率，减少由于人、财、物等资源浪费和无效占用带来的管理成本。

（3）质量提升

促进设计质量提高：通过BIM软件进行各专业模型间碰撞检测，提高管线综合的协调能力和工作效率，优化工程设计，减少设计阶段图纸误差。通过数字化技术提升设计质量，优化改进产品/服务设计、工艺（过程）设计等，提高产品和服务质量，稳定提供满足客户需求的设计产品和服务，以设计带动工程建筑全生命周期的质量提升。

促进全要素全过程质量提高：即实现数字技术和质量管理深度融合，将质量管理由事后检验转变为按需、动态、实时全面质量管理，全面提升设计服务的质量管控和优化水平。

5.4.2 数字化使能——价值体系创新

数字化使能作为设计企业数字化转型商业价值的核心体现，主要源于已有产品/服务体系的增量价值，沿着产品/服务链延长价值链，开辟增量空间。其内涵在于利用新一代数字技术和设计技术融合创新，在工程勘察设计的传统存量市场中升级原有业务的商业价值，同时利用数字技术形成新的产品服务，重构新的商业模式和服务场景，推动新价值的创造。

（1）传统业务的价值升级

促进主营业务增长：推动主营业务核心竞争力提升，从依靠传统的2D绘制、平面出图方式转变为依靠数字技术赋能提升设计水平，推进BIM正向设计，持续提升设计主营业务的核心竞争力；通过推动主营业务模式创新，依靠数据要素的可复制、可共享和无限供给的属性，实现设计过程的标准化服务流程，达到边际效益持续递增，不断通过满足个性化的服务需求等新模式，提升适应市场变化的能力，逐步提高市场占有率，实现主营业务增长。

促进业务范围拓展：拓展全过程咨询服务、总承包服务、全场景服务等基于原有设计服务的增值服务内容，依托类似智慧建筑、智慧交通、智慧水务、智慧社区等智慧产品/服务，提供智慧运维等服务，沿着产品/服务的全生命周期和产业链提升产品市场竞争力和价值空间。

（2）新业务的价值创造

新业务的价值创造核心在于充分发挥数据要素驱动作用，促进以数据为核心的生产经营与技术服务创新，积极推动新一代数字化技术的创新应用，全面实现BIM正向设计，深入开展BIM、GIS、大数据和人工智能等集成应用，深化数字化技术与工程建设全周期、全业务链的融合，通过互利共赢的合作生态大力拓展数字化业务，实现工程建设的全生命周期数字化服务。

5.4.3 数字化升能——价值体系重构

数字化升能不再单纯聚焦企业自身生产运营效率的优化和商业价值的提升，而是利用数字化技术对工程建造的价值链、产业链进行全面、整体和重塑的变革，最终达到生态链接、协同共生的状态。其内涵是依托新型产业生态场景，以价值共创为导向，以数字化平台、技术为纽带，与互联网、大数据、人工智能等企业跨界合作，推动产业链上下游企业间数据贯通、资源共享和业务协同，建立开放、合作、共享、共赢的数字化生态系统，将产业价值链转变为产业价值网，共同组建工程建设命运共同体。

（1）生态共建

数字化转型最终状态是重塑整个工程勘察设计行业的价值体系。与传统价值链视角下低成本、差异化、集中化的竞争战略选择不同，在商业生态系统视角下的策略则是扩展"长板"，在工程建设商业生态系统中占据生态位优势，并利用长板与其他企业进行合作。通过横向覆盖规划、设计、建造、运营维护等各个环节，链接一批数字化研发、产品、标准、技术服务供应商，有效聚合"智慧+"等产业资源，形成广泛的数字化生态基础。

立足生态位的建设，设计企业以产业全过程视角推进垂直服务产品的体系建设，朝着"集成整合服务商"的定位迈进。以医疗康养产品为例，设计企业需要兼顾投资决策、空间布局，并将金融、文化、社区等元素考虑其中，不是传统的延伸发展模式下多环节服务的叠加，而是一种系统的集成，涉及面向产业全过程的策划设计、资源整合管理、数据资源挖掘以及服务创新等多线条的服务统筹。

（2）协同共生

"协同"与"共生"将是未来设计企业重要的生存法则。设计企业构建共生的商业生态体系，依据自身核心竞争力占据"生态位"，不仅是行业内企业抢占市场热点的主动突围，更是立足于城市与产业融合发展的新商业生态的积极布局，将有助于设计企业实现从项目式盈利向产品化、产业化盈利模式的创新转变。需要以市场化协同机制促进内部资源间、内外部资源间的有序、持续协同，打造面向客户价值的去中心型、网络化协同组织，更好地实现共生与链接。利用互联网技术改造原有的工作平台，增强人力资源的开放性和自由化，构建内外部的商业市场化的协同平台。

5.5
设计企业要聚焦场景推进数字化业务创新

设计企业可以通过积极学习与借鉴典型或先行企业的相关场景化成功经验或示范，从自身业务场景及价值需求出发，从单个场景的转型切入，寻求局部最优数字化解决方案，再通过逐个突破业务重要节点，打通需求价值链，进而推动数字化业务的创新转型。将设计企业数字化业务的场景按照细分领域、产业环节（前端场景、中端场景、后端场景）和需求层次（微场景、小场景、中场景、大场景）进行建构，形成设计企业数字化业务的三维场景矩阵（图5-9）。

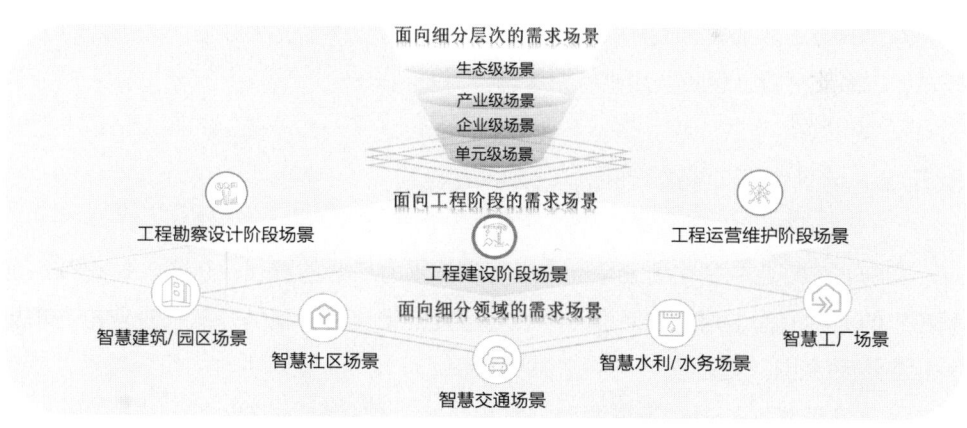

图5-9　勘察设计企业数字化业务的三维场景矩阵

5.5.1　探索数字化业务

设计企业可以考虑从三个层级梳理和推动数字化业务的创新探索。

第一个层次是数字化基础技术服务业务。主要包括基于BIM咨询服务（BIM应用实施标准制定、BIM数据管理规则制定）和BIM专项应用（BIM+规划审查解决方案等）以及基于CIM技术的数据、平台、标准、应用的咨询及实施服务等。本质上这个层次的数字化业务依然是工程技术咨询的范畴，但同时也是第二、第三层次数字化业务发展的重要先决条件。

第二个层次是"BIM+"融合服务业务。主要包括BIM+全过程咨询、BIM+工程总承包、BIM+智慧运营、BIM+智慧审图等。这个层次的业务特征是高结合度，即BIM技术与相关传统业务及其运作模式的高度结合，运用BIM技术在不改变传统业务与服务核心的商业模式前提下，为传统业务与服务最大化赋能。

第三个层次是场景应用解决方案业务。主要包括提供面向政府等对于城市治理、空间规划、产业发展等宏观场景解决方案服务，如智慧医疗；面向业主、建设方运营管理的中观场景解决方案服务，如智慧文旅；面向用户的微观场景解决方案服务，如智慧园区、智慧社区。这个层次业务主要特点是高集成度，是以数字系统为载体，以信息数据集成、软硬件结合的服务方式，大量应用云计算、大数据、人工智能等新技术，以系统付费、租赁、用户付费等途径为盈利来源。

5.5.2　场景创新，持续进化

面向客户打造数字化场景是一个以客户需求为核心的过程，它要求企业深入理解客户的业务流程、痛点和期望，然后利用数字化技术和解决方案来提升客户体验和业务效率。

（1）场景洞察：通过市场调研、客户访谈、数据分析等方式，深入了解客户的实际需求和业务挑战。包括了解客户的行业特点、业务模式、操作流程及面临的具体问题。基于客户需求，明确数字化场景能够为客户带来的具体价值，如提高效率、降低成本、增强竞争力、改善客户体验等，并确保这些价值主张与客户的业务战略和目标相一致。

（2）场景设计：以客户的痛点为中心设计数字化场景，确保解决方案的易用性、可访问性和互动性，结合企业的技术和客户的业务需求，开发定制化的数字化解决方案。这可能涉及云计算、大数据、人工智能、物联网等先进技术的应用，以及与客户现有系统的集成。

（3）场景实施：结合客户需求，在小规模环境中实施和测试数字化场景，收集反馈，并根据反馈进行迭代优化，确保解决方案在实际应用中能够满足客户的期望并解决实际问题。

（4）场景升级：数字化场景的建设不是一次性的任务，而是一个持续的过程。随着技术的发展和客户需求的变化，需要不断地对数字化场景进行优化和更新。可以与合作伙伴一起构建一个支持数字化场景的生态系统，包括技术供应商、服务提供商、行业专家等，共同为客户提供全面的服务和支持。

通过上述步骤，企业可以为客户打造符合其业务需求和提升价值的数字化场景，从而增强客户满意度和忠诚度，推动企业的持续增长和创新。

5.5.3 数字化业务孵化策略

数字化业务的孵化创新不可能一蹴而就，在探索过程中需要坚持"小步快跑"、与传统业务深度交互、持续投入等策略。

（1）垂直切入，"小步快跑"

数字化业务的创新发展既与客户需求场景有密切关系，同时也受企业自身实力影响。大多数设计企业发展数字化业务要量力而行，切忌面面俱到，可以采取垂直切入的方式，深挖客户最急迫且最能体现数字化价值的需求场景进行业务创新，加快敏捷性开发，与客户深度互动，"小步快跑"，快速布局在某一细分领域的数字化竞争优势。如启迪设计集团股份有限公司在数字化应用方面，近年先后成立BIM研究中心、工业化建筑设计研究中心、复杂结构研究中心等依托新一代信息技术为支撑的研发部门，优先在工业化复杂结构这个垂直领域深化信息技术与数字化技术应用。

（2）双向赋能，协同经营

设计企业的数字化业务与设计咨询、工程等主营业务是密不可分的，设计咨询业务可以策划数字化业务的需求，同时数字化业务又可以引流设计咨询和工程业务。设计企业在市场经营环节要综合考虑传统设计咨询及工程业务经营与数字化业务经营之间的协同机制，实现协同经营。如中国电建华东院就是通过数字化业务带动传统工程业务的经营。而且现在的经营工作有一些是IT人员打头阵，如深圳前海、雄安等地的项目都是数字化团队先拿下"数字城市建设"项目，然后进一步引路带动道路、市政、地铁、生态环境、污水治理、地下管廊等工程类业务全部进入。

（3）创新机制，持续投入

数字化业务本身的发展模式、服务模式、盈利模式与传统的设计咨询业务有较大差异，随着业务的逐步发展，需要为数字化业务创造适宜的组织环境与管理机制。目前大部分数字化业务领先企业都是采取公司化运作，并借鉴互联网、信息与通信技术（ICT）类公司的组织运营模式，建立适应数字化业务发展和人才发展的管理机制，同时母公司通过资金投入、政策扶持等多种手段持续对数字化子公司进行孵化培育。如林同棪国际（中国）公司成立同炎数智、华建集团成立华建数创、中冶赛迪集团有限公司成立赛迪信息技术公司等。

5.6
设计企业数字化转型的重点策略

5.6.1　做好规划引领，树立长期愿景

采用数字化思维与科学方法整体规划，做好顶层设计是设计企业开始数字化转型的关键路径，应立足当下、着眼未来、统筹规划，并围绕客户体验和业务战略展开数字化顶层设计。通过规划设计建立数字化全景式的视角与战略，避免单纯从技术层面实现数字化而陷入生产环节数据与数据的割裂，造成数字化与经营实际的割裂。

重点包括：建立适合企业特点的数字化转型愿景与目标，为数字化转型指引方向；评估数字化转型基础，明晰存在的不足与改进方向；规划设计数字化转型的蓝图框架；评估数字化转型方案的收益与风险，排定优先顺序；制定完善的数字化转型路径；设计评估数字化转型效果的关键指标，设计对数字化转型效果评估的组织、方法、周期等机制（图5-10）。

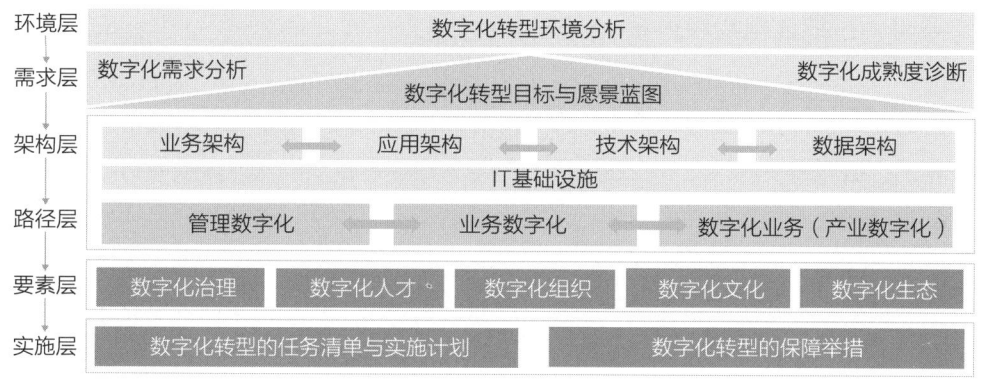

图5-10　数字化转型的顶层设计

5.6.2　坚持"一把手"工程，建立数字化思维体系

数字化转型本质上是人的转型，尤其对于智力服务型的设计企业更是如此。设计企业数字化转型需要企业坚持"一把手"原则。数字化工作不仅仅是信息化部门或BIM部门的职责，"一把手"仅仅支持是不够的，还需要引领，甚至亲力亲为，重大数字化项目领导层要直接挂帅、自上而下地推动，这是数字化转型工作取得成效的基本保证。

面向现实竞争和未来创新，数字化组织对领导和管理者在创新驱动、思维融合、前沿意识、资源整合等方面的能力要求更为凸显。领导者通过数字化转型进行包容创新、开放进取、大胆尝试的新型领导力打造，是数字化转型组织运作的核心；管理者从沟通能力、协同思维、流程运作等方面变革传统设计企业的金字塔思维和层级式行政作风，是驱动企业数字化转型的重点；员工需要使用新的数字化工具创造价值、积极接受新事物、积淀知识资产，是推动企业数字化转型的关键。

5.6.3　善于树立典型项目示范

设计企业的数字化转型既是长期战略，也需要若干个小目标，特别需要发挥重点项目或典型项目的示范效应，通过具象的数字化成果推动企业形成数字化转型的内驱动力，至少促使内部对数字化转型的持续关注。

5.6.4　打造数据治理体系

随着数字化转型的不断推进，海量多源数据给数据存储、管理和应用提出了新的要求。这就需要设计企业构建完整的数据治理体系，提供从数据集成到数据清洗再到数据融合，最后实现数据资产化的全面数据治理体系，从而充分发挥数据资产的价值，这也是设计企业数字化转型的重要关注点。

如何建设数字化治理体系？一是需要对数据资源进行总体规划，盘点企业数据资产，形成企业数据资源目录；二是统筹制定企业元数据、主数据、参考数据、业务数据、指标数据等数据标准；三是基于统一的数据标准，开展企业数据治理工作，构建数据驱动业务的能力；四是建设企业数据治理组织及制度规范，为数字化转型提供保障。

5.6.5　坚持"小步快跑"、持续迭代

设计企业的数字化转型，没有完成时，只有进行时。第一周期内的转型完成，则意味着进入了数字化晋级的第二个周期。企业需要根据自身的经营特点、信息化水平、人员和能力水平制定转型方案，以目标、结果、问题为导向，以迅速变化的客户需求为提升依据，采用敏捷迭代的方式对企业内的基础设施、技术平台、组织架构等内容进行优化。

5.6.6　注重数字人才培养与组织保障

面对数字化转型带来的人才需求，设计企业需要考虑打造高素质的数字化团队。一是以目标为导向，有针对性地培养数字化人才，形成基于职业发展的数字化

转型培养体系；二是坚持外部引进与内部培养相结合，通过全流程项目实践，打造工程技术与数字技术的融合型团队；三是利用多种类的学习方式激发学习兴趣，进行快速体验式、开放共享式的培训学习；四是通过校企合作，持续输入数字化人才。

6 → 发展模式转型

工程勘察设计行业经历了市场红利时代、模式红利时代，正在经历一个非常重要的分化转型期，将全面步入韧性发展时代。在过去的发展中，设计企业普遍依赖自身的资源积累实现扩张发展；而随着行业市场化进程纵深发展，设计企业发展模式不断升级创新，上市发展、并购重组、联合合作等模式成为新发展驱动，行业发展生态正迎来越来越多元的市场主体，这将深远地影响产业发展格局。

行业竞争格局的演变、市场需求的集成化趋势、企业竞争要素的立体化都倒逼着设计企业持续推进发展模式的创新。从更广范围内的商业实践来看，在过去十余年间实现跨越式发展的企业，其实现的增长发展超乎一般企业的发展逻辑，背后的深层次原因在于：这些企业在用生态系统替代价值链竞争。面向未来，集成整合的市场需求趋势肯定会越来越明显，未来集成与被集成将成为并存的趋势，每一家企业都需要进一步明晰自身的生态占位，一方面聚焦于不可替代竞争优势的打造，另一方面坚持开放的姿态，拓展合作网络，实现与市场生态的共同进化。

最近十余年，并购重组成为设计企业重要的外延式发展模式，有效支撑了业务领域的拓展、集成服务资源的配置、市场广度的开拓。当前工程勘察设计行业的并购重组也正在呈现产业链集成、规模化、多样性等方面的趋势，但能否有效发挥并购重组这一发展模式的助推作用，将取决于企业是否具有清晰的战略意图、并购重组的专业化工作体系、完善的并购整合策略以及专业服务机构的充分整合。只有创造融合发展效益，战略协同价值的并购重组才是成功的并购。

集团化重组也正在成为广受关注的新发展模式，其对资源集聚、能力扩容、规模提升的助推作用不言而喻。但是重组集团的发展无异于开启一段全新的创业公司之旅，真正实现"1+1>2"的发展目标不是容易的事情。推进集团化重组、并实现重组融合发展，需要构建清晰的顶层战略指引，重构发展逻辑和系统化的商业模式，需要甄选适应的重组模式来夯实协同发展基础，需要打造赋能型价值总部引领系统化发展，更需要以场景化业务创新探索资源与能力协同融合的新模式来助推新增长路径。

自2012年以来，工程勘察设计行业上市进程提速，相关设计企业通过对接资本市场实现上市发展，有力地支撑了企业品牌升级、资源拓展、业务创新升级、治理管理规范、人才吸引力升级等方面目标的达成。随着资本市场管理政策的收紧，加之设计企业变革转型进程滞后，当前设计企业上市进程放缓、设计企业对上市的态度更加理性。但毫无疑问，推动上市发展是设计企业推动可持续发展的重要方式，设计企业必须系统地解决符合资本市场预期及可持续发展要求的战略塑造，支撑可持续成长的业务体系与商业模式重构、规范化治理与管理运营体系、市值健康发展等方面的问题，才能更好地与资本市场共舞，实现可持续发展。

6.1

推动生态型发展，塑造发展韧性

6.1.1 过往的发展模式与增长模式难以持续

（1）全面增长红利基本结束

过去十几年间，工程勘察设计行业伴随我国城镇化进程、产业发展、基础设施建设实现了快速发展，行业营收规模呈现高速增长。这一方面得益于外部市场带来的增长机遇，另一方面归功于设计企业积极推动市场开拓与业务创新的努力。

2022年，工程勘察设计企业营业收入规模仍实现了小幅增长，但不同业务类型发展出现分化，工程设计与工程勘察收入下滑；进入2023年，在外部发展环境的影响下，行业发展不景气的态势延续，经营持续低迷，多数企业遭遇蜕变的阵痛，生存与发展双重挑战压力并存，行业基本告别了全面增长的红利时代。这反映出当前我国的城镇化发展水平、城市发展模式转型、产业结构的调整政策等方面带来的结构性挑战，也受到全球经济发展态势、治理格局演变等因素的影响。

（2）集成服务的红利尚未充分发挥

近年来，在政策驱动、市场需求以及企业实践的共同作用下，工程总承包业务成为行业营收快速增长的主要来源，2018年工程总承包业务占比首次超过50%，2019年达到52%，此后震荡发展，在2022年再次达到50.6%。

很多企业将工程总承包、全过程工程咨询等综合集成型业务模式作为重要的业务转型方向，但核心竞争力建设还有很长的路要走，集成综合型建设组织的优势尚未得到最大化发挥。很多勘察设计企业的综合集成型业务尚处于业务链条延展的初级阶段，多以松散的合作模式联合运作，通过系统化、精细化管理实现多专业一体化协同的效应还不强，核心体现在项目管理能力、资源整合能力的薄弱。

（3）科技创新的红利还未有效释放

在过去十几年间，行业的科研创新投入总体保持在营收规模的2%~2.7%，行业企业的实际创新投入水平还较低；诸多企业科技创新与业务的联动性不强，且转化成效较差，这也导致很多设计企业依托科技创新打造新增长曲线的基础薄弱。

目前导致科技创新发展现状的原因，一方面是设计企业在快速发展背景下对科技创新驱动力的战略重视不足；另一方面是设计企业自身在研究创新、产品产业化转化等方面的资源、能力、组织保障等存在短板。如数字化转型探索是当前很多设计企业关注的，但真正有商业价值的数字化创新往往需要寻找更加聚焦的价值点进行突破，涉及技术手段、人才基础、平台支撑、应用场景等多方面的要求，往往需要企业以更加开放的姿态推动广泛合作来实现。

（4）发展模式演变也在重构产业生态

随着行业市场化进程纵深发展，设计企业发展模式在不断地升级创新，并购重组、联合合作成为新发展驱动，行业竞争生态正迎来越来越多元的竞争主体，如国有资产专业化整合、产业链上下游重组、跨界重组融合等将深远地影响产业竞争格局。

发展模式的创新正在成为行业企业开拓发展的重要策略手段，但用好新发展模式、真正树立生态共赢的发展逻辑、推进充分协同的新发展、实现长期共赢的发展结果还有很长的路要走，如并购后融合发展成效不明显、引入战略投资表后增量战略资源协同缺乏抓手、联合合作停留于机会性项目层面等方面问题待解决。

6.1.2 分化进程中需要聚焦生态占位

（1）行业正在进入K型分化发展期

行业经历了市场红利时代、模式红利时代，正在步入深刻的分化转型期，行业的分化将比过去更加残酷，如果企业核心竞争优势不突出，进入下行通道的概率比较大，直至消亡。

面对当前的宏观形势挑战和行业生态格局演变，作为一个需求拉动型特征显著的行业，多数工程勘察设计企业尚未真正习惯中低速增长时代，尚未真正找到适应存量时代的商业模式，尚未学会适应数字技术和实体经济融合、可持续发展导向下的新玩法。行业企业实现转型发展的最大挑战在于认知层面，更需要跳出单纯技术视角，回归到专业服务市场的供需关系属性，回归到"价值换价值"的基本商业逻辑去考虑突破口。要站在更大的格局中，突破设计的专业技术属性，让设计穿越时空，面向全过程、全生命周期、全利益相关方的价值探索才能让"设计"焕发出全新的生命力。

（2）从"以我为主"到"以价值创造为先"的占位聚焦

尽管前所未有的寒意挑战着各细分行业领域企业的生存与发展，但增量市场与存量市场并存的发展机遇还仍然存在，如国家在推动城市更新战略、围绕"双碳"目标实施带来的绿色低碳新机遇、数字技术创新发展与相关产业融合的数字经济机遇。当前市场需求越来越综合集成化，一站式解决方案能力成为赢得市场竞争的关键，这不仅需要企业真正树立涵盖功能、经济、人文及生态等视角的系统价值导向，还需要企业推动标准化、数智化、工业化的精益生产运作体系建设，打造敏捷的生态合作供应链，以全生命周期的视角去创新业态。

仅是基于历史经验的传统模式越来越难以持续，仅靠单一产品/服务很难持续赢得市场。面对综合集成服务需求，单靠企业自身力量是难以实现的，必须结合资源能力积累，做出取舍，在生态"隙缝"中聚焦差异占位，培育自己的"长板"，错位发展；同时，还需打开企业边界，去链接更多的产业链上下游资源、产业生态资源，用场景架构系统化需求，进而组合生态资源打造解决方案产品，从而极大地提升企业的服务能力。

因此，在全新的新商业生态中，企业的价值逻辑将催生新变化，从过去关注企业竞争优势，自身全面布局价值链，形成了大而全、小而全的竞争格局，到现在更加关注"客户需求导向的资源协同"，洞察客户需求，突破自身资源能力边界，主动链接业务伙伴、产业伙伴来形成协同价值创造（图6-1）。

这个趋势在多个产业领域已经形成成熟的探索。例如海尔集团公司的生态战略引领传统制造业企业转型升级为新型互联网众创平台；丰田汽车（中国）投资有限公司所构建的"即时供应链"系统，以生态共赢的逻辑将各方优势资源串联在系统最优的价值链体系中；苹果公司依托需求洞察的领先优势，推动了很多创新技

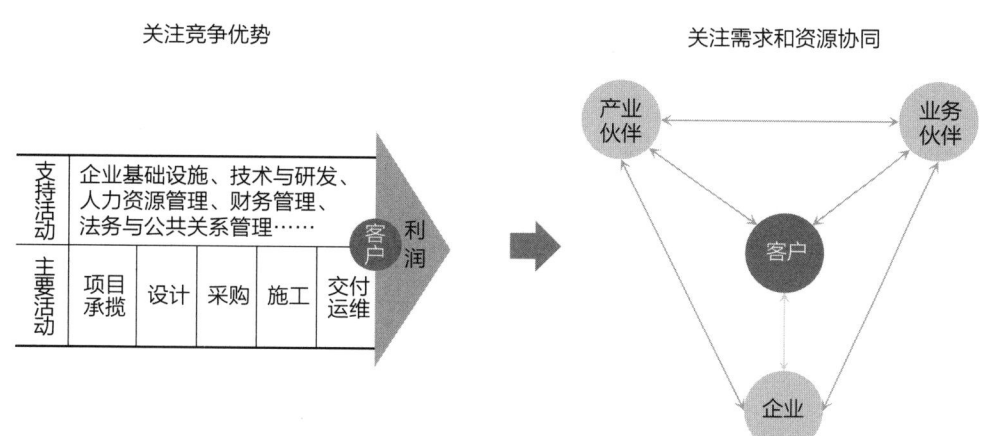

图6-1 企业从关注竞争优势到关注需求和资源协同

术的商业转化与集成应用，并通过垂直整合供应链的方式实现了集成创新和成本优势。

6.1.3 用好生态力量重塑发展韧性

（1）聚焦生态占位，集成与被集成并举

世界越来越复杂，与生态伙伴深入合作是唯一现实的选择，所有生态合作伙伴都必须保持开放的发展理念。

2022年，《财经》杂志联合牛津大学赛德商学院、法国里昂商学院等机构发起"生态品牌认证"，使生态品牌正在成为与时代共振的引领新范式。在商业生态中，企业正在从"专注垂直行业"转向"融合多元行业"，从"封闭创新"转向"协同创新"，从"搭建孤立平台"转向"打造开放生态"。

面向未来，集成整合的市场需求趋势肯定会越来越明显，对集成服务的供给能力要求越来越高，但并不是所有企业都能变成市场上的资源整合方；未来集成与被集成将成为并存的趋势。不管是成为主导生态建设的企业，还是参与相关生态中的企业，在生态协同中都是双向赋能的。因此，设计企业需要坚持"价值共创"的基本逻辑，以共同的发展理想为牵引，围绕商业逻辑和市场需求推动产品共创，进而共享价值增值，最终实现企业与生态的共同进化（图6-2）。

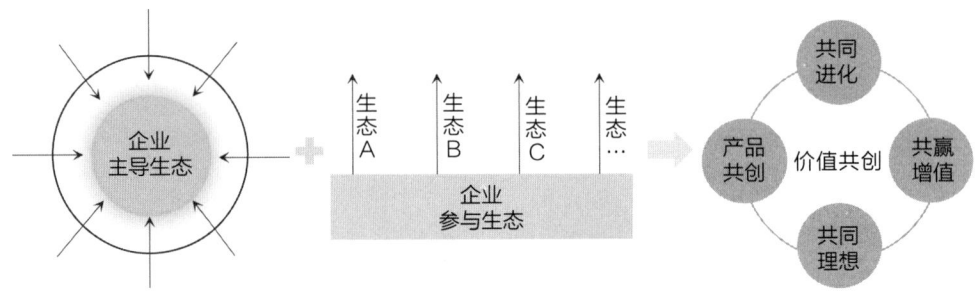

图6-2　企业打造开放生态模式

（2）靶向长期共赢，创新商业模式创新

在日益激烈的商业竞争环境中，很多企业都在构建生态合作网络，每个生态网络也都力图通过建立伙伴关系达到总体大于部分之和的效果。这既需要充分尊重相关生态伙伴的独立性、充分发挥生态伙伴的独特优势，也需要采取行动让个体和生态网络更好地融合。

生态协同的目标要面向未来长期共同进化。只有设计好共赢的商业模式，生态合作才会更有生命力。生态化商业模式的设计要关注价值洞察环节、价值转化及价值共享环节的协同。在价值洞察环节，要把生态合作伙伴的视角与资源统合起来，共同挖掘市场需求；在价值转化环节，要以一站式服务的逻辑设计各方资源的协同模式，包括企业内部各专业间、企业与企业间的协同，核心抓手在于精细化的项目策划与数字化协同平台；在价值共享环节，要坚持以长期共生为目标设计好利益分享的机制（图6-3）。

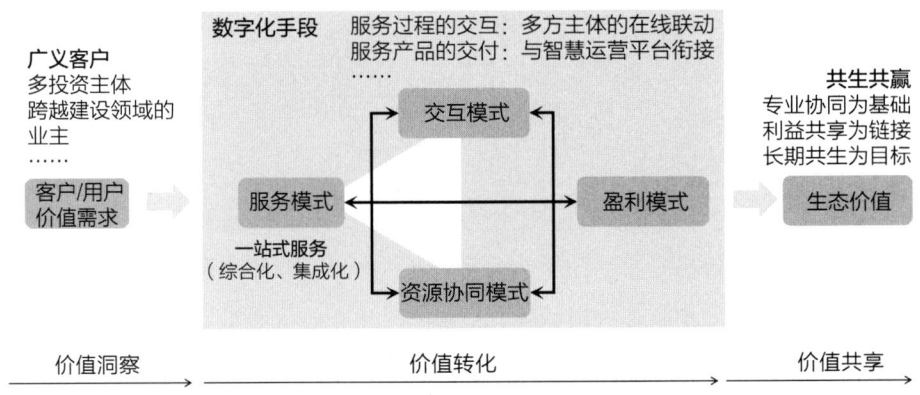

图6-3　企业生态化商业模式

对于企业内部而言，大规模协同作战能力正在成为新商业规则。因此，组织运行体系的构建不仅要关注以客户价值为导向的内部价值链优化，形成"专业化赋能型总部+中台化功能平台+项目级协同组织"的协同价值网络，并将生态合作的理念与价值观深入树立；还要关注赋能共生的生态化发展网络建设，建立与生态合作伙伴的全链路协同模式，真正将标准、数据、管理体系等充分打通，建立端对端的生态运营团队，持续开展资源对接（图6-4）。

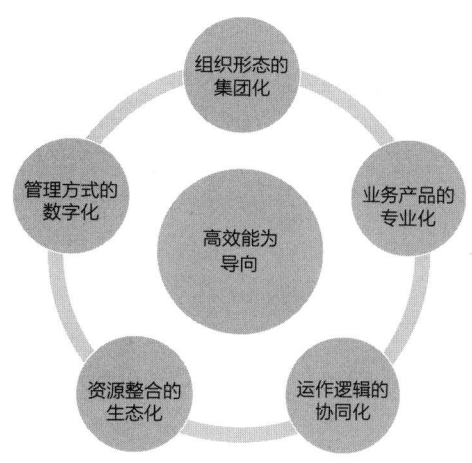

图6-4　企业生态化发展网络建设

（3）坚守开放姿态，拓展生态合作网络

面向未来，设计企业要实现跨越周期、韧性发展，要以"长期主义，动态适应"应对周期的不确定性，以"贴近需求 深耕价值"应对市场的不确定性，以"敏捷组织的灵活性"应对外部的不确定性，以"治理与机制持续创新的确定性"应对未来的不确定性，以"微观努力、重构自我、生态协同"应对宏观的不确定性。

设计企业需要重视自身作为一个生态系统一部分的现实，把"合作"注入企业基因中，并持续拓展外部生态合作网络。结合设计企业的业务场景，可以重点探索以下几个方面的工作。

一是发挥党建引领，联合共建促发展。坚持以党建促生产经营，以生产经营成果检验党建成效的理念，发挥党建引领作用，与行业主管部门、业主单位、生态合作单位开展党建联合共建，深入对接，加强沟通交流，实现党建工作与业务工作融合互促。

二是开放创新生态，协同攻关促培育。围绕国家战略、行业痛点、客户需求，开放整合高校、科研机构、创新团队等资源，打造创新合作生态，采取共同投入、联合攻关等方式推进市场化导向的科技创新；充分整合股东方、客户方的市场场景优势，推进技术中试，联合投资机构、产业链上下游资源、科研骨干团队等推动产品化、产业化的股权多元化创新平台建设，推动市场化发展。

三是推进全面互通，集成服务提能级。瞄准综合集成服务需求场景，主动开放市场需求线索，与生态合作伙伴共同策划创造市场；深入推进管理标准、技术标准、数据标准的无缝对接，提升综合服务运作成效。

四是深化分级合作，广泛链接扩大网络。设计企业可以从"价值创造"（财务价值、品牌价值、能力价值等角度）、"企业自主度"（在合作中企业的控制力）等维度思考，将生态合作模式划分为资源置换、项目合作、产品联营、联合开发等多种类型，持续扩大生态合作朋友圈，通过战略联盟、战略合作协议、股权合作等多种形式，实现合作各方更深层次的互补、嵌入和互惠。

6.2

实施战略型并购重组，推进外延式发展

在当下全球经济不确定性背景下，工程勘察设计行业迎来巨大调整与机遇。资本冷静，市场结构变化引发行业调整，然而数字化助推产业升级、政策引导助力，为行业注入新动力。在新发展阶段，全球范围内掀起了大规模的企业合资、并购重组浪潮，工程勘察设计行业也需在此浪潮中积极应对，重新定义未来格局。

近年来，一些设计企业通过投资并购上下游供应链企业，或跨行业投资并购等方式来实现业务的增长。2023年以来，中交公路规划设计院有限公司借壳上市、华东建筑集团股份有限公司收购上海房屋质量检测站有限公司100%股权、杭州园林绿化股份有限公司收购杭州万林数链科技服务有限公司30%股权等诸多案例纷纷呈现。合资合作也是一个大趋势，苏交科集团股份有限公司与江苏智绘交通软件科技有限公司合资设立软件研发公司、广州地铁设计研究院股份有限公司与广州储能集团有限公司设立新能源公司等案例也说明企业在布局中注重多元化战略，以适应日益复杂和多变的市场环境。

6.2.1 行业并购重组的新趋势

据Wind数据2023年前三季度数据显示，中国并购市场共公告了6101起并购事件，同比下降8.75%；交易规模约13111亿元，同比下降约21.88%。分季度来看，2023年前三个季度的并购交易规模依次为4190亿元、3773亿元和5148亿元。

根据公开资料查询，2023年上半年，工程勘察设计上市公司收购数量共计17笔，相比2022年同期下降56%。这表明在面临经营困难时，引领行业的上市公司对股权投资更加谨慎，标准也更为苛刻；同时，这些并购交易多数是围绕主业的并购和战略性投资，而同类型设计公司之间的交易较少。

在不确定的环境中，无论是大型国企还是中小型企业都面临着复杂的投融资环境，从长远来看，这种变化和激烈的市场竞争将推动并购整合市场多元发展的可能性和机会。政策监管和产业发展态势的影响导致2023年的IPO（首次公开募股）和再融资市场出现阶段性收缩，投资者逐渐将目光投向并购整合市场，寻找新的发展机会。值得关注的是，IPO收紧之后设计企业寻求资本化的途径被抑制，一些大规模的重组需求正在反弹。在这样的背景下，工程勘察设计行业将迎来新的机遇与挑战。

（1）规模化

在工程勘察设计行业中，企业之间的横向整合成为一种趋势。随着传统领域市场逐渐饱和，企业需要通过并购重组来扩大规模、提高市场份额和降低成本；此外，行业政策也鼓励企业横向整合，以提高行业的集中度和竞争力。可以预见，未来行业的横向整合将进一步加强。

横向整合趋势凸显了企业对市场份额争夺和效益优化的追求。通过整合同行业内的资源和业务，企业能够更灵活地应对市场竞争和行业变革，提升综合实力。这种整合不仅有助于战略布局的拓展，还促使资源的优化配置，降低生产和经营成本，从而提高整体效益。在未来，企业进行横向整合时需要慎重考虑目标公司的战略契合度，确保整合能够实现更大的协同效应；同时，也需要密切关注行业政策和法规的变化，以确保整合过程的合规性。

（2）多元化

在时代的发展进程中，合资、并购与整合成为常态。这不仅仅是数字博弈，更是对企业价值的重新定义，是企业拓宽产品线、布局新品类、打造新场景、突破自身发展瓶颈、提升长期竞争力的关键途径。

近年来，行业并购重组呈现多元化发展的趋势。具备竞争力的企业积极进行投资，对与原生业务一致或横向拓展业务方向一致的品牌进行合资并购，通过整合实现产业资源和资金实力的扩充，在并购重组中找到新的增长点，实现业务的多元发展。例如当前工程检测行业成为相对热门的领域，一些设计公司开始向工程检测领域进行布局，催生了工程检测标的并购重组的需求。

（3）数字化

数字化技术在行业的应用正在加速，为行业带来了颠覆性的变革。越来越多的公司开始通过投资或并购的方式获取数字化技术，以提升其服务质量和效率。

不少公司成立投资基金，通过投资数字化领域较为优质的企业，例如工程领域支付SaaS软件运营服务平台、基于3D扫描硬件和建模服务的VR数字孪生云平台、建筑单位或施工企业提供施工安全管理SaaS云平台和智慧工地的自动化监测硬件产品等数字化企业。也有部分公司通过并购部分股权来布局数字化业务。

随着数字化的热度增加，有关数字化公司的项目估值增速较快。这些数字化公司主要服务于基础设施建设领域，与设计企业有密切的业务联系。一些由设计企业孵化出来的数字化公司表现尤为突出，估值较高。

（4）央地重组

央企和地方国资企业的股权收购重组愈发引人瞩目。结合天强参与的并购重组交易实践发现，国资对国资的交易量呈现上升之势，带有国资背景的目标公司成为市场的"香饽饽"。

当下央企和地方国资企业在工程勘察设计领域的重组合作态势，更多是在市场调整大背景下的股权投资重组行为——或补全产业链，或加快区域市场布局，或迅速补充关键领域的人才和业务资源。

从被重组方来看，地方国资再重组是在新形势下的选择。地方设计企业经过多年的体制改革，绝大部分已从事业单位改制为国有企业，并在省级国资或市级国资的主导下朝着做大做强的方向发展。其中，部分地方国资的设计企业改革力度较大，积极对接资本市场，着力推动国资控股，进一步发挥国资的主导地位。与此同时，更多地方市级国资控股的设计企业并未快速完成市场化转型，其竞争力没有因为国资赋予的特殊背景而加速转型，而是在央企和民企的激烈市场竞争中左右碰壁，故再次重组成为不少地方国资谋求发展的新路径。

对比行政力量主导下的重组模式，基于市场行为与战略目标的国资股权收购更有价值。大型央国企为了完善自身业务短板而开展的针对地方国资企业的股权收购行为正在成为一种新趋势，在过去几年已经发生并将加速完成的此类股权重组，通常由央企或其他大型国资出资控股完成对地方国资企业的控股权收购，地方国资企业或委托城投平台保留部分股权，重组后的地方设计企业加入央企的大家庭，在新旧双方股东的共同推进下，重组的设计企业加速焕发新活力。

相对于民企的重组，国企背景的股东转让控股权相对风险更小。2022年5月，国务院国资委出台了《关于加强中央企业商誉管理的通知》，强调要高度重视商誉管理，维护国有资产安全；切实加强源头管控，防范商誉虚增风险。并购投资是商誉的源头，要重点关注评估增值和收购溢价；对高溢价项目要按照企业现有决策权限至少上提内部一个层级进行决策；要合理规范地运用业绩承诺、对价分期递延支付等手段对并购项目建立业绩保险、惩罚和激励机制，保障并购项目长期盈利能力等内容。显然，选择国有企业作为交易对象，对于央企的商誉管理必然大有裨益，这也让决策者更加倾向于开展此类国资重组。

6.2.2 行业并购重组的投资主体

目前，市场上推进设计企业开展并购重组的投资主体主要包含六种类型。

大型国有勘察设计企业：这类企业往往有拓展业务、延伸产业链、丰富业务和产品以及提升企业规模等多方面的需求。为了满足公司做大做强的要求，在短时间内实现跨领域的业务发展，常常采用收购或控股的方式迅速拓展。例如，一些以能源基础设施为主的大型设计企业在拓展建筑、市政、交通等领域的业务资源。

大型上市勘察设计企业：这类企业在上市募集资金后，需要通过并购来实现业务创新和业务板块的延伸，或者利用并购迅速扩大规模，提高盈利能力，从而提升市场占有率。

大型施工企业：在当前国家大力推进设计施工一体化的背景下，越来越多的大型施工企业通过收购设计院来提升设计咨询能力，强化设计牵头的EPC能力，为申请特级资质创造条件。

各地城投平台公司：服务于企业未来的投资目标和计划，地方城投平台通过收购不同类型的专业设计院，提升自身的设计和施工能力，甚至独自完成两项业务，从而形成业务内循环。

设备制造的科技型企业：一些环保或其他领域以设备为主的企业，通过收购设计院来获得设计在产业链上的影响力，从而带动后端产品销售。

民营设计企业：一些民营设计企业基于业务转型的需求，通过并购获取更多资质，提高企业抗风险能力。

随着行业内并购重组的数量越来越多，未来行业发展将呈现以下三点趋势。一是促使产业聚集度不断提升。优质项目、高端人才以及其他资源会加快向头部企业聚集。二是迫使中小企业寻找专业化、精细化生存空间。大型企业的数量在增加，企业规模也在不断扩大，且掌握了更多的市场资源，迫使中小型企业进一步精益自身业务，以此在专业化、精细化的领域里获得更高的竞争力，以更好的产品服务、更高的资源配置效率来对抗市场竞争的压力。三是大型工程设计企业能力更加综合。在收购不同业务类型的企业后，原先的单一业务型企业逐渐发展成为综合型企业，业务类型更加全面、综合。

6.2.3　行业并购重组的关键要素

随着市场一体化进程不断深化，设计企业跨区域、跨行业融合发展趋势加剧。在政策与自主发展驱动下，行业内企业拓展资源整合、升级发展模式，并购重组活动也日趋频繁，整合的深度和广度不断加大，一些非工程建设产业链上下游企业也加入重组整合大军中。成功的并购重组案例往往具备以下关键要素。

（1）明确的战略意图

没有在战略指引下开展的投资并购，尤其是企业高层管理人员没有经过深思熟虑，而根据企业短期的业务发展需求作出的兼并收购决策，对企业未来发展是极其不利的。企业形成并购蓝图需要经过严谨的分析，结合当前发展需要以及未来业务布局，从而形成清晰明确的并购思路。

明确的发展战略无疑是促成并购工作成功的关键要素。并购思路不仅仅要考虑企业想收购一家什么样的公司，还需要考虑收购之后如何整合，预备花多少精力（人力、物力、财力）进行整合，达成怎样的整合效果，甚至在未来5~10年后，能够形成怎样的战略协同。

（2）完整的工作体系

并购重组是一项复杂的工作，具有系统性的特点，而国内企业重组经验相对较少，很多设计企业是第一次开展企业兼并收购工作。因此需要从上至下建立起一套兼并重组的流程，形成筛选、判断、执行、决策等各环节的程序，用系统性的思维来统领，用组织的协同性来推动。

通常情况下，推动企业兼并重组的是投资并购部门，但是工程勘察设计行业是技术型领域，在判断目标公司的技术能力阶段，需要组织公司的资深技术顾问及时参与，以对目标公司的技术层级作出准确判断，而不是单纯地进行财务测算和分析，这就需要充分调动组织的其他资源参与到并购重组的工作中。

（3）整合专业服务机构

企业兼并收购工作通常涉及财务、税务、技术、信息化、人力资源等多专业、多领域的学科知识，且收购的任务周期较为漫长，如果没有外部机构参与，对企业内部而言，会极大地影响日常运营管理工作。因此，选择并整合好外部专业机构是非常有必要的，其中包括财务顾问机构、会计师事务所、律师事务所、资产评估机构等不同领域专业机构。是否拥有丰富的经验、良好的声誉是选择专业机构的重要判断依据。

（4）完善的整合策略

成功的企业并购并非指完成股权交割，而是指在收购完成后是否成功地整合，并达到了预期的财务运营目标。工程勘察设计行业是一个技术密集型、智力密集型的领域，整合难度非常大。因此，要完成一个卓越的整合工作，需要提前进行整合工作的策划，从企业高层到中层都具备良好的整合思路。

有充分的统计数据说明，并购整合工作的难度比收购执行难度更大，并购整合的周期短则三年，长则十余年，其面临的问题更加复杂，绝大部分的并购整合工作都未能达到预期目标，难以发挥协同价值。究其原因，还是未能对整合工作的难度和复杂性进行准确评估。在设计企业开展同业横向并购时，这样的情况更加突出，主要是因为管理层认为同样的领域不存在冲突，整合不存在技术性障碍，但是忽略了不同的企业文化和理念对企业整合带来的巨大挑战。

并购整合实现价值协同并非易事，需要双方企业将客户资源、技术资源、人力资源、供应商资源等充分融合，打通各自的业务链条，从中找到业务协同的机会。

大部分并购交易失败的主要原因是整合不够好，或者是未能够达到当时的收购预期。企业需要提前考虑如何进行并购整合的工作，包括资源的相互协助、内外部团队竞争与协同、母子公司的控制与授权、过渡期的协议安排等，而这些工作的谋划往往也是打动转让方管理与技术团队的核心内容。

6.3
推进集团化发展，促进产业链价值融合

2022年政府工作报告对"国企改革"的方向与重点进一步明确，提出，加快国有经济布局优化和结构调整，加强国有资产监管，促进国企聚焦主责主业、提升产业链供应链支撑和带动能力。其中值得关注的一点就是"调整优化国有资本的布局和结构"，在此背景下，相关地方政府也正在积极推进战略性重组、专业化整合的实施工作，集团化重组成为主要的工作抓手。

随着行业市场不断成熟，工程勘察设计行业的重组趋势也在加速，从20世纪90年代的上海现代建筑设计（集团）有限公司重组成立开始，到2022年3月11日揭牌的海南省工程咨询设计集团有限公司，行业领域的重组型企业集团不断涌现。

不管是由政府主导、集团主导、龙头企业主导，还是企业联合推动形成的集团化企业，一定程度上都形成了资源集聚、能力扩容、规模提升的发展基础，但走好集团化发展之路、真正实现"1+1＞2"的发展目标却不是件容易的事情。业内专

家将推动中国中化集团有限公司和中国化工集团有限公司的联合重组定性为"开启创业公司使命之旅",新公司由此进入一个创业公司的阶段。

跨越物理整合走向化学融合,实现蝶变新生,将是所有重组型企业集团必将面临的头等发展问题,需要统筹好以下工作。

6.3.1 从顶层设计升级集团化逻辑

重组性企业集团不得不面对不同重组背景下的成员企业诉求差异、发展基础不同、管理风格不同、文化氛围不同等方面挑战,但不管怎样的重组环境,重组型企业集团必须回归持续强化"市场主体属性",借改革的东风,激发内生动力,在竞争中增强实力。

找到一条主线作为发展的最大公约数,统一思想、统一方向、统一"打法",是顶层设计要回答的问题。立足新发展环境,重组型企业集团的顶层设计要统筹好以下几对关系。

（1）重组要求与市场发展

很多国有系统的重组型企业集团除了作为深化国企改革、优化国有经济布局的载体,往往还肩负着一定的历史使命。例如,成都设计咨询集团是成都市立足建设践行新发展理念的公园城市示范区的战略考量而重组成立,江苏省规划设计集团有限公司是基于江苏省致力于提升省级国有资本在城乡建设高质量发展中的作用而整合成立的。

2015年中共中央、国务院印发的《关于深化国有企业改革的指导意见》明确提出要做强做优做大国有企业。因此,相关集团化企业必须在参与市场的进程中锤炼核心能力,在能力迭代的进程中实现市场价值,并将实现市场价值与历史责任统一,才可能实现可持续发展。

（2）经验借鉴与改革创新

虽然资源禀赋、所处市场等方面的不同使每家企业集团都有其独特性,但放在整个商业生态的发展进化历程中,市场化生存逻辑是统一的,优胜劣汰是不变的准则,唯有适应。因此,相关集团化企业必须站在持续赢得市场的视角下,客观理性地吸收借鉴国内外集团重组的经验与教训，并结合自身实际在业务创新、体制创新、管理创新、发展模式创新等方面大力开拓，走出一条焕新之路。

（3）存量优化与增量打造

重组型企业集团的成员企业均具备一定的发展基础与市场化能力，能力强弱可能存在差异，在完成大重组后，必须注重夯实基础与蝶变并举。一方面，存量业务是保证集团稳健发展与创新投入的资源保障，在重组发展中必须保持稳定性和延续性，同时更要依托集团化的增量市场触角等资源去抢抓市场机遇；另一方面，要在具有市场空间的新场景、单一企业想做而做不到或做不好的领域进行布局，用集团化的资源叠加去布局新赛道、创造新增量。

6.3.2　合适的重组方式构筑融合发展的基础

集团的组建方式一般有两种，分别是新设成立和吸收组建。

新设成立是由各成员企业发起新设一家公司作为集团公司，各成员企业整体进入新设立的集团公司，成为该集团公司的全资子公司。

吸收组建是将某实力较强的企业作为母体，改造为集团公司总部，其他参与企业以划拨的方式进入集团公司，成为集团的全资子公司。

这两种组建方式，从实际操作上看，各有利弊。新设成立方式，操作上相对较为简单，各参与企业在重组过程中地位平等，有利于重组工作的稳定推进。但是由于集团总部为新设公司，无资质将面临无法开展相关业务的困境，如集团不能给下属业务单位在项目策划、经营拓展上带来新的增量，容易出现管理及业务统筹、协同能力较弱等问题，进一步导致集团虚设、"集而不团"的局面。

吸收组建方式，总部可以延续企业的资质、业务及管理基础，有利于快速形成合力，快速实现集团化发展。但在实际操作上部分企业因为级别问题可能存在"失落感"，给后续融合带来一定的挑战。

组建方式没有最佳的，只有最合适的。选择何种组建方式除了考虑参与组建单位的体量规模、组建难度等因素外，更应该充分考虑整体的发展战略。

如未来集团定位于业务运作主体，要具有一定的项目运作和业务开展能力，一般以其中一家规模体量较大、管理能级相对较高的单位作为母体，采用吸收组建更为合适；如未来集团定位于管理和资本运作为主，一般采用新设组建为宜。

6.3.3　以业务场景驱动协同融合

协同共赢的业务体系无疑将是重组型企业集团发展最大公约数的最重要载体，也将是激发集团化发展化学反应的核心抓手。国家以新发展理念推动高质量发展的进程中孕育着广阔的市场机遇，包括以都市圈城市群建设发展为核心的区域发展与城镇化发展，以宜居、创新、智慧、绿色、人文、韧性等为目标的城市品质与治理水平升级，以新基建、综合交通运输体系、能源体系、水利基础设施等为重点的现代基础设施体系建设，以生态文明建设指引的生态环境质量升级，以碳中和目标驱动的生产生活方式绿色转型，以制造强国战略与战略新兴产业发展驱动的产业升级……

对于工程勘察设计领域的企业集团而言，新业务场景的孵化需要跳出单一技术视角，聚焦于专业服务机构的价值创造本质，将专业技术与经济、产业、人文、环境、运营等方面专业进行深度融合，利用集团化的资源整合创造终极价值。

6.3.4　构建价值总部，实施赋能管理，促进大融合

集团化重组发展是一个从形到神的系统性、持续渐变过程，涉及资产整合、人力资源的合并、管理制度的融合、商业模式的融合与升级、文化理念的融合等层面。这其中，集团总部建设将是实质性和关键性的一步。

集团总部建设需要跳出"管控"导向，从集团化协同价值角度进行功能优化、价值重塑，立足良好发展环境的营造，升级发展关键资源的优化配置、动能激发型的协同管理以及生态发展的链接整合等方面要求，打造价值型总部，实施赋能管理。集团总部应重点聚焦"战略引领、业务协同与集成、业务创新孵化、资源整合、管理协调、服务支持"等功能发挥，促进集团化整合价值发挥。

例如，上海现代建筑设计（集团）有限公司及之后的上市平台华东建筑集团股份有限公司，在保持相关成员企业独立发展的同时，依托集团整体统筹，推动新布局与资源整合，支撑了新发展，具体包括：布局孵化设计总承包等集成业务模式；推进全国化区域机构整合，打造区域中心；推进专业化发展，打造"华建医疗"等

专项业务品牌等。

对于工程勘察设计领域的重组型企业集团而言，完成重组仅是第一步，持续推动融合发展将是一个长期过程。既要防止"穿新鞋走老路"，又要立足新市场、新资源、新起点，大胆创新，真刀真枪地改革，推进资源整合协同，做强加法效应，催化乘法效应，做实布局与开拓，让集团化焕发新的生命力。

6.4
提速资本化发展，推进可持续成长

6.4.1　工程勘察设计企业上市情况

2007年2月15日，由原中国轻工业上海设计院改制而来的中国海诚工程科技股份有限公司在深圳证券交易所中小企业板发行2900万新股，筹集资金1.82亿元，成为我国第一家登陆资本市场的专业工程设计企业。2012年1月10日，苏交科集团股份有限公司（前身为江苏省交通科学研究院股份有限公司）在深圳证券交易所正式挂牌上市。在相关行业企业的示范作用下，越来越多的工程勘察设计企业开始考虑推进资本化之路，过去十年是工程勘察设计企业推进上市的高速发展期。截至2023年12月底，行业内共有56家以工程技术服务为主的企业上市（含已过会2家）。

资本市场管理政策的变化影响工程勘察设计企业上市进程。全面注册制下的IPO审核进一步推动设计企业朝着规范化、可持续性方向发展。2018年11月，科创板设立并试点注册制，标志着注册制改革进入启动实施阶段，2019年7月首批25家科创板公司上市交易，2020年8月创业板注册制首批18家企业鸣钟上市，2021年11月北京证券交易所正式开市并同步试点注册制，一直到2023年2月整个A股板块全面实施注册制。与核准制相比，全面注册制在审核流程、信息披露要求、审核重点以及发行定价方式方面都有新的变化，整体来看监管趋严，IPO审核的节奏明显放缓。2023年8月27日，证监会发布《证监会统筹一二级市场平衡优化IPO、再融资监管安排》，在政策中提到"阶段性收紧IPO节奏，促进投融资两端的动态平衡"，上市节奏明显放缓。

2023年以来多家工程设计咨询类企业IPO被否或者撤销，归结起来，主要原因有三：一是财务核算的规范性以及内控体系建设和执行存在问题；二是下行周期下的业务稳定性受到质疑；三是信息披露不充分或者板块定位不明确带来的问题。整体来看，上市是一个系统工程，证监会将从财务、法律、业务等方方面面严格审查公司，充分考察其成长性和可持续经营能力，因此，推动以上市为目标的系统性改革本身也是企业朝着规范化、可持续性发展的蜕变。

总体来看，工程勘察设计行业上市企业的市值规模总体偏小。但公司市值与经营业务情况并非正相关，往往受市场热点、政策刺激、科技题材等相关因素的影响。

6.4.2 理性看待"资本化"之路

设计企业通过对接资本市场实现上市发展，可以助推业务模式的转型、资源配置方式的转型、价值实现方式的转型，突破传统增长范式；可以助推治理能力的升级、组织能力的升级、管理能力的升级，加速建立真正的现代企业管理制度；可以进一步推动效益发展、创新发展、市场发展、社会责任，实现可持续高质量发展。客观来看，设计企业对于上市需要有理性认知和系统策划，上市不是终极目标，而是助推企业发展的重要契机和路径抓手。

对于工程勘察设计企业而言，推进上市发展要完成六大任务。

（1）发挥战略引领作用，做好顶层规划

IPO上市应该成为公司战略规划的重要组成部分。设计企业IPO上市作为企业发展的战略目标之一，领导层与核心骨干要有高度共识，深入地研究上市的利弊，结合企业自身发展诉求与定位，选择合适的上市目标板块，确定上市路径与上市时间计划，并在企业内部充分宣传贯彻，才能将企业的上市目标逐层分解下去。

有上市设想的企业，最好在既有战略规划的基础上，基于上市主题制定专项的顶层规划。上市专项规划制定的过程，既是企业管理层和员工学习上市公司基本知识、熟悉资本市场要求与特征的过程，也是与已上市优秀同行企业进行对标的过程。

（2）优化股权治理结构，激发内生动力

如果是全国资企业，上市可以推动混合所有制改革和员工持股，健全"三会一层"等法人治理体系，实现"资合""人合"，支撑长期稳定发展。通过引进战略投资者，实现技术、资金等的资源引进，扩展发展空间和可能性。实施员工持股，能够激发员工激情，激活生产效率，为引进高端人才创造条件，有助于实现业务突破。

对民营企业而言，在上市筹备过程中应该着重优化股权结构和实施中长期激励。一方面，通过股权优化，积极寻找在业务发展、区域市场拓展、技术能力提升等方面提供有效协同与互补的战略投资者；另一方面，谋划建立股权、期权、分红等多层次、系统化的中长期激励体系，能够对核心骨干员工发挥中长期激励作用，激发员工奋斗热情和创业激情。此外，还需要注意规避实际控制人下的关联企业独立性、资金收支合规性、外地分支机构管控力度、经营合作等方面的风险。

（3）加速业务转型升级，创造新增长点

强化综合性、集成性业务发展能力。拟上市的设计企业要突破传统的咨询与设计业务，在巩固现有业务的基础上，寻找新的业务增长点，大力发展更容易获得资本市场关注和兴趣的高成长性、创新型业务。在业务模式上，要从过去单企业、单专业、单环节为主的业务模式向平台型、专业配合、多层次业务模式转型，特别是能够形成稳定现金流、稳定发展预期的业务，突破内部资源限制，打造一体化、集成化的业务模式、服务能力。

聚焦"绿""新""智""数"做文章，立足本土，拓展全国。在具体业务领域方面，根据行业发展趋势研判，绿色化、新基建、数字化、智能化等新领域的成功拓展更容易获得资本市场的青睐。在市场区域方面，全国化发展是大部分企业的必经之路，但本地市场占有率也是投资者重点关注的内容之一。设计企业在全国扩张业务布局的同时，要首先维护发展好本地市场，维持比较稳定的市场占有率和盈利水平。

（4）提升组织运营效率，扮靓财务指标

勘察设计企业向符合上市要求的股份制设计公司转型中，市场经营、项目管理、业财融合、分支机构管理是提升和规范组织运行效率的重中之重。

经营要规范有效。规范市场经营制度建设和实施，明确各级别经营主体之间的权限，完善各项经营工作流程与风险控制，提升经营效率。设计企业从收付实现制转变为权责发生制过程中，收入确认方式会发生重大变化，经营目标制定、过程控制和考核评价都需要作出相应调整。

项目要独立核算。上市企业内部控制方面，收入、成本、利润核算到项目是基本要求，也是很多传统设计企业难以攻克的关口。以实现项目独立核算为目标，建立包含成本预算管理、进度计划管理、技术质量管理、采购与分包管理、考核与奖惩管理、风险管理在内的项目管理体系。

业财要融合。企业要按照最新的权责发生制会计准则建立与市场经营、项目管理流程相匹配的财务核算标准规则，完善成本预算、分摊与核算办法和相关细则，重点解决财务数据不及时、不连贯、不准确的问题。以业务流程、管理流程为基础，以项目全口径的收入、成本数据为核心，将企业经营中的业务流程、财务流程、管理流程有机融合，使财务和业务数据融为一体，实现业务数据和财务数据同步、同源、统一，业务数据生成的同时及时、准确、全面地产生相对应的财务数据。

分支机构要加强管控。由于行业特点，分支机构运作规范性是设计企业在上市中最常被问询核查的关键点之一，可能会成为影响上市是否顺利推进的潜在"雷区"。

（5）加强内控合规管理，满足审核要求

内控合规体系建设，属于设计企业上市过程中的必答题。由于内控体系、合规体系涉及面较广，且具有较强的即时性，部分问题单靠短期突击难以解决。立足于上市的需要，勘察设计企业需要系统谋划相关工作，并针对重难点问题尽早出台相应的解决办法，不断完善内控合规的管理体系。

（6）开展外部并购重组，试水资本江湖

无论是上市前将业绩增长保持在合理速度，还是上市后募集资金投向的选择中考虑并购扩张，设计企业在上市前成功完成1～2宗收购或对外投资，是资本运作能力的有力证明，可以增加对资本市场的说服力和吸引力。

案　例

交通设计企业混改上市之路

　　某交通设计院自2017年被确定为省第一批国有控股混合所有制企业员工持股试点企业，并被列入国家第三批混合所有制改革（简称混改）试点名单，提出事业转企业（简称事转企）、混改、股份制改革（简称股改）、上市的五年目标。天强与该设计企业开展了以混改上市为主线，以战略升级、转企改制、组织及管理体系优化为三大抓手的上市综合集成解决方案咨询合作，2018年完成事转企设立有限公司，2019年成功引入战略投资者并实施骨干员工持股，完成混合所有制改革，2020年顺利推进股份制改造工作，2022年成功上市。历时5年时间，该交通设计院成功从一家事业单位转型成为上市企业，高效的推进速度成为业内企业借鉴学习的样板。

　　在咨询合作推进过程中，天强与该设计企业始终以战略转型升级为指引，将业务转型与混改引入战略投资者相结合，将引资本与转机制及促转型结合起来，把产权多元化与完善法人治理结构及股权激励结合起来，以全局视角统筹相关工作推进，总体设计、分步推进，取得很好的实施成效。

　　在转企改制咨询方面，天强全过程参与了该院的事转企、混改、股改，为其资产重组、引入战略投资者、骨干员工持股等提供了专业方案和实施建议，深度辅导企业高效推进各项改革工作；战略升级方面，天强以上市为导向，谋划符合资本市场预期的战略定位、目标以及业务创新模式，形成可执行可预期的战略计划；组织及管理体系优化方面，天强量身定制了组织优化方案、运营管理及财务核算等各项内控机制，以及人力资源管理机制，与券商、会计师事务所、律师事务所等专业机构深度合作，全面辅导企业实施落地，有效支撑了上市工作的有序推进。

6.4.3　多样化上市主体及其主要挑战

（1）重组整合后的国有设计咨询集团

近年来央企重组整合按下加速键，"重组整合、上市、创建世界一流、科技创新"成为关键词，通过并购重组进一步释放要素市场化红利，促进国企内部治理完善，加速国有资产资本化进程。部分地方通过横向专业化整合重组区域内相关国有设计企业，组建地方国资控股的设计咨询集团，以此优化国有勘察设计企业的资源配置，增强国有设计咨询集团的整体战斗力，其中很大一部分重组整合后的设计咨询集团在重组初期或者整合期结束后提出上市进入资本市场的目标，如天津海河设计集团有限公司、中南建筑设计院股份有限公司、成都设计咨询集团有限公司、陕西交控科技发展集团股份有限公司等。

基于天强的咨询经验，重组整合后的设计咨询集团IPO上市难度相当之大，需要解决的重难点问题相对更多，包括以下方面。

集团和权属公司对上市目标的认知与共识问题。这类型集团上市往往是自上而下推动的，加之集团整体混改难度较大，权属企业对上市目标、内涵的认知以及自身推动上市的动力都存在较大不确定性。

集团内部业务整合融合的问题。大部分设计咨询集团重组整合后，权属公司业务相对较多较杂，需要结合上市业务发展性和规范性的要求，按照新的商业模式对所有业务进行一定程度上的梳理整合。各权属公司在业务、效益刚性增长要求下能否主动参与整合与协同，对于集团而言是非常大的考验。

集团内部内控合规的统一性问题。各权属公司的业务和管理都可能存在较大差异性，这对集团建立相对统一且规范性要求较高的收入确认、财务核算、内控合规等都提出较大挑战。其他诸如公司法人治理结构规范性等问题，也是这类集团推动上市需要重点思考和面对的。

考虑到上市目标达成，重组整合后的国有设计咨询集团除了采取IPO上市（首发股票上市）的途径方式，也可以重点考虑借壳上市的途径方式。

（2）进入各大产业集团的国有勘察设计企业

在国企改革背景下，部分地方采取纵向产业链整合的方式，重组区域内相关设计企业进入产业集团，如部分交通勘察设计企业进入交通投资集团，建筑勘察设计企业、市政勘察设计企业进入建设投资、城市建设投资集团，水利院进入水利投资、水务集团等。进入到产业集团后，这类勘察设计企业基本上属于产业集团内的相对优质资源，从而成为重点培育的上市主体，其中部分是主动谋求上市，有些则是被动上市。

这一类型的企业在上市推进过程中需要重点厘清或解决如下问题。

一是利润规模的问题。按照我国资本市场相关板块的上市要求，企业的主营业务体量要达到一定规模，并保持一定的可持续成长性。

二是内部交易的问题。部分进入产业集团的勘察设计企业在项目资源方面可能会享受到集团的强力扶持，在当下市场竞争越加激烈的环境下实现逆增长，但是同时可能出现内部交易占比过高的问题。企业需要在业绩增长和降低内部交易之间寻求合理平衡，提升自身独立发展能力。

三是同业竞争的问题。部分进入产业集团的勘察设计企业可能跟集团内部兄弟企业之间存在同业竞争问题，如何推动集团内部的业务重组整合是摆在集团层面的重要命题，同时这类型勘察设计企业自身也需要构建较强的融合消化能力。

（3）进入国有运营或投资平台的勘察设计企业

与产业集团聚焦产业链布局和经营生产不同，国有资本投资公司聚焦于投资融资、产业培育、资本整合等，运营公司聚焦于股权运作、基金投资、培育孵化、价值管理等，两类公司的资本运作能力都较强，所以更倾向于推进下属勘察设计企业上市发展。近年有不少勘察设计企业转企改制进入国有运营或投资平台，如广东省建筑设计研究院有限公司进入广东恒建投资控股有限公司，湖南省建筑设计院集团股份有限公司进入湖南兴湘投资控股集团，新疆建筑设计研究院有限公司进入新疆金融投资（集团）有限公司等。

此类型工程勘察设计企业在上市进程中需要重点解决如下问题。

上市板块定位及目标设定的问题。注册制出台后，各板块市场对于上市主体的属性界定越来越严格。这将对部分缺乏创新业务模式且盈利能力较低的勘察设计企业登陆资本市场提出较大挑战。

业务结构合理性及业务模式创新性问题。这类工程勘察设计企业更多依靠自身能力进行市场拓展，加之国有企业要求业务刚性增长的压力，在设计主营业务短期难以快速增长的背景下，部分企业寄希望通过开展工程总承包等业务做大体量，但与上市板块对收入结构要求可能不相符合，如何调整工程总承包项目的合同履约方式等也需要慎重考虑。这类勘察设计企业谋划上市要充分发挥上级国有运营或投资平台的资本优势，持续提升自身的投融资能力，借力推动企业的业务模式创新。

（4）未进入上述三类集团的国有勘察设计企业

这类型勘察设计企业部分是国有独资企业，尚没有转入或者刚转入国资系统，或者作为地方国资一级企业；部分企业已经实行了混合所有制改革，其中有些股权相对分散，没有明确的实控人，发展的自主权相对较强。

这类型企业推进上市需要特别关注如下问题。

股东对于勘察设计企业上市态度问题。这类勘察设计企业的股东相对于产业集团、投资公司、运营公司，可能对勘察设计企业上市诉求不会太直接，而勘察设计企业推进上市对于股东的审查要求却非常严格且烦琐，所以如何取得股东对勘察设计企业上市目标的理解及相关支持就显得非常重要。

实控人缺失的问题。按照上市审查要求，30%的表决权比例属于控制权稳定性的敏感界限，一般临近该比例或低于该比例的，容易受到审核关注。所以针对股权相对分散的勘察设计企业，需要提前对控制权的稳定性予以考量，可采取的措施一般包括签署一致行动协议、控股股东实控人承诺股份锁定、财务投资人等出具不谋求控制权的承诺等。

（5）民营勘察设计企业

近年来民营设计企业，尤其是部分建筑设计类民营企业在积极推动上市，很多是出于面对新竞争环境品牌和资源能力提升的内在要求、解决股权有序退出等方面的考虑。相较于国有勘察设计企业，民营勘察设计企业推动上市除了理性认知上市的原动力之外，还需要特别关注如下问题。

一是业务可持续增长的问题。受行业市场发展的影响，部分行业企业可持续发展承受压力，不能保持相对稳定的效益增长，上市难度将随之增大。

二是内控合规的问题。部分民营设计企业内控合规基础较为薄弱，尤其在项目核算、财务合规（营销费用、分包费用等）、人力资源合理合规（薪酬成本合理性、社保公积金缴纳、劳资纠纷）等方面会面临较大挑战，需要花较大精力解决。

（6）勘察设计企业培育孵化的创新业务板块

近年来行业内部分领先企业加速推进数字化转型、科技创新转化等，并且取得了阶段性成效，也培育孵化出新的子公司或关联公司，这类企业相较于传统勘察设计企业在商业模式、创新技术、资源能力、企业属性等方面都已经呈现出较大差异。这类企业往往具备较为明显的科技型企业属性，对于上市板块的选择性更多。对于这类企业而言，推动上市需要重点关注如下问题。

一是业务体量与模式的问题。这类企业一般为初创型企业，最大的挑战就是如何快速达到上市要求的效益规模，并保持可持续稳定性的业务增长。

二是与设计企业主业之间的关联交易或同业竞争问题。一方面勘察设计企业希望促进主营业务与创新业务之间的协同联动，另一方面也要注意避免出现过高的关联交易，以及与主营业务（或公司其他业务）之间的边界厘清问题，避免出现同业竞争。

6.4.4　夯实规范化管理

与非上市企业相比，上市公司在独立性、合规性、可持续性方面的要求更高，特别是在业务结构、法人治理、内部控制、财务管理等多方面都需要建立非常严格的标准化、规范化的运作标准，这对于绝大部分企业而言都是巨大挑战。结合天强的咨询实践，针对工程勘察设计企业推进上市进程中完善合规性的相关重难点问题梳理如下。

（1）同业竞争问题

是否存在同业竞争，发行审核主要是从同一业务或者相似业务的实质出发，遵循"实质重于形式"的原则，从业务性质、业务的客户对象、产品或劳务的可替代性、市场差别等方面判断，并充分考虑对公司及其发起人股东的客观影响，不局限于简单从经营范围上作出判断。

原则上，以区域划分、产品结构、销售对象不同来认定不构成同业竞争的理由并不被接受。如构成同业竞争的，除了控股股东及实际控制人作出今后不再进行同业竞争的书面承诺之外，发行人应在提出发行上市申请前采取（包括但不限于）以下措施加以解决：收购竞争方拥有的竞争性业务，或者对竞争方进行吸收合并；竞争方将竞争性业务作为出资投入企业，获得企业的股份；竞争方将竞争性的业务转让给无关联的第三方；发行人放弃与竞争方存在同业竞争的业务。

（2）关联交易问题

近几年，监管层对拟上市公司关联交易管控有所放松，并删除原有《首发上市管理办法》中"关联交易不得超过30%"的相关表述，为保持上市主体的独立性，建议勘察设计企业上市过程中关联交易比重不超过30%这一红线。参考已上市勘察设计企业的关联交易占比来看，勘察设计企业在上市前三年关联交易平均占比为7.17%，上市前两年，平均占比为8.2%，上市前一年，平均占比为6.5%。由于大额合同需要同步上会，在论证关联交易合规性过程中，相关合同价格、条款等需要保持与非关联客户一致，并不得包含隐含条款。

（3）区域机构合规管理

一是需要实施有效管理，严格实现质量、品牌、财务、人员统一。在推进上市过程中，建议相关公司通过信息化等手段，进一步加强对区域分支机构的管理，确保实现质量统一、品牌统一、财务统一、人员统一。在质量方面，需要制定严格的出图、用章流程，确保相关图纸的印发经过严格的校核、审定程序；在品牌方面，制定严格的品牌管理办法，规范分支机构使用公司品牌的行为；在财务方面，在全面盘查区域分支机构、机构负责人银行账户的基础上，严格规范收款、报销行为，不得出现第三方代收代付现象；在人力资源方面，需要建立适合于全公司职级、薪酬、绩效管理体系，并与区域分支机构群体签订正式劳动合同，避免出现劳资纠纷而影响公司整体上市进程。

二是坚持人员属地化管理原则。人员属地化管理是指分支机构的绝大部分员工来源于分支机构所在区域市场，特别是分支机构负责人、主要专业技术人员等核心团队。工程勘察设计行业是一个智力密集型行业，人员是发展的核心。坚持人员属地化原则，有利于打造一个稳定的团队，对分支机构的持续发展十分重要。

三是做好核心团队能力评估。分支机构核心团队的能力直接决定着分支机构运行的成效。其中，团队拥有的经营资源和具备的技术实力，是评价核心团队能力最为关键的两个指标，可以从这两个维度来评估分支机构的核心团队。

四是做好分支机构发展的动态评估。分支机构的最终目标是站稳一个区域市场，可持续地获取利润，这是一个永远在路上的目标。在向这个目标前进的过程中，总部必须对分支机构的发展进行动态评估，以便给予其及时、必要的支持和帮助，确保其顺利前行。分支机构的发展态势评估包括生存状态和发展潜力。

（4）员工薪酬水平合理性问题

证监会对职工薪酬问题的关注点重点分为三类：薪酬水平的纵向对比、薪酬水平的横向对比以及账外代发薪酬。

一是薪酬水平的纵向对比。职工薪酬水平的纵向对比，即公司的薪酬水平在不同时期的对比。正常来说，拟上市公司在报告期内呈现业务增长、盈利上升的趋势。相对应的，无论是职工薪酬总数还是人均薪酬都应随之处于增加的势头。对于一些劳动密集型的企业来说，员工人数指标也应该保持上升。在这样的背景下，如果公司的员工数量和薪酬水平表现出下降的趋势，或主要公司高管的薪酬出现异常波动，与正常情况下的增长预期不一致，则会被怀疑是否存在故意压低薪酬的情况，审核时自然会受到关注。

二是薪酬水平的横向对比。除了比较公司的职工薪酬异常变化外，外部数据对比也能够对职工薪酬的合理性提供参考，即薪酬水平的横向对比。在同一时期，将职工薪酬与其他参考指标对比，包括同行业公司的薪酬水平、所在区域的薪酬水平、相关职位一般认知的薪酬水平等。通过全方位的对比，对公司的职工薪酬水平进行合理性判断。

三是账外代发薪酬。财务报表和披露中直接反映的职工薪酬费用，在审核中能够从数据上直接进行对比分析。除此之外，如果通过前述的各指标对比发现公司的薪酬水平不合理，同时存在其他异常的活动，如关联方资金拆借、大额股利分配等，则可能会被质疑存在账外代发薪酬的情形。如涉及类似的账外舞弊行为，可能影响企业IPO。

对职工薪酬的关注，实际上是直指IPO企业的业绩质量问题。所以证监会对利用压低职工薪酬以降低期间费用、增加利润企业的质疑，归根到底还是由于公司的利润所限。如果职工薪酬的费用存在不合理情况，就会让发审委认为可能存在公司的利润规模不足、故意压低薪酬费用的情况。没有足够的净利润水平作保证，发审委对公司的盈利能力产生疑问，自然会对职工薪酬的异常情况提出关注。

对拟上市企业出现的薪酬问题，如高管薪酬过低、员工薪酬异常等质疑最终指向的是利润调节问题，这是比较常见的粉饰公司财务报表的手段。例如，一些拟IPO企业因为自身盈利不足，寄希望通过降低高管薪酬来提高公司业绩，以期在IPO过程中取得更高的发行价格。

（5）项目独立核算问题

目前大部分勘察设计企业内部的勘察设计业务是以部门为单位进行管理的，而项目独立核算是勘察设计企业上市的基本要求。以项目为管理单位，可以更加准确地核算出各个地域、各类项目的盈利水平，有利于勘察设计企业提高精细化管理能力。工程勘察设计企业推进项目核算要关注以下工作。

一是打破传统以包代管模式。会计核算单位的设立取决于勘察设计企业组织架构的搭建，打破原有以业务部门为生产经营管理的空间界限，搭建一个虚拟管理平台，通过推行项目负责制，按项目为管理单元进行预算编制、管控与核算，同时探索对项目经理按项目进行绩效考核。

二是加强业财融合，建立统一、规范的项目管理体系。勘察设计企业应尽快打破业务、财务以及人力资源的部门信息壁垒，加强以业务为基础、财务和人力为协同的业务财务一体化建设。从项目的投标立项开始确立统一、唯一且固定的项目编码规则，统一数据类型、划分标准，包括项目分类标准、技术人员分类分级标准、勘察设计业务类型标准等，进而建立统一、规范的内部业务流程标准、管理标准以及数据采集标准的内部管理标准体系，从而实现同一项目不同层面、不同管理角度、多维度的数据采集。

三是加快推进信息化管理系统建设。项目核算管理的推行并不能一蹴而就，需要多年多项目的数据沉淀、累积、分析、调整才能形成科学、合理的项目核算管理体系和模式。所以建立包括市场经营、项目管理等在内的业务管理系统，以及进而将业务系统与财务系统打通是开展项目独立核算的重要基础。

四是找准项目核算的成本驱动因素。勘察设计项目成本核算是进行成本控制的前提，没有精准的项目成本数据，就无法有效地推行项目管理模式。勘察设计项目成本费用的精准核算离不开项目人工成本的准确归集，以及间接成本费用成本驱动因素的精准分析和识别。其中，项目人力成本归集的准确性取决于各专业技术人员在项目上投入的工作量，而项目人工工作量的最好反映是人工工时的统计，所以建立项目工时统计系统是解决人工成本归集的关键所在。

（6）与业务相匹配的收入确认方式

上市过程中，针对勘察设计业务，大部分公司采用产出法确定履约进度，主要有两种方法，阶段固定比例法和合同收款比例法。企业需要根据典型合同各阶段的结算收款比例、历史经验、回款周期、税款缴纳、同行业确认方法等综合分析论证，以确定采用阶段固定比例法或合同收款比例法。

阶段固定比例法是根据《工程勘察设计收费标准》《建筑设计服务计费指导》等，对项目各阶段工作占总工作量的比例作出合理规定，同一类型项目相同阶段的比例保持一致，上市公司新城市集团、筑博设计、华阳国际、华蓝集团等采用阶段固定比例法确定履约进度。阶段固定比例法确定后，不能随意变更确认比例，可能与结算收款进度存在差异。

合同收款比例法按照合同约定的各阶段结算付款比例作为收入确认的履约进度依据，是以与客户签订合同中所约定的节点付款比例作为收入确认进度，因此存在同一类型项目的同一阶段，其工作量占比由于合同约定不同而有所不同的情形，上市公司汉嘉设计、建科院、奥雅股份、蕾奥规划、尤安设计等采用合同收款比例法确定履约进度。合同收款比例法一般与结算收款进度较为匹配。

目前，很少再有企业单独使用投入百分比法确认勘察设计业务收入，主要原因是相关投入预算公信力不足、填报准确度有待积累。在上市过程中，建议采用投入法确认收入的勘察设计企业进一步规范相关投入的节点，并确保投入与产出能够匹配，符合核算中配比性原则。

案　例

某设计院的系统改革之路

某省交控集团成立后，以某设计院为主体，将若干家勘察设计、工程咨询、试验检测、监理企业整合为省交控科技发展集团公司，提出3年时间推进整体IPO主板上市。该院作为新组建的科技发展集团内的核心企业，面临按照IPO上市要求进行系统的内部管理改革任务，包括法人治理体系、组织结构、市场经营和生产项目管理体系、薪酬考核体系、业务财务一体化体系等一系列运营管理体系的建设和完善，改革压力大、线条多、时间紧、要求高。

天强协助该设计院推进系统变革工作，以战略发展为指引，IPO上市为主线，系统谋划和厘清该院体制机制改革的顶层思路；以促进业务转型发展为导向，结合IPO上市后的业务转型方向，为该院开展组织运作体系优化，完善部门设置，推进生产单位的大部制改革；以项目制、工时制改革为重点，优化调整完善市场经营和生产项目管理，制定工时管理实施细则，指导软件公司开展业务财务一体化信息系统建设工作；按照现代企业管理原则，结合国有企业"三项制度"改革要求，对原事业单位岗位、薪酬、考核体系进行系统的调整优化。

在一年左右的系统改革方案研究和实施落地服务中，天强作为总体协调方，协助客户与各中介服务机构进行沟通，帮助该院快速建立了匹配现代企业管理原则和适应IPO上市合规内控要求的内部组织运营体系，帮助该院推进业务重组、优化业务结构，为上市辅导奠定了良好基础。

6.4.5 讲好可持续成长故事

面对资本市场管理政策日益规范和升级的要求，企业成长性、创新性的要求更高，当前行业市场下行背景下，设计企业推进上市的挑战和难度大幅升级。

相较于其他行业，工程勘察设计行业企业更加需要构建"讲故事"的必要能力。首先，在大的产业体系中，工程勘察设计行业仍是一个小众行业，市场认知程度不高；其次，工程勘察设计行业作为需求拉动型行业，其发展受宏观经济形势、行业市场政策的影响较大，商业模式高度依赖于增量市场，发展模式高度依赖于人力投入，传统发展逻辑下的可持续成长性偏弱；最后，行业市场化进程不断纵深推进，但多数行业企业仍存在业务同质化、市场竞争手段有限性等方面的问题。

（1）讲好上市故事要有"三个关注"

一是关注创新与未来占有率。投资者评估企业，不仅看当下的收入利润，还会关注未来的市场与份额。因此，工程勘察设计企业的上市故事要关注"现有市场"与"未来市场"，现有市场是满足上市要求、支撑增长的基本面，需要在战略利基市场深耕、业务运作效率提升等方面持续强化；未来市场是成长性与创新性的重要载体，在当前行业市场下行背景下尤为突出。

市场领域选择上关注存量市场、绿色低碳、数字经济等长周期空间，商业模式上聚焦突破技术视角的整体解决方案，盈利模式上探索不依赖于人员投入的持续收益（如运营收入模式）等方面。对于未来市场和未来故事，不能是一个笼统含糊的概念，需要"探索布局+持续革新"的螺旋迭代，这样才能让投资者、员工和合作伙伴都能够理解并相信，才能够获得资本的认可，获得更高的估值，进而实现更快的发展。如同ChatGPT爆发式发展也引燃了一波设计企业"AI+设计"的市值增长，但如果概念不能转换为实质性增长，投资者的研判也终将归于理性。

二是关注差异化竞争壁垒。长期以来，工程勘察设计企业将资质、技术、核心人才作为竞争优势，但这并不能代表企业就有很深的"护城河"。一方面，既要关注人无我有的竞争优势，还要考虑将竞争优势推向极致，包括极致的成本优势、不可替代的技术解决能力等。另一方面，基于市场需求与产业生态运行规律，需要考虑价值链与生态链中的占位与控制力，很多工程勘察设计企业都在打造综合集成化服务，其核心优势往往体现在对内外部的技术、管理、资本、产业等各类要素资源的敏捷整合与精益管理上。

三是关注企业组织系统。有些企业虽然实现了上市，但上市后的发展却乏善可陈，其深层次原因往往在企业的治理体系与管理系统方面。对接资本市场、实现上市，本质上是一个持续发展的故事；完成上市是阶段性目标，上市之后能否依托更高的平台、更广的资源持续发掘机遇、升级发展，核心引擎在于科学的治理体系、精益的运营管理体系，只有企业组织系统的保障支撑，才能让企业的竞争优势不断放大并持续迭代。企业组织系统有多完备，预见未来的愿景就有多大程度可以转化为可见的未来。

工程勘察设计企业对接资本市场，也并不是为讲故事而讲故事，上市故事所讲的，也应该是企业真正在实践、在努力的。只有这样，投资者才会为未来坚定投资，企业才会实现资本认知、企业规模与企业利润的轮动增长。

（2）行业上市企业市值管理的四大困局

市值管理是一项系统性工作，总体来看市值管理具有如下特点：一是系统性，市值管理涉及企业日常工作的方方面面，部分微小行为就会影响公司的市值表现，企业如想做好市值管理工作，需要从顶层做好系统谋划，宏观着手、微观发力；二是复杂性。公司市值变化受多重因素影响，为做好市值管理工作，需要关心企业日常工作，这就造成市值管理显得异常复杂，企业往往无从下手。三是动态性。公司市值随着股价波动而波动，相应的工作呈现较强的动态性。四是合规性。市值管理必须满足《中华人民共和国民法典》《中华人民共和国证券法》等相关法律法规要求。

市值管理需要综合考虑多重因素，从影响公司市值的市场增量空间、商业模式、思维惯性等角度来看，勘察设计企业市值管理存在三方面困境。

首先，市场增量空间有限。随着我国的城镇化率超过65%，城镇化进程放缓。未来，城镇化率仍有一定的提升空间，但空间相对有限。作为直接服务于城镇化的勘察设计企业，在城镇化提升空间有限的背景下，市场增量空间有限，进一步制约了公司市值的增长。

其次，行业商业模式相对单一。勘察设计企业的商业模式相对单一，同质化竞争趋势日益显著。随着市场竞争加剧，行业取费水平折扣大大降低，行业整体利润率水平显著下跌。利润率水平的下跌，进一步制约行业内企业估值水平的提升。

最后，思维惯性制约资本运作。受制于传统的思维惯性，行业内上市公司的大部分管理者习惯于"提升业绩，创造价值，提高市值"的逻辑，较少运用资本运作的手段。缺少资本运作手段，业务市场、资本市场难以形成良好的互动，造成勘察设计企业市值提升难度较大。

（3）与资本共舞，写好成长文章

上市后的工程勘察设计企业将同时面对业务市场与资本市场，必须兼顾业务经营与资本经营两个运营逻辑，并建立起良性的协同管理，统筹战略管理与市值管理，进而实现企业价值增值。

健康的市值是企业再融资的基础、运用员工激励的前提，也是体现资本市场对企业发展前景认可度的晴雨表。上市公司的市值管理也经历了脱虚向实的过程，当前市值管理更加关注可持续导向，关注向战略要市值、向管理要市值。市值管理是集战略、财务、业务、管理、激励和资本市场沟通的"综合工程"。从"市值=E（利润）×PE（市盈率）"来看，上市公司既要管理业务经营的基本面，也要管理资本面，统筹好"价值塑造、价值传播、价值实现"的良性持续循环。

①做强业务经营，夯实发展根基

真正的好公司是拥有可持续的竞争优势、能长期持续增长、能长期产生较高资本回报率的公司。业务经营层面，工程勘察设计企业要着力于经营利润的可持续提高，回归企业价值创造的基本面。

首先，重新塑造增长矩阵。当前行业市场下行，很多企业都在积极探寻第二增长曲线，但也反映出增长布局滞后的普遍问题。企业的可持续增长战略一定是多路径、多梯次的持续创新过程。

针对传统设计咨询等专业技术服务，需要高度关注技术水平的升级，推进标准化建设、数字化赋能提升运营效率；针对新业务布局培育，需要高度关注"转化性创造"，聚焦市场需求挖掘，转化资源优势，包括利用技术优势拓展行业领域（如工业工程设计院拓展环保技术的行业应用、科研技术的产品化转化）、利用股东及客户资源优势拓展新领域、利用模式创新优势抢占新赛道（如"投建营"一体化拓展新能源领域、集成整合服务拓展城市更新领域等）等，还需要高度盈利模式的创新（如运营服务费的持续收益等）。

其次，深入挖掘收益水平。利润永远是市值管理的基础，只有在投资回报率健康合理的基础上，公司业务增长才是高质量的增长。

多数行业企业的经营运作管理相对粗放，向管理要效益、释放组织效率的空间较大，这涉及组织管控体系、市场经营体系、项目运作管理体系、人力资源管理体系、业务财务一体化管理体系等诸多方面的优化改善，特别是要关注业务财务一体化为指引、协同为导向的生产运营供应链精益管理建设。

②强化市场研判，做优价值经营

价值经营是指上市公司为了使公司的内在价值和市值表现得到提升而进行的各类资本运营策略。在实施价值经营的过程中，需要结合公司所处发展阶段对外部发展形势的研判，并结合资本市场周期采取合理的手段。在价值经营环节，当市值低于企业内在价值时，需要通过股份增持回购、股权激励计划、注入大股东资产等手段，维护公司市值稳定；在市值高于企业内在价值的情况下，通过再融资、换股并购、大股东减持等手段合理平抑股价，防止市值泡沫过大。从目前各家单位披露的公开信息来看，大部分上市的勘察设计企业疏于价值经营工作。

相关行业上市企业可以从以下四个方面着手推进价值经营。一是建立自身市值跟踪评价机制，价值经营的重要前提是合理评估公司市值，勘察设计企业需要建立跟踪市场、行业板块的机制，以便合理评估公司的市值水平。二是加强对市场形势的研判。三是充分运用价值经营手段优化资本运作，上市公司要挖掘"产业周期、企业周期、股市周期"的机遇，并管控好风险，结合资本市场情况，探索股权激励、回购或增持股份、融资、换股并购、增发股份等方式，将资本运作转化为业务经营上的发展势能和竞争优势，促进公司内在价值的增长。

③做优价值传播，促进产融互动

同样是买卖，酒香也怕巷子深，这在市场竞争与资本市场中同样适用。

首先，上市公司要建立清晰的发展战略，这本身就是市值管理中价值塑造的重要工作载体，面向资本市场讲清楚"公司是什么""未来去哪里""变成什么样"……引导资本市场正确理解公司。

其次，上市公司要构建完善的价值传播工作体系，包括面向投资者关系、分析师关系、媒体关系、监管者关系等维度。不少行业企业尚未真正习惯与资本市场打交道，公司高管及董事会秘书等与资本市场对接的工作方式需要转换，能力也需要提升，特别是要强化价值传播的意识，优化双向互动沟通的工作模式。

最后，上市公司要优化价值传播载体，包括各类信息披露载体、公司网站、微信公众号、媒体宣传及采访等方面。特别是要突出呈现业务优化布局与突破等方面的新面貌。

上市为企业发展带来新的势能，同时也是企业进入一个新发展阶段的起点，赢得资本市场最终靠的还是确定的可持续成长性，以市场为导向持续焕新，坚持做深做强精细化运作，找到成长的确定性，兑现价值承诺，才是发展的"王道"。

写在最后

与 变 同 行　与 君 同 进

1999年，百年世纪走到了它的"末点"。迈向新世纪的门槛上，中华人民共和国迎来了50周年华诞，美国《财富》杂志"全球经济论坛暨世界500强"会议在上海召开，中国拿到了加入世界贸易组织（WTO）的入场券。新旧交替之间，包括房地产、互联网、快递物流在内的一批新兴产业蓬勃涌现，世纪之交的热情和悸动让那个闪光的年代成为创业的黄金期。"天行健，君子以自强不息"——天强呱呱坠地。

25年来，非典型肺炎疫情、金融风暴、汶川地震、北京"双奥"、全面深化改革、中美贸易争端、新冠疫情等重大事件扑面而来，门户网站、互联网电商、社交媒体、人工智能、元宇宙、大模型……前所未有的变化让我们应接不暇。作为时代浪潮中的个体，天强经历了祖国经济发展的腾飞和巨变，也跟随国家政策、发展变化持续调转市场化航线。在大环境要求下，天强先聚焦国资国企改革方向，后把发展定位专注于工程勘察设计行业，并持续深耕至今。与时代同频，成为天强生存的前提条件。

25年来，天强聚焦服务的工程勘察设计行业实现从小到大、从弱到强，从以设计为主的业务服务到以设计为核心的多元化发展。1999~2009年，在《关于工程勘察设计单位体制改革的若干意见》（国办发〔1999〕101号）的引导下，行业企业积极建立从事业单位到企业的运行管理体系，部分单位开始探索以工程总承包为主的业务模式转型；2010~2019年是行业以及业内多数企业规模化发展的重要阶段，四万亿的投资刺激、资本化运作、工程总承包与政府与社会资本合作的PPP模式有效结合……一些设计企业抓住机遇，实现高速增长，行业企业发展出现分化；2020年之后，行业发展在地缘政治、房地产政策调整等多重因素下，进入剧烈调整阶段，尤其是当下的变局还在不断深化中，战略转型、业务转型、组织转型、人力资源转型、数字化转型、发展模式转型……设计企业面临的转型更为系统，也更加深刻。

在此过程中，天强坚持与行业同行，以企业需求为导向，为设计企业提供价值服务。设计企业探索建立现代化企业管理制度时期，天强从服务设计企业体制改革起步；设计企业业务快速扩大时期，天强为设计企业提供战略引领、组织模式调整、人员有效激励、并购重组等管理咨询服务；设计企业在外部商业环境变化、市场监管制度调整、投融资体制机制改革、信息技术高速发展下，进入体制创新、组织创新、业务创新转型阶段时，天强迈入平台化转型，搭建以活动为载体、以智库为引领的多个分享交流平台，积极探索管理咨询与新商业模式发展下的资源整合与集成服务；设计企业处于当下蜕变进行时，天强升级服务体系，为企业提供全方位、全生命周期的"智力+落地"服务。由单一服务到整合服务，从观察者到参与者，与工程勘察设计行业同思共进的过程，也是天强作为专业服务机构坚持"市场化、特色化、专业化"服务、构建以客户需求为核心的业务模式探索过程。

25年来，天强始终以"企业创变的卓越伙伴"为追求，坚持"以变应变、以新应新"，基于业务逻辑改革、能力体系提升，不断重塑价值服务与实现方式，以及由此带来的业务、组织、资源、能力、文化的系统性重构。

专注国资国企改革专业服务阶段，天强凭借项目咨询实践的总结，逐步形成了自己的业务体系、知识体系、服务体系，构建出"胜则举杯相庆，败则拼死相救"的企业文化；深耕工程勘察设计行业服务阶段，天强逐步与千余家设计企业建立了业务合作关系，通过成立行业研究中心、举办"思翔"系列活动、承接主管部门课题研究等，与行业企业进行深度互动。随着业务规模和项目数量的增多，天强开始实行以矩阵化为特征的前、中、后台组织体系，并倡导以"专业化、职业化"为客户创造价值；在"产城融合"的新型城镇化发展背景下，天强于2013年开始探索平台化转型战略，努力超越传统甲乙方关系，与业内诸多企业构建伙伴关系，并在技术、产业、区域等资源开发方面探索业务创新和新价值创造，由此，天强着手构建以"赋能"为核心的"业务线+团组"组织关系，随着平台型战略的深入推进，后调整为生态化的组织体系，并将价值观升级为"价值共创、纳新求变、成人达己、伙伴共生"，真正将组织战略、员工行为、企业文化进行了深度转型。

进入2023年，各种巨变纷至沓来，天强同样面临着巨大的挑战。一方面来自于自身的持续发展问题，另一方面来自于我们如何更好地在巨变时代为客户提供有价值的服务。面临内外部环境的变化，我们再次对自身的发展进行了全面审视，也再次思考、谋划天强的发展定位、运作逻辑、业务逻辑——我们将往何处去？我们如何实现自己的价值？

2024年初，天强明确：面向2029年，我们的愿景升级为"值得信赖的生态型专业服务机构"，在"两型两化"（创新型、服务型、数智化、生态化）的思路指导下，持续推进自身的创新发展。这是天强求生存、求发展中的全新步伐，也是天强"与变同行"的主线延续。

商场如战场，没有一劳永逸，只有持续进化。一个企业的发展，就好像一个人的成长，是一个顺应环境、追求自我的过程。变革转型是企业在释放能量、吸收能量的内外交互过程中有机生长的理念和信念。从这个角度来讲，转型是一个永久的话题，也是企业管理者要去不断思考、推动的事情。

过往皆序章，未来路更长。希望天强能够继续与时代同频、与行业同行、与企业同进，愿天强与设计行业各方都能在转型中迎来新的发展篇章！